中国的当下与未来

读懂我们的现实处境与30年大趋势

郑永年 著

中信出版集团 | 北京

图书在版编目（CIP）数据

中国的当下与未来：读懂我们的现实处境与 30 年大趋势 / 郑永年著. -- 北京：中信出版社，2019.11（2020.5重印）
ISBN 978-7-5217-1074-8

Ⅰ. ①中… Ⅱ. ①郑… Ⅲ. ①中国经济—经济增长—研究 Ⅳ. ① F124

中国版本图书馆 CIP 数据核字（2019）第 210010 号

中国的当下与未来——读懂我们的现实处境与 30 年大趋势

著　　者：郑永年
出版发行：中信出版集团股份有限公司
（北京市朝阳区惠新东街甲 4 号富盛大厦 2 座　邮编　100029）
承 印 者：中国电影出版社印刷厂

开　　本：880mm × 1230mm　1/32　　印　　张：15.5　　字　　数：338 千字
版　　次：2019 年 11 月第 1 版　　印　　次：2020 年 5 月第 3 次印刷
广告经营许可证：京朝工商广字第 8087 号
书　　号：ISBN 978–7–5217–1074–8
定　　价：65.00 元

目　录

第三章　新时代与中国未来 30 年

第四章　中国政治经济模式及其未来

第五章　中国与世界秩序

第七章 当代西方的处境及其未来

第八章 资本主义与人的未来

第一章

中国经济改革下一步

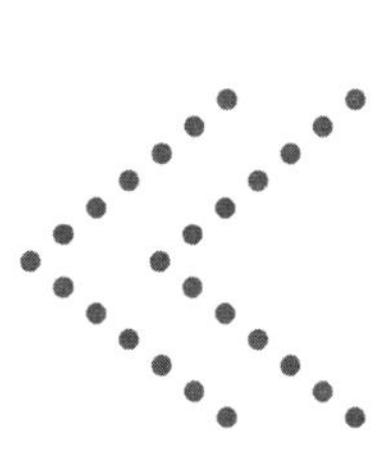

中国目前改革面临的结构性挑战[①]

中国的改革现状如何？中共十八大以来，高层希望通过决策集权，对改革进行顶层设计，通过大规模的反腐败斗争来克服改革的阻力，以“啃硬骨头”的精神全面深化改革。

据各方面的统计，自十八大到今天，高层已经出台了近 1 500 项改革方案。从理论上说，这一波的改革的确是史无前例的；人们也相信，如果所有这些改革方案一一落实和到位，必将重塑中国，不仅能把国家的社会经济发展推到一个新阶段，更能使国家的制度文明迈上一个新台阶。

但改革的实际情形又是如何呢？尽管不是说没有改革，但各方面的改革确实面临着执行困难的问题，这表现在几个主要的方面。第一，各方面的改革推进和执行程度不一、不平衡。一些改革方案执行了，另一些改革方案则没有；一些部门和地方执行了，另一些部门和地方则没有动静。第二，一些改革雷声大雨点小，做了一些，遇到困

① 本文写于 2018 年 7 月 3 日。

难就偃旗息鼓，半途而废。第三，更多的改革一直只停留在纸面上，没有人去碰，也没有人敢碰。

总体上说，尽管各个部门、组织和单位的改革声音很大，但实际层面进展不够大。

为什么会产生这样的情形？可以从人和制度两个方面来讨论和回答这个问题。以人的因素来说，就是要问：是不是执行者不想改革或者执行不力？以制度因素来说，就是要问：改革不力是否客观上遇到了制度的制约？

从笔者调研的情况看，尽管一些问题的确是人为因素造成的，但对很多人来说，他们并不是不想改革或不想落实改革举措，而是因为他们遇到了诸多制度性因素的制约，出现“想改革，但改革难”的局面。因此，这里主要想讨论结构性和制度性因素如何对改革产生影响。

十八大以来，中国的政治制度开始出现结构性变化，至十九大这种结构性变化已经成形，并且表述在制度层面了。简单地说，中国形成了“以党领政”和“内部三权分工合作”的基本制度构架。在很大程度上说，这是改革开放以来，国家层面最大、最重要的制度变革和建设，也是执政党和国家长治久安的制度基础。

在这一体制下，政府的权力行使受党的领导。当然，这并不是说，党权是所有权力的根源。要回答这个问题，就必须看党和社会的关系。从理论上说，社会（或者人民）是党权的最终来源，这也是中国政府的合法性基础。不过，这个问题不在本文论述范围之内，这里只讨论整个执政机构内部的权力配置。

在整个执政机构内部，尽管所有权力都来自党权，但党权被分解为二个相关但又相对独立的部分，即决策权、执行权和监察权。在多党制国家，每一个政党都可以有自己的政治过程，互相竞争。但在中国，因为是一党执政，多党合作，国家只存在一个政治过程。这个政治过程通过自身的开放性来消化多元的社会经济利益，把多元利益吸纳到这个政治过程之中。同时，为了实现政治过程的科学性和有效性，这个过程被分成三段，先是决策，再是执行，然后是监察。

“内部三权分工合作”体制本身不是本文要讨论的，但用“内部三权分工合作”的进展，可以透视中国改革今天所面临的困难和挑战的制度根源之所在。

决策权集中是现实的需要

先来看决策权。十八大以来，决策权的集中是明显的。决策权的集中既是对十八大之前权力过于分散产生诸多负面影响的反应，更是现实的需要，包括全面统筹的顶层设计、反腐败斗争、克服既得利益群体对改革的阻力等。

决策权集中也取得了显著的效果，尤其表现在反腐败和消除领导层的“团团伙伙”方面。但就决策本身来说，权力集中也产生了一些问题，主要表现在决策的科学性上。就政策而言，科学性不仅仅表现在理论层面，即改革的理论逻辑，更重要的是表现在实践层面，即改革政策的可执行性。但理论逻辑和实践逻辑之间，往往是有很大差异的。

这些年的决策，也就是前面所说的 1 500 项改革方案，尽管都是必须大力改革的地方，并且表现为紧迫性，但对政策的执行可行性和效果考虑不够周到。可行性和效果涵盖方方面面，这里只集中讨论改革的试错成本、附加值和政策信用度三个方面。

就试错成本来说，可以以自由贸易试验区为例，因为这个案例很典型。自由贸易试验区是十八大之后一个很大的改革项目，对国家的内部发展和外部开放都具有标志性意义，各方都给予很高的期望。不过，几年下来，尽管自由贸易试验区已经扩展到全国层面，有了11个自由贸易试验区，但实在很难说非常成功。自由贸易试验区对各地的社会经济发展影响并不大，更不用说在国家层面了。

而原先设想的制度创新的意图更没有体现出来。为什么会这样？这里就有一个改革试错成本的问题。任何改革都不是“免费的午餐”，都含有试错成本。没有人能够保证一个改革一定会是成功的，因此当试错成本过大时，改革的相关方就很难去推进改革。

以自由贸易试验区来说，当时制定了负面清单，希望有关方面把清单所要求下放的权力统统下放。但事实上，就改革相关方来说，这些权力实在很难下放，因为一旦真的下放了，可能导致成本过大。财政部、商务部、海关、地方政府等都有自己的理由保护自己的权力。很难谴责有关部门，因为它们的理由也很充分。自由贸易区包括了上海在内的11个地区，这些地区无论对地方还是对国家都很重要，正因为这样，它们才被挑选为自由贸易试验区。

但同时，正因为这些地方对地方、对国家很重要，权力一旦下放，如果不成功，就会对整个国家产生很大的影响。很显然，设计自由贸易试验区改革时，并没有充分考量试错成本的问题。如果让那些比较小的地方来施行，试错成本就会很小，成功的可能性反而会更大。

20世纪80年代的改革之所以能够推行下去，就是因为当时的试错成本很小。深圳的改革能够成功，是因为深圳当时只是一个小渔村。成功与否，对国家、对地方影响并不大。中国改革到今天，并不缺改革，改革的广度有了，所缺少的是深度和力度。而具有深度、力度的改革必然涉及试错成本。这就要求改革设计者在设计改革时，充分考虑试错成本的问题。

就附加值来说，改革也要创造附加值，这里涉及一个改革模式转型的问题。中国的制度优势就是集中力量办大事，往往用举国之力把一件事情做好。深圳是这样发展起来的，上海也是这样发展起来的。但问题在于，如果把什么样的改革都放置于这些地方，这些地方的改革附加值就大打折扣了。这些地方已经累积了方方面面的巨大资源，再加上一些资源（即改革）也很难体现出附加值来。

尽管这并不是说把改革放在穷地方，就可以体现出附加值，但这个经验现象的确表明，在设计改革政策时，必须考虑到改革的附加值问题。实际上，无论就试错成本还是附加值来说，十九大所提出的“自由贸易港”改革也面临同样的问题。

监察越频繁，执行权越难行使

政策的信用度是多年来被人们忽视的问题。所谓政策信用度就是国内外对特定政策的信任。政策信任度越高，政策的受欢迎度就越高，政策的执行力度也会相对高。就这个角度来看，这些年来所宣布的新政策的频率过高，往往一个政策还没有被理解消化，另一个政策就下来了；一个政策还没有被执行，更多的政策便接踵而至。

这不仅造成大量政策堆积在官员办公室里，更造成国内外对政策的信任度降低，形成“政策越多，信任度越低”的局面。在20世纪80年代，一个新政策出台，人们欢欣鼓舞，但现在新政策过于频繁，人们没有什么感觉，这必然影响到政策的社会环境。

再来看监察权问题。监察权尽管在十九大才正式成为“三权”之一，但在十八大之后已经开始试行，并且成长得很快，其力量充分表现在反腐败斗争上。作为独立的一权，监察权仍然是新权，其运作还没有足够的经验。例如，监察权与执行权的边界是什么？是不是可以事无巨细地监察执行权？发现问题之后又如何处理？所有这些问题并没有现成的答案。

监察权实际运作中已经发现了诸多问题。例如有媒体报道，在一些地方，监察机构对官员办公室置放零食等都视为“违规”。又如官员的尊严问题，在一些地方，很多官员现在面对监察人员时“如临大敌”，严阵以待。一旦监察机构进入检查，最重要的事情也得停下来，全面配合监察机构的工作。监察越频繁，执行权就越难行使。总之，如果监察权没有节制，执行权就会受更多的制约，甚至被废掉。

这方面，中国历史上有丰富的经验。监察权自汉朝确立，一直延续到晚清。汉朝就规定监察只局限于执行权的6个方面或领域，出了这6个领域，就不属于监察范围。如史学家钱穆所言，如果滥用监察权，就必然演变成“内部反对党”，并且为了反对而反对。监察机构的主要职责是发现问题，但如果为了发现问题而去找问题，那问题就来了。因此，在各个朝代，监察权都根据需要进行调整。

在理解了决策权和监察权之后，执行权的状况就很容易理解了。执行权被夹在决策权和监察权之间，当决策权和监察权强化时，执行权就受到巨大的制约。行使执行权也需要权力，当权力不足时，执行往往裹足不前。同时，执行官员也是理性的，在面对毫无限制的监察权时，他们自然也选择“不作为”，因为“作为”往往导致监察机构的关注。

实际上，要推进改革，就必然会造成一些人的利益受损。如果利益受损的这些人向监察机构申诉，执行改革者的下场不会很好。尽管“不作为”也会有后果，但比起“作为”带来的后果，他们宁可选择“不作为”。在一些地方，因为监察权的滥用，导致“告状的人多于干活的人”。在这样的局面下，执行权往往处于闲置状态。

“内部三权分工合作”对中国来说，是一个新的制度。从历史经验看，这个制度一旦有效运作起来，其生命力不可低估。任何一个新制度从确立到有效运作都需要时间，“内部三权分工合作”制度也是如此。“三权”之间如何分工？它们之间的边界是什么？它们之间如何合作？“三权”中各权在内部如何建设？如何不对其他权力造成不必要的干预？所有这些问题都必须在实践中进行探讨。

度量中国 40 年变化的坐标[①]

2018 年是中国改革开放 40 周年。从 1978 年到 2018 年，中国各方面都发生了巨变，令人眼花缭乱。如何度量和评价所发生的变化，是一个可讨论的问题。在一些人看来是积极的变化，在另一些人看来则是消极的；在一些人看来是正面的变化，在另一些人看来则是负面的；在一些人看来是进步的变化，在另一些人看来是退步的。这些不同并不难理解，对所有这些变化，每个人、每一个社会群体心中的答案都是不同的，每个人、每一个社会群体都会根据自身的生活经验来做判断。

为什么会出现这种矛盾的局面呢？这里头的因素很复杂，有三个方面的因素是可以加以考虑的。第一，人们的主观目标、道德因素、价值观认同等不同，导致评价的不同，即平常所说的“人心坐标”。这些个体层面的因素很复杂，影响着人们对变化的评价。第二，客观世界尤其是物质世界的发展，往往是不以人的意志为转移的，或者说是客

① 本文写于 2018 年 11 月 6 日。

观规律，人们可以称之为“物质坐标”。在这个层面，很多发展即使人们不喜欢，甚至反对，也很难不发生。例如，尽管经济发展必然对环境造成影响，也会导致社会贫富差距扩大，但除了极少数人能够不去追求，多数人还是会去追求的。如果人们认同这个客观规律，评价会倾向于肯定；如果人们不能认同这个客观规律，评价就会倾向于否定。第三，更重要的是，在“人心坐标”和“物质坐标”之间还有一个“制度坐标”。这是为了调节“人心坐标”和“物质坐标”。没有制度，人难以和物质世界共存。因此，无论任何社会，人们都把制度看得很重。

从学术上看，“制度坐标”涉及两个层面的问题。第一个层面的问题是应然的，即中国的制度应当通过怎样的变化而成为怎样的制度？第二个层面的问题是实然的，即中国的制度实际上在发生怎样的变化？会变成什么样的制度？

用第一种方式回答问题的，可以称为理想主义者，而用第二种方法回答问题的，可以称为现实主义者。但实际变化的结果往往是既不像理想主义者那样理想，也不像现实主义者那样现实，而是两者的混合。理想主义者对改变现实有影响，主观意图对改变客观环境的影响不可忽视，否则很难解释历史的进步。同时，理想主义又受制于现实环境，使得理想不会像原先所设想的那样实现。这样的结果肯定不是皆大欢喜，既不符合理想主义，也不符合现实主义。中国过去 40 年的改革历程就是如此。

改革开放 40 年的独特体制

20 世纪 80 年代初，改革刚刚开始不久，中国的理想主义者设定了两个改革开放的目标，即经济自由化和政治民主化。简单地说，当时的理想主义者的参照系就是西方发达国家，即市场经济加民主政治。40 年过去了，中国既没有维持现状，也没有变成西方国家。无论是经济还是政治，中国形成了独特体制。在经济上，官方也将此定义为社会主义市场经济；在政治上，既非西方所说的专制，也非西方所说的民主。

就经济制度来说，正在形成中的独特经济，不仅仅是多种所有制的混合体，更是传统与现代的混合体。西方把中国看成国家资本主义，实际上国家资本只是这种独特经济体的一部分，在很多方面甚至是不那么重要的一部分。中国从汉朝到今天几千年，可以说是“吾道一以贯之”，一直存在着这样一个混合经济体，它至少有三个层面的市场，或者有三层资本。顶层的永远是国家资本，底层的是自由民间资本，还有中间层面，就是国家和民间互动的部分。

从汉朝开始就是这样，有些领域国家一定要垄断，占主导地位，但大量的空间要放给民间；中间的经济空间，像盐、铁那样的产业，对国家很重要，但即使对国家很重要的空间，也可以叫私人去做。到了近代，就产生官办、官督商办、商办等经济形态。由此可见，这种混合经济体其实是中国非常古老的一个经济实践，并不是现代的创造。

在中国那么长的历史中，只有四个时期走了极端，变成经济国家主义化，国家完全占了主导地位，市场几乎被管控甚至消灭，包括王莽改革、王安石改革、朱元璋时期、计划经济时期。在这四个时期，国家跟市场完全失衡。除了这四个时期，中国的国家和市场基本上都是相对平衡的。从历史经验看，中国今后还会是这三种资本、三层市场，往前发展。这种制度有它的劣势，与西方市场经济比较，效率差一点，相比西方制度，其优势是能够预防大的经济危机。

西方资本主义，正如马克思所分析的，会爆发周期性的经济危机，比如20世纪30年代的大萧条、1997—1998年亚洲金融危机、2007—2008年全球金融危机等。中国过去40年基本上没有经济危机，这跟政府的调控能力有关系，跟这个制度机制有关系。

中国国有企业具有调节力

近代以来，西方经济主要有两个调整手段，一个是货币政策，另一个是财政政策。可是当利率趋于零的时候，货币政策就很难发挥作用。现在西方频繁搞量化宽松（QE），但这并非解决问题的有效方法。就西方的财政政策而言，当政府的财政赤字过大以后，财政政策就不管用了。中国除了财政政策和货币政策以外，还有国有企业这个经济部门可以调节。随着全球化的持续，未来经济波动越来越厉害。可以预见，中国无论如何都不会放弃国有企业。不过，这三层资本之间，边界在哪里，每一个时代都在调整，每一个时代都在变化，以实现政府跟市场之间的平衡。

政治制度也是一种混合制度，这个制度的特点是：开放的一党制、以党领政、内部三权分工合作。一说政治制度，很多人心中的标杆就是西方的三权分立，即立法、行政、司法三权之间的互相制衡，但很多人可能没有意识到，中国几千年的政治制度也有“内部三权分工合作”——决策、执行、监察。这个制度在汉朝建立，一直到晚清都没有变化。

人们不能说这个制度没有生命力。当人们说中国文明几千年没有中断时，就必须思考，哪些东西没有中断？王朝是中断的，皇帝来来去去，各民族也在不断融合，中国的“汉”不是一个种族概念，而是一个文化概念。那中国哪些东西没有变化呢？就是这里所说的经济制度和政治体制从来没有大的变化，只发生了一些小的变动。

20 世纪 80 年代中国开始政治体制改革，当时还有点想往西方的方向发展。这也正常，因为近代以来很多人都希望往这个方向发展。孙中山搞了一个“五权宪法”，即在西方三权基础之上，加上中国传统的考试权和监察权。不过，孙中山的理论没有机会实践。从台湾地区的实践看，中西方两个体制背后有不同的逻辑，要么西方的三权为主，要么中国的三权为主，两个体制加起来很难有效运作。台湾地区现在基本上是西方的三权机制，考试权基本上已经无用了，“监察院”还在，但基本上不起什么作用。

政治重走“党政分工”

今天的中国再次走上“内部三权分工合作”的道路。20 世纪 80 年代提倡“党政分开”，现在则提倡“党政分工”。“党政分开”的道路走到 20 世纪 80 年代后期已经走不下去了。“党政分开”，党的主管和政府的主管两个人之间如果有矛盾，就变成了党政两个机构之间的矛盾，会产生党和政府的分裂。因此，1992 年中共十四大开启了“三合一制度”，即党的总书记、国家主席、军委主席由一个人担任。江泽民和胡锦涛时期都是这个思路。

西方建立在多党制基础之上的政治制度，可以称为“外部多元主义”。在西方历史发展过程中，先有市民社会后有国家，存在不同的政治力量，一个国家可以有几个政治过程，最终的制度表述是多党制和“三权分立”。但中国不是。中国几千年来就是皇权，秦始皇以后一直是先有国家后有社会。因为皇帝只能有一个，所以只能有一个政治过程。但怎么做才能让统治比较有效呢？那就是把一个政治过程分成三段，第一段是决策，第二段是执行，第三段是监察。

中国共产党其实不是西方理解意义上的政党。它和以前的皇帝从根本上不同，以前的皇帝是个人，是家庭，现在的党是一个组织。在这个转型中，西方有些概念提供了有效的工具，比如“民族主义”、“主权”和“列宁主义的政党”。马克思主义的中国化，在制度层面正是表现在这个地方。

以前的皇权分成三个方面，现在的党权也分成三个方面——决策权、执行权和监察权。但人们不能说这是简单地对传统的回归，因为现在党是个集体，而以前皇帝是个人家庭。这个制度一旦确立，不能低估其生命力。不过，中共十九大尽管正式确立了“内部三权分工合作”，但这个体制的有效运作还需要进一步的改革。比如决策权，以前主要掌握在皇帝和他的大臣、皇兄皇弟少数人手里，现在则不一样了。

中国共产党中央委员会、全国人大、政协、重要的社会团体（工青妇）、各类智库等，都可以成为决策权的一部分。现在的问题就是，决策权怎么更民主化一点呢？以前不需要民主，但现在有了民主的观念，民主就必须体现在制度层面。监察权对反腐败很重要，但监察权也不能滥用。汉朝规定，不可以什么都监察，规定只有 6 个领域可以监察，否则执行权就没有办法行使了。现阶段的监察权就面临这个问题。

这种制度和西方的民主制度是矛盾的，但是和民主本身并不矛盾。不难观察到，中国的“内部三权分工合作”制度可以吸纳西方很多民主的要素，但不会成为西方的制度。

从历史经验看，“人心坐标”和“物质坐标”随着时代的变化而变化，但“制度坐标”的变化似乎更为恒定。不难理解，“制度”与“人心”和“物质”之间永远存在着张力和矛盾，人们对制度的评价和认同永远不会完全一致。不过，正是这些张力和矛盾，构成了制度进步的动力。对执政者来说，所需要的就是维持制度与其他两者之间的平衡。

中国开放政策 4.0[①]

自中共十八大以来，中国在开放政策方面出台了诸多政策议程。这些新政策议程表明中国的开放政策已经进入了 4.0 版。十八大之后，首先出台的是自由贸易试验区政策，之后建立了 11 个自由贸易试验区。在此基础上，十九大之后，又加上了海南自由贸易港试验区。

近年来，欧美在内部分配机制出现问题、社会高度分化的情况下开始盛行贸易保护主义、经济民族主义等，与全球化背道而驰，而中国则大力提倡进一步的全球化。习近平在世界经济论坛和博鳌亚洲论坛等多个场合，宣示了中国政府继续推动全球化的决心。同时，中国本身则加大了开放的力度。

尽管表面上，一些人认为中国近来的开放是因为面临来自美国的压力，但实际上中国是通过利用外在环境变化所带来的压力进行主动开放。很显然，进一步的开放是中国可持续发展所需。新一波的开放政策包括建设粤港澳大湾区世界级经济大平台、修改外资投资法、知

① 本文写于 2019 年 3 月 12 日。

识产权保护、降低关税等，可以说是全方位的。

中国是如何从开放政策的 1.0 版走到今天的 4.0 版的？在很大程度上说，中国自近代被西方打开大门之后，开放一直是大趋势，无论是被动的开放还是主动的开放。改革开放之前的毛泽东时代被视为封闭政策，但当时的“封闭”政策是有其深刻的国际背景的，主要是以美国为首的西方对中国构成的安全威胁。

1978 年中国正式进入今天所说的“改革开放”时代。对内改革、对外开放，把开放和改革放在同等的位置，可见开放的重要性。但开放并非一件容易的事情，当时的中国经济发展水平低（短缺经济），资本高度短缺。同时，改革开放的主要目标就是发展经济和现代化，而这些又需要一个和平的国际环境。

“请进来”政策后的改革

在这样的情况下，邓小平做出了一个重大的判断，即和平与发展是世界大趋势。这个判断既是中国对世界的期望，也是中国自己努力争取的目标。中国到今天为止仍然强调的“发展机遇”的起源就在于此。

发展经济需要资本。因为资本短缺，中国实行了“请进来”政策，即主动打开自己的大门，让外资进入中国。西方资本当时对中国还是持高度的怀疑态度，首先进入中国的是海外华人资本，中国香港、中国台湾、中国澳门和新加坡。中国拥有大量的海外华人，这是中国的优势。

从统计上看，西方资本只是在邓小平 1992 年南方谈话、中共十四大正式确立了“社会主义市场经济”概念之后，才开始有规模地进入中国。为了吸纳外资，中国设立数个沿海经济特区，让外资享受一些“特权”。这在当时被视为激进之举，被一些“左”派人士批评和攻击。但开放是大势所趋，之后没有任何批评能够阻碍开放政策。从 20 世纪 80 年代到今天，尽管对开放的批评成为常态，但开放本身也成为中国的常态。

如果“请进来”是开放政策的 1.0 版，那么 90 年代开始的“接轨”则是开放政策的 2.0 版。20 世纪 80 年代，中国也花了很多努力加入关税与贸易总协定（GATT，世界贸易组织的前身），但因为内部阻力太大，并没有成功。中共十四大“社会主义市场经济”概念的确立，为中国的开放政策注入了巨大的活力和动力。为了加入世界贸易组织，中国主动实行“接轨”政策，即主动修改本国的法律、法规和政策以契合国际社会的标准。

中国修改了大量的法律、法规和政策，从制度层面积极加入国际贸易体系。“接轨”政策对中国方方面面的影响是巨大的。中国在 20 世纪 90 年代基本上完成了与社会主义市场经济相匹配的经济制度体系，并通过和有关国家（尤其是和美国）的艰苦谈判加入了世界贸易组织。“接轨”和加入世界贸易组织并不容易。当时，中国国内不少人大呼“狼来了”，无论在意识形态层面还是实际利益层面，阻力不小。但“接轨”和加入世贸组织，可以说是中国抓住了二战之后最大的一个发展机遇，改变了中国的全貌。

二战结束之后，美苏两国很快就陷入冷战，两个阵营互相对峙，阻碍着资本在全球范围内的流动。尽管西方专注于其内部发展，但因为西方经济越来越体现为官僚经济，到 80 年代出现了发展瓶颈。于是，80 年代同时在大西洋两岸发生了英国撒切尔经济革命和美国里根经济革命，两场革命的性质是一样的，即在私有化基础之上的资本自由化。这两场革命也扩展到几乎所有西方国家。私有化在西方内部的效应很有限，因为“一人一票”制度的存在，政治人物很难把国家从公共领域撤回来。但西方资本自由化在国际舞台上则找到了充分施展的空间。

这主要是因为 90 年代初苏联东欧共产主义阵营的解体，以及中国 1992 年在中共十四大上确立了“社会主义市场经济”之后实行的大幅度开放政策。也就是说，中国抓住了百年不遇的机遇。这也就使得中国成为自 90 年代以来这一波全球化的主体之一。在这波全球化之后，到现在还没有任何迹象表明在可预见的未来还能出现类似的机遇。例如，这些年来，印度也希望步中国后尘，通过全球化来促成国内的发展，但印度人发现国际资本已经没有了后劲。尽管印度被西方政府和媒体视为世界上最大的民主国家，也被大肆吹捧，但西方资本并没有大量进入印度。

人们今天所看到的中国是 90 年代“接轨”和加入世界贸易体系的产物。因为大量西方资本的涌入，中国很快就成为世界制造业基地，把西方的资本、技术要素和中国的劳动力、土地要素有机地结合起来。这造成了几个方面的经济奇迹，包括中国经济实现了长期的两位数增长，在短时间里跃升为世界第二大经济体、最大的贸易国、最大的外汇储备国等。但就开放政策来说，最重要的变化莫过于中国从资本短缺经济体向资本剩余经济体的转型。所以从 21 世纪初开始，中国的资本开始“走出去”。

资本的“走出去”构成了中国开放政策的 3.0 版。世界经济史表明，对一个国家可持续经济发展来说，资本的“走进来”和资本的“走出去”具有同等的重要性。自由贸易和投资是经济发展的要义，而关键在于资本的流动。尽管中国“走出去”的资本包括国有资本和私营资本，但中国资本和其他国家的资本并没有什么本质上的不同，即资本总是流向那些有利可图的地方。所不同的是，当中国资本“走出去”的时候，世界上大部分的经济空间已经被西方资本占领，中国资本只好走向那些条件并不那么好的地方，包括那些政治不稳定甚至经常发生战争的地方。

十八大以后，中国开放政策 4.0 版开始形成。和以往版本的开放不同，4.0 版兼具“请进来”和“走出去”要素，是两者的系统化和两者之间的有机结合。就“走出去”而言，以往也都是市场需求导向的，但比较零星，不具有系统性。十八大之后形成的“一带一路”倡议则是在以往“走出去”的基础上的系统化。“一带一路”较之以往的“走出去”具有了更大的动力，因为它结合了中国剩余资本、产能和所拥有的基础设施建设技术。

“走出去”关乎中国经济可持续发展

“走出去”是中国经济发展的必然，但“走出去”已经不再仅仅是为了自己的可持续发展，而且也反映出中国作为第二大经济体所需要承担的一份国际责任。2008 年世界金融危机是世界经济失衡的产物，危机发生后，尽管各国做了很大的努力，但世界经济仍然处于不平衡状态。西方国家因为其内部问题，开始搞起贸易保护主义和经济民族主义，但这无助于世界经济的再平衡，要平衡世界经济就需要新的增长点。

就经济增长来说，西方经济体仍然重要，但并不能忽视广大发展中国家的增长潜力，并且很多发展中国家自二战以来一直陷于不发展状态，它们多年来所期望的就是经济增长。“一带一路”主要针对的是发展中国家，在很大程度上可以满足它们的发展需要。

“一带一路”沿岸沿边大都是发展中国家，很多甚至是低度发展国家。“一带一路”的重点是基础设施建设，而正如中国本身的发展经验所显示的，基础设施建设对经济发展至关重要，基础设施建设本身就是经济发展，而它又是其他方面经济发展的前提条件。

而“请进来”则直接关乎中国本身的可持续发展，光“走出去”却没有“请进来”，就会使得内部经济发展不可持续。从国际层面来说，中国本身的可持续发展是中国对世界经济体的最大贡献。在加入世界贸易组织以后的很多年里，中国对世界经济增长的贡献都在 40% 以上。十八大以来，尽管中国经济下行，但对世界经济增长的贡献仍然占了 30%。要维持稳定的经济增长，必须要“请进来”。从自由贸易试验区到自由贸易港试验区，再到粤港澳大湾区建设可以说都是这方面的反映。

这里当然也有提高国际竞争力的内容。今天，各国对优质资本和技术的竞争趋于激烈。西方搞贸易保护主义和经济民族主义也不是要把自己孤立起来，而是为了吸引优质资本和技术的回流。就中国来说，如果大国之间的竞争不可避免，那么经济竞争是最好的竞争，最终会取得一个双赢格局；而军事和战略竞争则是最坏的竞争，经常导向冲突甚至战争。因此，中国无惧和美国的经济竞争。更为重要的是，在目前中美贸易冲突的局势下，只要中国自己不关起门来，没有国家可以把中国的门关起来，封闭中国或者围堵中国。构建世界级经济平台可以在吸引西方优质资本和技术的同时，避免西方对中国的围堵。

就中国内部来说，早年经济体量小，几个项目投入就可以促成经济增长。但就现在的体量来说，中国已经不再是项目经济，而是需要更大的经济平台或者市场。从这个角度说，无论是京津冀、长江经济带，还是粤港澳大湾区都是建设大市场经济平台的内容。

构建世界级经济平台还具有重塑世界贸易规则的含义。中国的选择是先“接轨”世界体系，再在体系内改革不合理的规则。这不是说中国为了自己的利益而去修正和改革现行规则，而是现行规则需要与时俱进。因此，在修改规则时，不是中国一家说了算，而是通过多边主义来修改现行规则。在开放4.0版本时代，中国在优化规则方面又具有了新的内容。

一方面，中国通过亚洲基础设施投资银行（AIIB）和“一带一路”等多边机制对现存国际规则做补充。另一方面，中国期望通过国家内部的大平台建设来探索和深化自由贸易规则。这尤其体现在粤港澳大湾区建设上。欧盟的建设不仅对欧盟的发展做出了贡献，而且对世界自由贸易体系建设做出了贡献；中国在粤港澳大湾区进行建设，不仅仅是为了这个区域的发展，也是对区域自由贸易制度的探索。一旦成功，同样会为世界贸易体系做出贡献。

中国央地关系向何处去？[①]

最近，包括辽宁、内蒙古、天津在内，中国多个地方政府纷纷承认 GDP（国内生产总值）数据造假，而云南省也主动披露了省级融资平台违约的情况。近年来，无论是国内还是国外，人们一直非常关注中国的地方债务是否会触发一场中国式的金融危机。

一些西方人甚至预言，这样的一场危机一定会到来，只是迟早的问题。实际上，中共十九大之后，如何预防金融危机也是中国高层的最重要议程之一。现在很多地方主动暴露问题，无疑是积极的动作，问题早暴露总比晚暴露要好，正视问题的存在比忽视问题的存在要好。

越来越多的地方问题暴露出来，人们就开始一边倒地嘲笑和谴责地方政府。但问题在于，光是谴责地方政府够吗？无论在民间还是学术政策圈，地方政府多年来一直是遭谴责的对象。不过，光是改革开放 40 年的历史就已经表明，尽管地方政府是很多问题的来源，但这

---

① 本文写于 2018 年 1 月 30 日。

些问题有它们的制度性根源，也就是由不合理的中央与地方的关系所引发的。

如果中央与地方的关系不能在制度层面加以改善，地方政府一直会“制造”出种种问题，不仅影响社会经济的可持续发展，也会影响国家的有效政治治理。

地方政府的种种作为，并不仅仅是很多人所认为的地方官员主观意志作为，还是中央地方关系的逻辑结果。今天地方政府所面临的债务问题（或者其他问题），都是当代中央地方关系（至少）三层逻辑的结果。

央地关系的三层逻辑

首先，最重要的是政治逻辑。政治逻辑主要是围绕着 GDP 主义发生的。改革开放以后，为了改变往日贫穷局面，中国把经济发展作为政府的头等议程。不过，经济发展议程很快就演变成为唯 GDP 主义，以 GDP 论英雄。这对地方政府及其官员产生了重大影响。

在很长一段时间里，地方 GDP 的增长速度成为衡量地方官员政治业绩的最重要标准，即便不是唯一的标准。在很大程度上，地方政府演变成公司类型的政府，被学术界称为“地方发展主义”。当经济成绩可以转化成为政治资本时，GDP 数据的造假变得不可避免。

其次是利益逻辑。利益逻辑涉及作为组织的地方政府及其个体官员。地方政府如何推动地方经济的发展？在典型的市场经济体制中，因为企业是经济发展的主体，地方政府必须通过法治建设、税收政策和劳动条件等改善投资环境，来吸引资本和劳动者。但在中国，地方政府拥有更为直接的手段，包括直接搞经济项目和工程、向企业提供廉价土地等生产要素、与企业共同开发项目等。

对地方政府来说，这样做可以增加地方税收；对个体官员来说，这样做可以创造很多有利可图的机会，即腐败。人们说，中国是“市长经济”，而非“市场经济”，这并非没有道理。那么多年里，每一任新的地方领导到任，都必须通过这些手段来应付地方经济发展问题。每一任领导都会动用最大的资源来达到目的，而把问题（即责任）推给下一任领导。

最后，经济逻辑。经济逻辑最明显地体现在1994年分税制上。根据分税制的计划，中央政府根据各省1993年上交的税收为基数进行税收返还。结果，1993年各省上交的税收大增。道理很简单，各省是为了多分一块国民经济的大饼。这次一些地方自曝GDP造假现象是一个刚好相反的案例，但逻辑是一模一样的。

地方政府背负巨额债务，但不管债务如何沉重，地方政府是不可倒闭的，所以最终总会有“人”来救，即最终的责任还是由中央政府来担负。主动暴露GDP造假就是要解决一个“谁来负责”的问题，减少地方政府自己的负担。再者，对新到任的领导来说，他们不用负很大的责任，因为这是前任历史积累起来的老问题。在十九大这个政治背景下，卸下历史包袱，轻装上阵，是新任地方领导的一个理性选择。

地方行为既然是中央地方关系的逻辑产物，要改变地方政府的行为，就须反思中央地方关系，并对此进行必要的变革。就其本质来说，当代中央地方关系所产生的种种问题，是政治逻辑和经济逻辑脱节的结果。

央地关系运作产生的问题

中国在理论上是一党执政，多党合作，但就其运作来说，是事实上的联邦体制。更具体地说，一党执政，多党合作只是体现在政治层面，在经济层面则是事实上的联邦体制。地方政府政治权力的基础源自中央，但在经济上则依赖地方。在政治上，地方政府仅仅是中央政府的执行机构，但在经济上，地方政府则具有很大的自治性。因为中国地方差异巨大，在社会经济方面，地方政府必须具有这种自治性，才能对地方进行有效的治理。

1994 年分税制之前，中央和地方之间实行的是经济上的激进分权，结果出现了很多问题，主要是地方政府“藏富于地方”，“藏富于民”，中央财政恶化，不仅影响中央政府在全国层面的统筹能力，也影响中央控制地方政府的政治能力。1994 年分税制改革彻底改变了这种情况，从前是经济上中央依赖地方，改革之后则是地方依赖中央，即使是经济最发达的省份也是如此。通过分税制改革，中央政府实现了政治上和经济上的集权。

不过，政治和经济权力集中后，也出现了很大的问题，主要是中央政府把经济权力集中起来后，并没有把责任也集中起来。地方政府失去了经济权力，但仍然要负责地方事务。地方政府的钱从哪里来呢？在很长一段时间里，土地和房地产是地方政府收入的主要来源。

必须指出的是，土地和房地产问题后来发展到如此严峻的程度，也是 1994 年分税制的结果，因为分税制事实上把土地支配权给了地方政府。地方政府也各显神通，发展出包括地方融资平台在内的各种推动地方发展、增加收入的方法。地方政府的做法也是理性的，一方面是地方建设和社会的需要，另一方面是政绩的需要。

同样重要的是，改革开放以来，地方政府的一些领域可以说已经发生了根本性的变化，对地方本身和中央与地方的关系产生了重大影响，而这些变化被大大地忽视了。最显著的变化发生在地方政府组织机构领域。政府的层级增多，城市的层级增多，地级市和计划单列市增多，而且每一级政府都是几套班子齐全。

这些变化在很多方面并没有法律依据，地级市就是一个例子。在改革开放前，地级市并非一级政府，只是行署。这些变化导致了政府规模的急剧扩大，政府支出增加。有学者说，和西方发达国家相比，中国政府的规模并不算大。这里的问题在于，西方发达国家实行福利制度，政府担负提供广泛社会服务的功能，政府规模的扩大是福利国家的必然产物。

但中国到目前为止，仅仅只是达到人均国内生产总值 900 美元的水平，社会保障远未及西方发达国家的水平。也就是说，中国政府并没有提供广泛社会服务这方面的压力。除去社会服务方面的需求，中国政府规模无疑已经过大。在很多年里，政府规模不仅没有压缩，反而在扩张。只要“僧多粥少”的局面继续下去，地方政府肯定会成为很多问题的根源。

重塑央地关系考虑的方向

要解决地方问题，就必须重塑中央与地方的关系。这里至少有几个方面是可以考量的。

其一，通过确立国家统筹制度，重建现代国家。现代国家最重要的标志就是公民的出现，就是生活在国家之内的所有居民都能直接得到中央政府的服务。这是中央政府政治合法性的社会基础。不过，中国距离公民国家还有路要走，因为统筹级别低下，目前只实现了市一级的统筹，连省一级的统筹都还没实现。中国如果要建设成为一个现代国家，国家层面的统筹不可或缺，否则国民很难确立其深层次的国家认同。

其二，压缩中间层政府。中国数千年来维持了中央、省、县三级政府的体制。日本直到今天仍然维持着从中国借鉴的秦朝体制。中国越来越多的政府层级不仅没有强化中央集权，反而在体制内部有效弱化了中央集权，同时增加了社会的负担。压缩中间层不仅有空间，而且有可能。例如，中国的城市不管大小一般都是“三级政府、四级管理”。

新加坡近 600 万人口只有一级政府，加上几个提供服务的市镇理事会，至多也是一级半政府。相比之下，珠海一个 120 多万人口的城市也实行“三级政府、四级管理”体制。无论是社会控制还是提供服务，新加坡都比中国有效，人们看不出中国为什么需要这么庞大的政府机构。

其三，除了纵向压缩中间层政府之外，横向的党政机构也可以压缩以减少支出。政府机构改革的一个目标便是精简机构，减少官员人数。这在过去数十年已经历多轮机构改革，该做的也已经做了。十九大提出“党政合署办公”的改革新思路，是很大的一个改革空间。

中共的机构改革没有提到议事日程上，这次如果能够通过“党政合署办公”，把中共机构改革和政府机构改革结合起来，统筹考虑，机构改革就可以前进一大步。在地方层面，无论中共机构还是政府机构，两者都面临同样的具体问题，为什么还需要两套行政班子？两者的整合可以减少机构数量和提高行政效率。

其四，进行新的税制改革，为地方政府寻找新的税源。讨论了多年的房产税应当加快实施。在任何国家，房产税是地方政府的重要税源，也是地方居民为地方做贡献的义务。除了既得利益的阻力之外，今天的中国没有任何理由不实施房产税。

其五，大力推行国有企业改革，使得国企成为真正市场化的企业，减少甚至断掉地方国企对政府的依赖。在一些领域，国企的确应当做大做强，例如在一些公共事业领域。但国企应当从竞争性领域退出，政府改为通过税收体制和企业建立关系。市场化的国企改革不仅可以控制和减少国企债务，也可以控制和减少地方党政官员的腐败行为。

其六，更为重要的是，要在中央和地方关系方面建立政治责任制度。如上所述，改革开放以来，从中央到地方，在这个领域犯了不少错误。一些改革，例如设立计划单列市和地级市没有法律依据。这些错误都被忽视了。对中央和地方的领导层应至少做到一个任期进行一次大检查。随着监察制度的确立，经常被忽视的中央地方关系也应当引入被监察的领域。

数千年的中国政治历史经验指向了中央地方关系的重要性。大多数历史学家在论述中国兴衰时，都会把中央地方关系提到一个极其重要的位置。一个稳定的中央地方关系，不仅决定了国家政治是否稳定，更决定了国家的兴衰。

中国农村土地制度向何处去？[①]

近来，政府相关部门公布了将在农村推展的土地“三权分置”的改革政策，探索宅基地所有权、资格权、使用权的“三权分置”。根据官方的解释，“三权分置”可以落实宅基地的集体所有权，保障宅基地农户资格权和农民房屋财产权，适度放活宅基地和农民房屋使用权。

这一改革要改变政府作为居住用地唯一供应者的情况，研究制定权属不变、符合土地和城市规划条件下，非房地产企业依法取得使用权的土地，作为住宅用地的办法，深化利用农村集体经营性建设用地，建设租赁住房试点，完善促进房地产健康发展的基础性土地制度，推动建立多主体供应、多渠道保障租购并举的住房制度，让全体人民住有所居。

尽管宅基地的“三权分置”在法律上没有明确依据，但人们可以从物权法的角度来解释将要进行的试点，即将农户资格权看作是集体组织成员权的表现，而使用权则是可以流转的用益物权。旧有的政策

① 本文写于2018年2月20日。

是“一宅两制”，即房屋归农民私有，但房屋的宅基地归集体所有。

尽管资格权和使用权合二为一，都归农民所有，但农民的使用权的流转则被严格控制。这次，相关部门通过“权利分解”，创造出一个新的权利来，即资格权。这意味着从政策层面开始推进宅基地使用权的流转。

这一政策设计可谓用心良苦。对研究者来说，这份政策是一个绝好的案例，可以检讨中国在“农村土地集体所有制”这一条件下，农村改革如何举步维艰。

农村土地改革的两种极端

在农村土地改革方面，中国一直苦于两种极端的意识形态，一端是坚持旧有的“集体土地所有制”，一端是主张“农村土地私有制”，双方都认为只有他们相信的“所有制”才是农村的根本和出路。多年来，无论是官方还是民间，所讨论的改革思路也从来没有离开过这两种极端的意识形态。

因为“集体土地所有制”是官方的意识形态，因此任何改革都必须符合这个意识形态，即使一些做法开始和这个意识形态分道扬镳，也必须通过哲学化的或者辩证化的解释（或者理论创新），使得人们相信原来的意识形态得以延续。

这种“隐晦”的改革充分体现在“三权分置”的政策设计上。因此，尽管“三权分置”是为了推动土地使用权的流转，但相关部门同时也规定，严格限制社会资本进入农村，即“城里人到农村买宅基地的口子不能开，按规划严格实行土地用途管制的原则不能突破，严格禁止下乡利用农村宅基地建设别墅大院和私人会馆”。说穿了，在给使用权一些流转空间的同时，又把它关在了“笼子”里面。

从其主观意图来说，这一政策设计是让农民和农村分享国家发展尤其是城镇化的成果。的确，这不仅仅关乎农民的权利，也关乎农村的可持续发展。改革开放以来，农民的权利和农村的发展几乎是同步的。20 世纪 80 年代和 90 年代的一段时间是赋权农民和农村的，主要表现在生产责任制和乡镇企业的发展方面；容许农民进城打工（流动）也是一种赋权政策。但后来实现权利的途径越来越有限，到取消农业税之后，就没有可以赋权农民和农村的有效举措了。

不仅如此，很多方面，反而呈现出“去权”的趋势，例如，城乡分割的户口制度得不到有效改革，城市不能消化长年累月为城市服务的农民工，而城镇化则演变为把农民赶上楼。实际上，对国家来说，不管做什么事情，经济发展和社会稳定是第一位的。现实地说，近年来实施的精准扶贫可以实现“保底线”的目标，但很难实现赋权农民和农村的目标。

“三权分置”可以再次赋权农民吗？真的可以让农民分享国家发展尤其是城镇化的红利吗？从实际层面来看，这一政策的目标就是让农民在自己的宅基地上盖房子，既可以用来实现自己的居住权，也可以出租给别人。不过，这里的问题在于，就农民本身来说，居住面积已经够大，不需要再用宅基地来实现自己的权利了。

除了居住空间的质量问题，大多数农民的人均居住面积已经远大于城市。那么，谁来租赁呢？中国的三线、四线城市的住房已经过度饱和，出现了很多“鬼城”。如果现行政策不变，城市人口仍然会继续向中心（大）城市集中，更多的小城市会演变成“鬼城”。在这种情况下，由宅基地改革所引导出来的农村“造房运动”很难改变农民的现状，如果不是恶化现状的话。

这一改革政策唯一可以发挥作用的，就是大城市周边的城乡接合部，因此其适用范围非常有限。从有关部门对“适度放活”的表述来看，事实上也如此。根据有关部门的规划，政府可能将会首先在一些城镇化进程较快的经济发达地区，尤其是大城市周边的农村地区，进行有限度的宅基地使用权流转和退出试点。

为增加租赁住房供应，构建购租并举的住房体系，拓宽集体经济组织和农民增收渠道，按国土资源部（2018 年 3 月整合入自然资源部）、住建部的部署，京、沪、杭等 13 个城市正在开展利用集体建设用地建设租赁住房试点。在试点城市，村镇集体经济组织可以自行开发运营，也可以通过联营、入股等方式建设运营集体租赁住房。

很显然，这些实践已经发生多年了。就此而言，“三权分置”政策充其量也只是给那些已经存在的实践事后的合法性。如果这样，人们不得不质疑“三权分置”政策的有效性。决策者是否提问过一系列问题：这一政策的目标是什么？是为了维护既有的意识形态，还是为了在维护既有意识形态的前提下，催生一些有限的变化？更为重要的是，如果人们引入马克思的观点，那么就要继续问，这一政策在操作层面，谁来做？“谁来做？”这一问题很重要，因为它基本上决定了谁获益的问题。如果这一政策的目标是让农民获益，那么就必须考虑到政策的执行者问题。

农村问题历史背景复杂

在中国农村问题上，一个最大的问题关乎于“集体组织”。在人民公社和农村生产队组织体系解体之后，农村的集体组织已经发生了翻天覆地的变化。家庭联产承包责任制、农民的高度流动等因素，使得很多地方的大多数农民并不在农村生活，原来农民所属的集体组织事实上已经不存在了。

但问题在于，决策部门有意无意地“忽视”这个事实，“假装”农村集体存在。很多政策都建立在这个虚设的“集体组织”之上。今天，在理论上，所有享有农民身份的农民个体仍然享受着人们称为“集体组织成员权”的权利，即农村集体经济组织的成员，对集体经济组织所享有的权利，而成员权被认为是兼具身份权和财产权性质的特殊权利。

此外，和村民自治制度相关，农民也享有包括选举权、决策权、管理权、监督权在内的各种权利。从字面上看，农民所享有的权利一大堆。不过，如果熟悉中国农村现状，人们不难得出结论，所有这些权利并不实在。也可以这么反问：如果这些权利真的存在，那么农村的现状为什么会变得那么严峻？（如果人们不想回答这个问题，那么就可以耐心等待眼下这一波基层反腐败斗争会揭露什么样的问题。）

在旧体制解体之后，有了农村的自治制度，理论上农民可以解放出来了，但传统的社会结构很快恢复过来，有些地方的农民再次依附于一个不叫“地主”的农村强人阶层。就土地制度来说，尽管仍然实行集体土地所有制，但在实际运作过程中，集体土地所有制演变成为农村强人土地所有制。这是一种典型的集体土地管理者的所有制，并非农民的所有权。

人们可以预测，在限制社会资本的前提下，“三权分置”只会强化农村强人的权利，而继续弱化普通农民的权利。尽管人们赋予农民权利观念，但在现实层面，农民太弱，弱得没有能力保护自己的权利。

如果人们意识到权利的实现，需要阶层力量的平衡这一社会和法治制度环境，那么农民权利的实现只有在两种情况下，才有可能。第一，给予农民宅基地的真正权利，而非仅仅是今天的使用权和资格权。这些都是纸面上的，对农民来说并不具备实际的意义。第二，容许城市中产阶层进入农村，造就另外一个有能力的阶层，制衡原本的农村强人。城市中产阶层具有权利观念，也具有保护自己权利的能力。

中国农村的发展资源已经处于枯竭状态。在取消农业税之后，政府可以做的似乎不多了。人们的共识是，只有通过有效的土地制度的变革，才可以引入有意义的变革，实现农村的可持续发展。如果不能改变由农村强人所主导的集体土地所有制，那么任何变化都会是表面上的。农民需要分享城镇化、工业化的成果，这要求农村人口的双向流动。

一方面，需要容许农村人口流入城市。农民向往城市生活这个趋势不可避免，任何人也阻挡不了。但如果光是农村人口的流出，必然会造成农村的单向流出性衰败。今天的局面就是这样造成的。要避免单向流出性衰败，就需要容许甚至鼓励城市居民流入农村，在农村居住和生活。

双向的流动需要土地制度的改革。农民、城市居民都可以拥有农村的土地，至少是宅基地。这样，在农村就会出现一种由不同社会群体拥有土地的混合土地所有制。这不仅是发展所需，更是农村社会阶层互相制衡所需。没有这种制衡，无论进行怎样的政治建设，农村的衰败和普通农民的弱势化都不可避免。

农村本身的发展具有很大的局限性。农村本身不足以实现现代化，这在哪个国家都一样，发达国家也如此。农村的发展需要政府的帮助，但仅仅是政府的投入很难持续。在世界范围内，农村的现代化取决于：第一，城镇化能够吸纳消化大部分农民；第二，城市居民倒流到农村，实现城乡之间的双向流动。这两者都需要土地制度的变革。在中国，如果不变革目前的土地制度，这两种变化就很难发生。

中国的“精准扶贫”及其未来[①]

“精准扶贫”是近年来中国高层的重要政策议程之一。自改革开放以来，扶贫成就一直是中国的骄傲。在短短数十年里，中国已经使得近7亿人口脱离绝对贫困，是世界反贫困史上的奇迹。不过，新的反贫困运动仍然必要，因为全球化已经在全球范围内导致收入分化和社会不公平，社会矛盾激化，出现不稳定。

从这个角度来看，精准扶贫是中国政府保护社会的最基本手段。也就是说，扶贫的基本目标是实现基本社会公平和正义。任何社会都需要寻找有效的手段去实现社会公平与正义，但世界上并不存在一种普遍有效的手段。

就中国来说，扶贫这个抓手极其重要，也经常被视为中国制度的强项。尽管这么多年来，中国在扶贫方面取得了很大成就，积累了宝贵经验，但每一个新阶段，当出现新贫困情况的时候，都要寻找新的方法。

---

① 本文写于2018年1月16日。

不过，任何一种特定的扶贫方法，在执行过程中都会出现问题，需要随时加以纠正。近年来的精准扶贫也不例外。

一个显著的问题就是，精准扶贫能否实现原来所设想的基本的社会正义呢？从这些年的经验来看，已经出现了一些问题，有些地方这些问题甚为严重，如果不纠正，不仅难以实现基本的社会公平和正义，反而会恶化形势。

精准扶贫过程出现的问题

在精准扶贫中，最重要的就是对“贫困”的界定。有几个因素表明这是一件相当困难的事情。

第一，信息问题，如何收集、界定、处理信息。在农村并不存在精确的信息，例如有关资产（房屋）、牲口、土地、家庭成员、健康、教育等方面的信息，即使存在，界定者也具有很大的主观性。

第二，基层政府和社会往往脱节，没有足够的能力掌握精确的信息。因为精准扶贫是自上而下，官员最终需要依靠地方强人来掌握、界定和处理信息。这种情况就非常有利于地方强人。近年来，有关部门也引入外来人员对实际贫困进行调查。不过，这里出现的问题更多。

一方面，因为并不存在对这么大规模的扶贫进行科学调查的人才，实际上往往派毫无实际经验的大学生入村调查。另一方面，因为问卷调查的设计者完全脱离中国农村的现实（尤其是农民的理解水平），导致农民无法回答表中的问题，从而变成调查者自行填表。因此，有人戏称，精准扶贫已经演变成了“精准填表”。

第三，正因为农村存在强人（甚至村霸）因素，扶贫往往演变成

“扶富”，即扶贫的大部分好处流向了地方强人（干部、干部家庭成员或者亲戚朋友、村霸等）。在基层，“黑白两道”经常竞争分配来自上面的利益，甚至导致冲突。“扶贫”演变成“扶富”的另一个因素，是对脱离贫困时间上的限制。

扶贫追求效率，就是要促成贫困者尽快脱贫。在执行过程中，有的扶贫者对那些真正需要帮助但很难脱离贫困的家庭或者个人并不感兴趣，而只对那些很快就可以脱离贫困，甚至并不是那么贫困的家庭和个人感兴趣。

第四，扶贫烦琐的手续。一般情况下，在中国社会，贫困并非是一件“光荣”的事情，但界定贫困则有做不完的手续。因为得到的好处并不多，即使是贫困户对此也不那么感兴趣。在基层，许多老百姓相信，真正大的利益不会通过这种正常方式来分配。

所有这些因素无疑会影响社会公平的实现。此外，精准扶贫也产生着新的问题。因为精准扶贫基本上是一种财富再分配，就存在着一个分配给谁的问题。因为是通过分配方式进行，经常会导致村民“阶级”的再分化，产生新类型的社会“不公平”，表现在不同宗族之间、家族之间、村民群体之间。

一旦涉及利益分配，这些传统的因素和新产生的因素就会卷进来。这样很容易产生新的“认同”政治。在很多地方，社会对基层官员的信任度本来就不高，精准扶贫是一种新的政治，搞不好会造成新的隔离和新的对立。

这种情况在少数民族地区更会造成新的民族对立。新疆、云南、四川等少数民族聚集的地方，精准扶贫很难逃避民族矛盾。实际上，对民族干部是一个很大的考验。不难理解，这些干部必须面临“照顾哪一个民族”的问题。即使民族干部在分配扶贫资源上不偏不倚，做到尽量公正，不同民族成员也会有不同的看法。

一些民族成员会问，为什么别的民族得到的多而我们民族得到的少？他们总是相信民族干部把大量的好处分给了干部自己所属的民族，而自己受到“歧视”。实际上，这种看法在基层很普遍。因为干群关系的紧张和互不信任，很多人都会认为，只要和“上面”（指政府和政府官员）有关系，就会得到好处，否则就没有。

也必须注意到的是，精准扶贫很难覆盖到另外一个庞大的群体，即农民工。中国农民工的数量，比较有共识的估计是2.7亿。这个群体也很难说都是贫困人口，实际上他们因为外出务工，经济情况比留在农村的人口会好一些，因为有能力的人才出去打工。不过，也不能否认他们之中很多人已经沦落为城市新贫困人口。因为他们生活在城市，在农村推行的精准扶贫不会考虑到他们；同时，他们也没有城市户口，在城市推行的精准扶贫也不会考虑到他们。

今天，第一代农民工逐渐老去，在城市里的是第二代和第三代农民工，他们在城市出生、长大和生活，没有农村生活经验，没有回到农村的意愿；即使回去了也做不了农活。也就是说，不管怎样，他们中的大部分都将长期生活在城市，而没有城市户口。在很大程度上，这个群体甚至较之农村的贫困人口和城市的（具有城市居民身份）人口更为重要。一旦他们沦落为城市贫困人口，他们很有可能成为社会不稳定因素。

此外，精准扶贫的实施机制也需要改进。因为是国家动员型的反贫困运动，可持续性往往成为一个重大问题。这里有几个问题需要考量。第一，基层干部考核问题。基层干部是实施精准扶贫的主力，为了有效推进精准扶贫，在很多地方，脱贫成为考核干部的最重要的指标。经常的情况是，在贫困现状不能改变的情况下，干部就不能被提拔，不能换岗。这导致了至少两个合乎逻辑的结果。

首先，这种巨大的压力为干部造假提供了有效的动力机制。一些干部抱着“赶紧脱贫和赶紧走人”的态度，在扶贫方面造假。尽管现在也在实行扶贫的责任制，干部在提拔时上级部门可以回溯他们以前的政绩，不过很多干部只看眼前利益，而不会考虑长远利益。其次，与之相关的是，干部往往采用“用尽现有所有资源”的办法来体现自己的政绩。因为要尽快脱贫，干部往往千方百计动员一切可能的资源，而这种动员是否可持续不是他们所要考虑的。这样，他们往往把“债务”和问题留给后来者。

第二，干部任期过短，也造成短期行为，不利于扶贫的可持续性。近年来，干部加速轮换，往往是两年左右的时间就被调离。一些干部赴任的时候，带去很多项目（往往通过政商关系，例如带去一些商人搞当地建设），但还没有做完就被调离。这种因为频繁人事变动所造成的浪费和腐败是惊人的。

如果让他们在一个地方继续工作，他们的确也有做好的可能。因为是短期，一些干部就变得好大喜功，不讲市场规律，一会儿叫农民种植这种经济作物，一会儿叫农民种植那种经济作物，造成了农民和国家双方的损失。因为不讲市场规律，所生产的产品往往卖不出去。由干部推动的农业生产项目全国到处开花，但并没有很多比较成功的例子，更多的例子是失败的。

扶贫的可持续性

对任何国家来说，扶贫都是永恒的事业，因此扶贫的可持续性非常关键。在基层，一些有识之士已经开始担心，这样大规模的扶贫，尽管可以出现正面的短期效应，但在资源耗尽之后又会出现什么样的情况呢？如果没有充足的资源来继续扶贫，返贫情况会变得很严重。这种情况在全世界各国扶贫历史上都发生过。也同样需要注意的是，扶贫引发的基层政治有可能导致基层政权的进一步弱化。

可以预见，在接下来的一段时间里，随着“拍苍蝇”运动即基层反腐败斗争的推进，基层扶贫干部会面临更大的压力。如果基层反腐败也是通过基层干部之间互相揭发和告发，或者号召民众来揭发和告发，基层干部之间的互相怨恨和民众对基层干部的怨恨，也必然会借这次机会爆发出来。

精准扶贫需要很多条件，如果可以顺利实施，也会是扶贫历史上的一个奇迹。新加坡是一个很好的例子。新加坡的扶贫以选区为单位，选区议员的一项任务是找出真正需要帮助的人（穷人）。新加坡没有实行西方那样的具有普遍适用性的福利制度，因为从西方的经验看，普遍性的福利制度往往导致滥用。但新加坡成功故事背后是有很多条件的，其中几个条件非常重要。

第一，基本的社会福利政策的到位，包括住房、医疗和教育。在新加坡，80% 以上的公民居住在政府组屋。第二，健全的财务制度，政府知晓每家每户的经济状况。第三，透明的制度，在每一个选区内大家都互相了解。第四，不腐败的官员队伍。

在很大程度上，新加坡之所以能够这样做，是因为其城市国家的性质所致。相比之下，中国至少到现在为止，所有这些制度尽管在发展，但仍然处于早期阶段。不过，随着技术条件的改进，中国也可以完善这些制度，只是需要很长时间。

实际上，中国也需要在总结20世纪80年代以来的扶贫经验基础之上，考虑其他更符合国情的方法。扶贫需要考量到很多的大发展趋势，包括政府责任、社会流动、基本人权的实现等。简单地说，政府有责任促成所有其管辖下的居民（无论是流动人口还是固定人口）基本公民权的实现。

如果从这个角度来看，中国可能需要实行更具普惠性质的社会政策。这就需要提高政府社会政策的统筹级别。到现在为止，中国的统筹只是市一级，连省一级统筹都还没有实现，更不用说国家一级了。

从这个意义上说，中国只有“市民”，而没有“公民”。发达国家甚至很多第三世界国家，基本社会政策都是国家统筹的。中国的国家统筹不是不能实现，而是一个思想意识问题。早期经济社会发展水平不高，低级别的地方化统筹不可避免。

但经过数十年的快速经济发展，现在中国已经具备了足够条件来提高统筹的级别。这需要通过顶层设计来达成，逐步地从市一级提升到省一级，最终实现国家层面的统筹。统筹制度建设对扶贫所带来的效果，会远远超越80年代以来到现在为止的各种扶贫方法。

中国经济改革下一步[①]

近来，中国各方就国家经济发展和经济改革进行着一场大讨论，即下一步应当做什么、怎么做。中共十八大以来，中国经济进入新常态，进入中速增长阶段，从从前的两位数增长稳步下降到7%左右，并希望能够维持一个比较长的时期。尽管这些年来保持了预期的中速增长，但近来经济下行压力突然加大。这里既有内部的因素，也有外部的因素。

就内部因素来说，既有客观层面的结构调整因素，也有政策意向所导致的营商环境的变化。和其他很多国家一样，国内经济结构失衡的情况是很显然的。在很多年里，投资、消费和出口"三驾马车"拉动着经济的增长，但现在这三个领域都出现了问题。国家主导的投资主要是对大规模的基础设施建设的投资，而且高峰期已经过去。技术投入也在进行，并且比重一直在提高，但人们很难预期什么时候可以有新技术出现。消费在增长，但也出现了瓶颈。十八大之后，从前占

---

① 本文写于2019年3月19日。

据很大份额的官员消费，因为持续的反腐败斗争而得到了有效控制。

因为反腐败方面的制度化建设，这一块消费可能一去不复返了。因为收入差异，富人群体已经消费过度，规模并不太大的中产阶层该有的也有了，并且近年来随着经济环境的不确定性，也不愿消费。较之发达国家的中产阶层，中国中产阶层没有有效的制度保障，除了一些年轻人以外，大部分中产阶层不敢过度消费。广大的穷人则仍然处于消费不足的状态之下。

尽管近年来有政府主导的大规模的精准扶贫运动，但要把穷人转变成为消费者，有很长的路要走。出口的困难更显而易见。在加入世界贸易组织之后，出口在很长时间里有效拉动着经济增长，但近年来随着欧美市场的变化，出口对国内生产总值增长贡献的份额一直在下降。现在随着中美贸易战的进行，希望出口拉动经济不再现实。

外部因素除了上述出口贸易受到影响之外，还有一个重要的技术因素。在很长一段时间里，中国经济是建立在廉价劳动力和土地要素基础之上的简单经济扩张。因为存在着廉价的生产要素，西方技术迅速向中国扩散。简单地说，西方技术加上中国的劳动力和土地，很快使中国成为世界制造业基地（确切地说，是“组装业基地”）。现在，这种简单扩张的数量型经济已经没有多少空间了，从数量型经济增长到质量型经济增长，技术成为最重要的因素。中国试图通过技术升级来追求高附加值经济。

不过，这也是西方担忧中国的主要原因。在很大程度上说，中美贸易战与其说是贸易战，倒不如说是技术冷战。美国不断游说西方国家（尤其是其盟友）“围堵”华为 5G（第 5 代移动通信网络），显然是美国认为华为在这方面较之于美国具有了巨大的技术优势。在技术方面，尽管中国一直在强调“自主创新”，但“自主创新”一方面需要时间，另一方面，也不是说中国关起门来自己创新，和发达国家（尤其是西方）的技术交流仍然重要。不管怎么说，尽管中国在一些技术领域有所突破，但总体上和西方的技术仍然存在着很大差异。如何突破西方对中国的技术“围堵”是中国的一大挑战。

政治言论左右营商环境

主观方面的原因主要是政策意向的变化导致了营商环境的变化，主要表现在政治方面。近年来，在社会层面，一些领域的意识形态回归，极左言论不断出现，甚至前段出现“民营经济已经完成了历史使命”的论调。这种极端的言论无论是对内部民营经济，还是对外资都产生极其负面的影响。

尽管中国在法治方面也努力不少，但制度化程度仍然较低，意识形态的变化一直被视为国家政策的风向标。历史地看，极左言论会对企业界产生致命影响，这次也一样。直到最高领导层多次出来表态支持民营企业，才减缓了企业界的担忧。再者，近年来，党建成为执政党的一个重要议程，如何在各方面加强党的领导是各级领导不得不考虑的问题。

不过，发展仍然是硬道理。从短期来说，如果不能保证较长期的中速增长，中国仍然面临着落入中等收入陷阱的可能。中产阶层的扩大仍然需要经济增长，而大规模的扶贫更需要可持续的经济发展来支撑。更重要的是经济增长对实现今后“两步”的重要性，即到 2035 年基本实现社会主义现代化和 2050 年实现强国。

怎么办？经济既然受内外部因素的影响，改革也就必须意在改善内外部营商环境。实际上，改善营商环境也是2019年两会的重点。就内部改革而言，主要聚焦于大规模的减税。很显然，减税很重要，赋税如果太重，就会影响企业运作和企业家的积极性。同时，很多地方也在改变前段反腐败斗争中趋于紧张的政商关系，一些地方容许和鼓励官员和企业家“交朋友”了。

不过，经验地看，这些方面的举措可能会产生一些短期效应，但不能解决长期问题。赋税不能为零，并且减税之后，政府仍然需要收入。尽管可以大力提倡“节省开支过苦日子”，但这毕竟是一种说法。如果没有大规模的“精兵简政”，缩小政府规模，政府开支很难减少。随着新一波机构改革，政府规模反而有再次扩张的压力。

政府收入从哪里来？无非是三大来源，即土地和房地产（尤其是地方政府）、政府债务、发行货币。不过，在很大程度上，这三方面的资源已经使用过度，空间有限。更为重要的是，中国社会收入已经高度不平等、社会严重分化，国家需要通过税收政策来调节收入分配；也就是说，随着经济的发展，中国会趋向高税收方向发展。这是社会稳定和发展所需；没有社会稳定，经济发展就会缺失基础。

从世界经济历史经验来看，中国经济发展到现在这个阶段，至关重要的是保护企业家的生命和财产安全。这两方面比什么都重要。企业家的私有财产也是国家总体财富的一部分，需要被有效保护。如果不安全，私有财产就会随同其主人（企业家）“逃亡”。针对减税，一些企业家说：“感谢给我这个赚钱的机会，但我赚的钱的安全仍然得不到保障。”在财富随时归零的情况下，所有其他方面的经济刺激举措都会显得苍白无力。

寻求更高的内部开放

实际上，中国企业家及其财富的流失一直过于严重，以往这个问题被有意或者无意地忽视了。在东亚，日本和亚洲“四小龙”经济体（韩国、新加坡、中国香港和中国台湾）在经济起飞之后的二三十年里，中产阶层达到 70% 左右。但中国的情况很不一样，以往 40 年间，中国的经济增长甚至超过了日本和亚洲“四小龙”，但中产阶层规模仍然很小，不足 30%。财富去了哪里呢？这笔账需要算一下。不管如何，企业家及其财富的“出走”是其中一个重要原因。“生命安全”也应当包括政府官员和国企官员的生命安全。反腐败需要建设制度，而不能仅仅依靠官员个人的道德水平和党纪。很多官员的腐败是不健全的制度所致，而非单纯的人性所致。

规制型政府建设需要加速和加强。就政商关系而言，没有建立起政府和企业两个实体之间的关系，而一直处于企业家和官员之间的个人关系层面。经过这一轮反腐败，现在两者都害怕和对方发生关系，因为一旦发生关系，监察部门随时都会找上门来。也就是说，两者的关系仍然没有转型，依然是官员和企业家之间的个人关系。只要是个人关系，就很容易腐败。从两个个体之间的关系，转型成为两个实体之间的关系是有可能的，至少从新加坡等国家的经验可以看出。

市场经济是法治经济，这一点谁都明白了，但仍然没有体现在实践层面。各级领导仍然继续频繁使用政治和政策手段（例如各级领导的讲话和政策表态）。在实践层面，政治和政策手段的效用越来越低，并且这些都是临时应付的手段，不是可持续发展之举。近代西方资本主义开始之后，强调生命权和财产权是人的基本权利，并非毫无道理。至少从经济发展的逻辑来说，这两种权利为企业家提供了法律上的保障。日本和亚洲“四小龙”的经验也充分说明了这一点。

不过，应当强调的是，保护企业家的生命权和财产权并不是说，资本可以为所欲为。在西方，社会主义运动导致了方方面面的社会政策的确立，用来有效保护社会，实现资本和社会之间的平衡。中国也可以从西方和亚洲其他经济体发展的经历中学到很多经验教训。

对外来说，人们不应当误解目前西方国家盛行的贸易保护主义和经济民族主义。西方资本不会把自己孤立起来，无论什么情况，资本扩张的本质不会改变。整个西方现在属于制度调整和重建的阶段，之后的再出发就是寻找新的开放和扩张政策。可以说，今后的竞争不是看谁封闭，而是看谁更开放，是对开放的竞争。

对中国来说，不开放导致“挨打”和失败，这是大历史的教训。所以，中国不会走回头路。近年来，即使西方盛行贸易保护主义，中国也一直继续坚持开放政策。从世界经济论坛到博鳌亚洲论坛，习近平多次强调开放对于中国本身和世界的重要性。政策话语也表现在政策层面，包括十八大之后的自由贸易试验区、十九大之后的自由贸易港试验区，和近来的粤港澳大湾区。除了在国际层面积极参与多边主义贸易体系，这些试验都聚焦于内部的开放。

内部开放具有单边开放性质，意在通过自己的努力，寻求更高的开放度。在这方面，粤港澳大湾区具有特殊意义。因为是在“一国两制”的环境下进行，大湾区可以从欧盟、北美自由贸易区和全面与进步跨太平洋伙伴关系协定（CPTPP）等多边贸易体制学习，先向港澳实行单边开放，再逐步扩大范围。

近来两会出台的《外商投资法》尽管实施细节还有待制订，但也显露出新一轮和国际接轨的趋势。中国现在是第二大经济体，具有强大能力吸收消化单边开放所带来的成本。实际上，20世纪80年代的“请进来”和90年代“接轨”，在很大程度上也有单边开放的含义。更大规模的单边开放政策，既有利于中国自身的发展，也有利于区域和世界经济的发展。

也就是说，中国下一阶段的发展和改革不仅仅是内部意义上的，而且也是国际层面上的。这是新版本的对内改革、对外开放。

第二章

中国新时期的内部风险

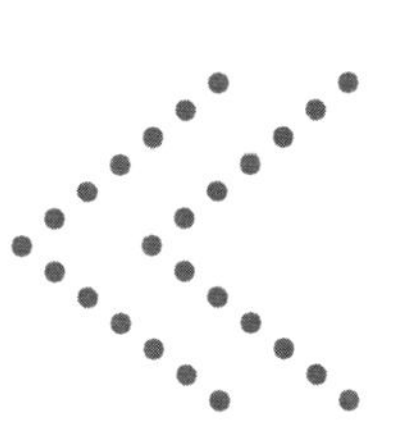

股市、房市与中国非典型经济[①]

这么多年来，困扰着中国政界、学界、商界和普通民众的，莫过于股市和房市了。各界不知动用了多少人力、财力、物力来应对这两"市"，但大多都是事倍功半，两"市"不仅没有好转，反而给人越来越糟糕的感觉。在很大程度上，两"市"所呈现出来的局面既反映了中国经济的非典型性，也在很大程度上反映了中国经济研究界的窘境与难堪。

在很多治理有效的国家，一般说来，政策领域的决策和政策研究是相对分离开来的。这种分离保证了政策研究的相对独立性。尽管政策研究者也避免不了从自己的利益出发，但因为研究是开放的，各方的利益都可以先表达出来，再经过正式的讨论程序，基本上可以知晓各类政策会导致的结果和对各方的影响。政策研究者当然决定不了决策者会接受哪一个方案，因为接受哪一个方案又是另外一个政治过程。决策者（一般都是政治人物）最终接受的方案，可能是各种政治

① 本文写于2019年3月5日。

力量和利益的综合方案。

不过，也有一些强势政治人物可能会接受比较极端的方案，但这种决策行为往往会导致精英阶层的分裂，反而使得政策的通过或者执行遇到巨大的阻力。这个过程尽管漫长一些（即低效），但也在减少错误的同时实际上提高了决策和执行的效率。

与之不同，中国政策领域的一个显著特点，就是决策者既是政策研究者，也是决策者。这个政策模式的优势在于决策效率高，但其劣势也是存在的，即没有一个有效的政策论证过程，政策往往缺失科学性，要么产生负面的政策效果，要么就执行不下去。很显然，当决策者也是政策研究者的时候，研究者肯定是为了论证自己的决策，而这个论证过程往往选择对决策有利的证据，而有意或者无意间忽视对决策不利的证据。

中国的股市和房市就是这种决策模式的产物。先说股市。早期股市是内部操作和腐败的象征。但这可以视为发展过程的必然产物，很多国家的股市早期也是这样的，规制化之后才规范起来。即使到了今天，股市领域的反内部操作和反腐败仍然是一个艰巨的任务。腐败是人性所致，人们总是要想办法来逃避规制以获取“不义之财”。中国也是一样。在这个领域，一旦有新领导人到位，就必然会在反内部操作和反腐败这些方面下功夫，以求股市的复苏和正常运作。但问题在于，股市领域的反腐败已经持续那么多年了，但股市仍然不见好。人们就不能简单地把股市的现状归因于内部操作和腐败了。

其实，股市的好坏反映了一个社会对经济前景的预判。如果人们对经济前景预判正面，那么就会投资于股市，因为人们相信投资股市会有好的回报；反之亦然，也就是说，股市不好表明社会对经济前景预判不好。

整治房地产收效甚微

再说房市。在任何国家，医疗、教育和住房制度是社会制度的支柱，对一个社会的稳定至为关键。因为人人都需要看医生、接受教育和居住，这三个领域的进步也被视为国家乃至人类进步的标志。但进步来之不易，很多西方国家在这些方面是有沉痛教训的。早期这三个领域也被高度市场化，社会主义运动之后，这三个领域不再被视为典型的经济领域，而是社会领域；即使具有经济性，也是具有高度社会性的经济领域。

正因为如此，在这些领域，政府往往投入巨大，承担着很大的责任。西方民主从早期的少数人民主转型到“一人一票”民主，对这三个领域的进步产生了巨大的影响。因为需要选票，政治人物具有巨大的动力在这些领域花钱。在西方之后，东亚经济体（日本和后来的“四小龙”）在这方面接受了西方的教训，政府主动在这些方面做社会建设，避免了欧洲式的大规模的社会主义运动。即使那些曾经沦为西方殖民地，到今天为止经济发展仍然落后的经济体，在这些方面也不敢过于市场化。在这些国家，因为经济不发展，政府也难有作为，但政府在这些领域的（理论上）责任仍然存在。

相比之下，改革开放之后，中国在这些社会领域里实现的基本上就是在西方称为“新自由主义”的经济政策。在很多其他领域，例如经济领域的国有企业部门和政治领域的官员特权部门（反映在住房、医疗甚至教育的“特供系统”上），新自由主义则遇到了巨大的阻力，无法进入。这造成了一种不可思议的局面，即该市场化的没有市场化，或者市场化不足，而不该市场化的则市场化了，或者过度市场化。

到今天，中国已经经历了三波主要的社会领域产业化或者市场化。在20世纪90年代末开始了医疗的产业化；1997年至1998年亚洲金融危机之后开始了教育的产业化；2008年至2009年全球金融危机之后，开始了住房的产业化。并且，一旦产业化，马上就造成了这些领域的“暴富”现象。“暴富”很容易理解，因为这些是人人都需要的领域。同时也容易理解，随“暴富”而来的则是社会的“抱怨”。这么多年来的经验表明，这些领域越赚钱，社会的抱怨声就越大，因为这些领域越赚钱，表明这些领域的破坏程度也就越大。

具体就住房来说，改革开放之前在城市是计划经济，城市住房实行单位（国家）分配制度。这在这个领域造成了“短缺经济”现象，因为在计划经济下，国家没有经济动机投资这个领域，投资只是根据政治的需要。改革开放之后的很长一段时间里，这一块也没有大动作；尽管很多地方，尤其是沿海改革开放早的地方，开始探索新的住房政策，但在国家层面基本上维持原来的制度。但在2008年全球性金融危机发生之后，房地产开始全面产业化，因为决策者希望通过房地产的发展，来刺激经济的发展和抵御金融危机。

当时国家意在规避金融危机风险的“四万亿”，大多流向了最容易“暴富”的房地产。之前，房地产基本上还是掌握在地方政府和民营领域，但“四万亿”导致了很多国有企业（尤其是央企）进入房地产领域。无论是民企、国企还是地方政府，在房地产领域“以钱为本”，造成了今天的局面。尽管政府多年尽心尽力地整治房地产，但收效甚微。这也很容易理解，在房地产领域，民企、地方政府和国有企业是中国最有权势的三大既得利益者，没有一届政府有能力同时应对这三大既得利益者。

回到两“市”之间的关系，一句话，它们之间已经进入了难以逃脱的“恶性循环”。两“市”关联性极高，几乎为一体。房市好（价格高），资金流向房市，股市肯定不好；股市不好，资金流向房市，房市肯定难以控制和治理；房市治理不好，其泡沫就越大，而泡沫越大，经济风险就越高；经济风险越大，决策者就越没有动机去治理，因为谁也不想在自己任内房市泡沫破裂，决策者所做的只是尽力推迟泡沫破裂。这些从经验上很容易观察到，如何逃脱这个恶性循环呢？

这里面反映出个体（家庭和企业）和社会国家整体利益在发展过程中的矛盾。就个体而言，入房市而避股市表现为理性。进入房市原因很多，但如下三个原因极其重要，影响人们的决策。第一，巨额利润。多年来，房地产是最赚钱、最容易赚钱、赚快钱的领域，甚至出现实体经济领域辛辛苦苦数十载，还不如倒卖一两套房子的情况。第二，城镇化大潮下的“刚性需求”。大量人口进入城市，需要住房。尤其是堆砌了大量优质资源的一线城市，因为就业、就学、医疗机会等因素，没有任何有效的办法阻止人口的进入。第三，对未来的“投资”，上述两个因素也促成人们把对未来的预期放在房市，而非股市。

但对社会和国家整体来说，入房市而避股市是不利于国民经济的可持续发展的。房市泡沫已经过度，只有一线城市还存在刚性需求，很多三线、四线城市已经开始出现大量空置房。一线城市刚性需求的形成也是非常复杂的。一是经济规律所致。很多国家的人口都在往大城市集中（例如日本的东京），因为资源自然地会集中在大城市。中国更是如此，因为城市的行政级别，往往把大量的优质资源放在一线城市，三四线城市优质资源远远不足，不能吸引人口，更不用说人才了。

但泡沫总会有破裂的一天，破裂的那一天，不仅是对经济的最大伤害，也是社会不稳定的开始。股市反映人们对经济的预期。中国到今天为止人均 GDP 也不到一万美元，无论是跨越中等收入陷阱还是提升为高收入，经济体都需要发展实体经济。而股市上不去，表明人们对实体经济预期不好。

为何入房市而避股市

入房市而避股市，说穿了就是钱的流向问题，即钱流向了房市，而没有去实体经济。社会累积了大量的财富，财富要通过再投资而保值和升值。那么，为什么钱流向房市，而非股市？一个原因就是上面所说的社会领域的“市场化”，人人需要的社会领域一旦市场化，肯定在一段时间内非常赢利。

问题在于，为什么不入股市？这里的原因也不难找，至少可以从如下几个方面来看。

第一，投资空间不足。中国实体经济发展水平仍然低下，发展空间仍然巨大，市场潜能也大。但为什么投资空间不足？一是企业家精神不足，创新能力低下。二是国有企业占据了太多的空间，一些领域是效率低下，更多的领域就是毫无作为，白白占据空间，浪费了空间。在理论上，人们明白了国有企业会占据自然垄断领域和国民经济的关键部位，而需要把竞争性领域开放给民营经济。在胡锦涛和温家宝主政时期甚至提出了，即使是被视为敏感领域的军工部门也可以开放给民营企业。但现实情况不是这样，一些国企基本上已经形成了自己不作为但到处“与民争利”的局面。

第二，财富增长机制不足。房市被视为财富增长的领域，但包括基金制度在内的金融制度仍然处于探索阶段，并且往往在两个极端徘徊，要么放任自由，要么一刀切地控制。基金等机制的不发达自然影响股市。在发达国家，基金是股市的一个主力军。

第三，财富保护机制不足，主要表现在法治不足。首先是财富保护机制，无论是私人财富还是国有财富都应当得到同样的保护。中国已经制定了《物权法》，现在人们期待民法典的出台。这里，发展的关键是法治。但在现实生活中，法治进步不大，而意识形态也出现了回归的苗头。在法治程度比较低的情况下，一旦“左”的意识形态回归，必然影响财富拥有者的信心。这里还有重要的一点就是，必须把法治应用到企业家或者商人的人身安全方面。企业一旦出现危机，政治和行政解决仍然占据着主体，而非法治，企业家的人身安全都没有保障。

要理顺两市，就要掌控钱的流向，即把资金从房市导向股市。因此，既需要大力控制房市，避免房市泡沫破裂，又需要通过解决上述问题，大力开拓股市。如果能够这样做，就可以预期同时实现经济、政治和社会的多重目标，即经济的可持续发展、政治的长治久安和社会的稳定。

房地产与中国社会的命运[1]

在今天的中国，把房地产与中国社会的命运联系起来，可能很多人已经不会感觉到过于夸张了。也就是说，房地产决定了中国社会的命运是进步还是退步，是稳定还是波动，是改革还是革命，是幸福还是悲惨。

实际上，很多年来，房地产的变化最能牵动中国社会的神经，而今天这种情况变得更为严峻了。在政府调控接连失效之后，人们已经对房地产失去了信心，自私的人们都在疯狂，希望在泡沫破裂之前进行最后的一搏。

英格兰银行前行长默文·金（Mervyn King）最近出版了一本题为《金融炼金术的终结：货币、金融与全球经济的未来》的书。在总结了2008年开始的经济危机后，作者说，他从危机中学习到了两点。第一，泡沫持续的时间远较我们预估的要长。以前的危机是这样，这次（2008年的金融危机）也一样，都持续了数十年的时间才最后破

---

① 本文写于2017年4月4日。

裂。第二，泡沫破裂的速度也远较我们预估的要快。

作者把金融经济称为“炼金术”，认为终究会终结。不管从哪个角度来说，今天中国的房地产就面临着这种情形，人们都知道泡沫总有一天会破裂，只不过不清楚是哪一天；而在破裂之前，人们不仅还会继续处于“集体无意识”的状态，并且会对此推波助澜。

实际上也如此。近年来，中央高层多次强调：“房子是用来住的，不是用来炒的。”但现实刚好相反，房子被用来炒，而不是用来住。这个趋势越来越严峻，在住房大量空置的同时，房价继续快速上涨。2016年底，中央经济工作会议讨论中国经济的几个不平衡，其中一个就是房地产和实体经济之间的失衡。房地产经济对实体经济的负面影响是显然的，不需要多说。

炒一套房的价值相当于一个不小的实体经济公司数十年的努力。“上市公司买房救公司”，“两个有房产的人结婚相当于两个上市公司合并”，“为了买房，一个老太太结婚数次”等新闻报道，一度充斥着新闻媒体。

确切地说，住房在中国已经远远超出其居住的自然属性，而涉及个人、家庭、集体、道德伦理等方面。历史地看，世界上没有一个国家的住房，能够像中国这样牵动着社会方方面面的变化。

中国房地产领域发展到今天的局面，是几个方面全面失效的结果。

其一，经济学的失效。经济学家从简单的供需出发，把重点放在土地供应和人口自由流动上。如果住房有充足的供应，那么就不会出现现在这样的情况。不过，很显然，房地产并非由供需市场决定。一线城市供应不足，而二、三线城市住房大量过剩。经济学也假定，如果户籍制度改革容许人口自由流动，那么情况就可以改变。不过，即使在没有自由流动的情况下，政府怎么做也无法控制人们涌向一线城市。北、上、广、深这些一线城市的人口，已经超过2 000万了，还没有停止增长的迹象。

其二，政府经济政策的失效。多年来，政府千方百计采取各种限购政策，但效果不仅不佳，反而恶化了局势。限购只是暂时现象，一旦放松，泡沫会变得更大，不仅没有消耗掉泡沫，反而使得泡沫膨胀得更快。

其三，市场的失效。市场的失效非常容易理解。不管一线城市的房价多么离谱，人们还是拼命离开二、三线城市，拥挤到一线城市。这里，价格因素不起任何作用，大城市的房价越高，人们越疯狂；而二、三线城市的低价住房则吸引不了人们的兴趣。

其四，社会压力的失败。中国社会一直对房地产的现状感到不满，也用各种途径表达着不满，但社会的压力显然没有反映到政府的政策上面，或者市场波动上面。一个现实的矛盾是，尽管人们普遍感到不满，但人人都想成为房地产的“利益相关者”，从中得到一份利益。对没有住房的人来说，不满是真实的；但对很多已经有住房的人来说，不满针对的只是利益分配不公，或者希望再多得一些利益。

避免房地产泡沫破裂需要大变化

如果要避免房地产泡沫的破裂，就必须有伤筋动骨的变化。一旦房地产泡沫破裂，那么伤筋动骨的不仅仅是房地产市场本身了，而很可能是整个中国社会。一些观察家已经指出，越来越高的房价已经使得一些社会群体，尤其是年轻人群体降低了对政府执政能力的信任度。人人需要住房，当人们看不到希望的时候，这种情绪的产生是很自然的事情。

中国房地产今天所面临的困境，并不是房地产本身的问题，而是城市体制问题，是城镇化模式问题。这里不再重复中国城镇化模式的弊端，但有一点必须强调，那就是，房地产病只是中国城镇化模式的一个反映而已。

由于中国政治和行政体制的特殊性（例如城市所具有的行政级别），优质资源高度集中在几个大城市，尤其是一线城市。在优质资源高度集中的情况下，所有意在促进社会进步的改革显得“违反”人性，从而变得无效，甚至失败。

这种例子比比皆是。例如，因为一线城市太大了，人太多了，需要减少人口，因此很多城市都在出台驱赶没有城市居住权的人（往往是农民工和穷人）的政策，但问题在于穷人最需要交通便利、能够找得到工作的城市。例如，城市的医院太拥挤了，但问题在于只有在城市才能找到好医院、好医生，老百姓为了一条命而到城市找医院和医生是人性所趋。例如，尽管城市里的学区房已经太贵了，但房价还是拼命往上涨，这是因为城市的学校太好了，人们只有把自己的小孩送入这些学校，才会有一个更好的未来。

更为重要的是，大城市所具有的优质资源，使得城市聚集的既得利益者的规模越来越大，势力也越来越强，这更使得改革变得越来越困难。例如，讨论多年的房地产税迟迟不能成为现实，只是反映了既得利益者的阻力是多么强大这样一个现实。更多的既得利益者需要更多的优质资源，也能得到他们所需要的资源，因为既得利益者是中国社会最有权势的群体。

事实上也如此。这些年来，国家的优质资源源源不断地流向大城市，而很多二、三线城市则得不到应当有的资源，更不用说乡镇了。大城市越来越富，中小城市越来越穷，城市间的差异，便是利益在不同社会阶层的差异的反映。

如果这个逻辑不改变，那么结果必然是整个国家的发展会变成几个大城市的发展，即围绕着北、上、广、深几个大城市。实际上，这也正是有关部门、专家学者所设计的发展模式，即大城市群模式。如前面所说，尽管大城市已经过大，但仍在扩张。城市的扩张已经变得不可控制，而扩张的最后结果便会是“大爆炸”。

今天，中国已经形成了农村包围城市、小城市包围大城市的局面，并且越往城市中心越富裕，越往城市边缘越贫穷。随着经济的下行，人们（尤其是高校毕业生）的工资不见增长，但房价越来越高。即使有一天，这些人会因为城市高昂的成本，而被迫移向二、三线城市，甚至更小的城市，但因为二、三线城市优质资源的缺乏，就业不足等因素，他们中的很大一部分便会成为社会的不稳定因素。

毕竟，在今天的中国社会，人们已经实现了接受高等教育的基本权利，也产生了权利的概念；一旦在现实中，这些群体实现不了自己基本的权利，他们便会转向政治。这个趋势发生在世界上其他很多地方，无论是发达的西方，还是仍然处于发展过程中的非西方国家。

房地产和实体经济之间的严重失衡

中央政府已经注意到了房地产和实体经济之间的严重失衡，现在正努力改变这种失衡。但正如本文所分析的那样，房地产问题并非房地产本身所引起的，而是中国的城镇化模式所致。因此，通过管控房地产（例如限购）已经不足以实现房地产和实体经济的平衡，更不足以促成社会均衡的进步。现在解决问题的思路仍然是房地产本身，而没有把房地产置于城镇化模式中来考量，因此所出台的举措远远不够。要改变房地产的严峻形势，必须做一些大的改革举措。有几个改革举措可以考量。

第一，实现“新三线计划”，把优质资源分散到二、三线城市。大城市集中了过多的优质资源，不仅已经造成了巨大的浪费，而且使得改革不可能。政府先行，要把一些政府机构搬到二、三线城市。这方面，中国可以利用“官本位”的传统，政府机构走到哪里，优质资源就会跟随到哪里。

一些大型国有企业也可以搬离大城市，走向二、三线城市。优质的学校、医院和社会服务机构可以在二、三线城市设置分支机构，总部留在城市以减少阻力，但总部定期派优质专业人才去二、三线城市工作，就如同政府内部的干部交流制度那样。

第二，实现“居者有其屋”的政策。二、三线的很多城市面临着严峻的房地产泡沫，而越来越多的大城市年轻人没有居所。为什么不可以实现“居者有其屋”呢？在优质资源逐渐流向二、三线城市的同时，通过“居者有其屋”政策鼓励和吸引年轻人到那里就业、创业。这样，既可以避免因大量的人才留在大城市造成的浪费，也可以促进

二、三线城市的可持续发展。

第三，二、三线城市社会政策的改进。随着优质资源分散到二、三线城市，那里的社会政策也可以跟进。例如，随着老龄化社会的来临，可以在二、三线城市建设更多的医院、养老院等。各类学校、体育设施、文化娱乐设施等也可以跟进建设。

第四，加快小城镇建设和农村的现代化。要考虑到，即使中国的城镇化达到了发达国家的水平，即 70% 的水平，也仍然会有 5 亿多人口生活在农村。要避免这个庞大的群体“包围”城市，对城市构成不可承受的压力，那么就不可以忽视农村建设。

而且，因为教育的扩张和农民工这个特殊阶层的形成，今天的农民已经不再是“日出而作、日落而息”的传统农民，而是具有和城市居民同样权利观念的新农民。如果忽视了这个群体的权利观，那么将会犯巨大的错误。因此，小城镇建设和农村的现代化非常必要，这个过程既可以实现经济的可持续发展，也可以为政治和社会的稳定打下基础。

中国财富去了哪里及如何留住？[①]

改革开放之后，中国社会很快找到了发财致富的有效手段——引入市场机制。在很短的时间里，市场机制为中国社会创造了巨量财富。中国从20世纪70年代末的贫穷国家，跃升为世界上仅次于美国的第二大经济体和世界上最大的贸易国；即使就人均GDP而言，也从当时人均不到300美元提升到今天的近9 000美元，大部分人口拥有包括住房那样的资产。这样的成就在世界经济史上十分罕见，因此被称为世界经济奇迹。

不过，从总体社会结构上看，中国的中产阶层人口数量还很少，社会底部人口数量仍然巨大，也就是说，中国还没有形成“两头小、中间大”的橄榄型社会，即学术界所说的“中产社会”。更重要的是，中国还没有建立一个需要大量财富支撑的社会保障制度。这也是近年来人们争论中国会不会落入中等收入陷阱的原因。

亚洲那些成功越过中等收入陷阱的经济体，即早先的日本和后来

① 本文写于2017年8月8日。

的“四小龙”，在经济起飞的30多年时间里，不仅实现了经济奇迹，从贫穷经济体提升为发达经济体（即高收入经济体），还实现了社会奇迹，即培养了占这些经济体70%的庞大中产阶层。相比之下，尽管中国的改革开放将近40年，取得了同样的经济奇迹，但社会奇迹并没有同步出现。

中产社会没有形成的主要原因，是国家的收入分配机制出了问题，即财富集中在极少数人手中。因为中国社会人口规模巨大，这部分“极少数人”的绝对数量也不少。不难理解，从海外看中国，中国俨然已是一个富裕社会。

这种印象当然是虚假的，因为中国社会收入差异巨大。日本和“四小龙”的社会奇迹，是由这些经济体的有效收入分配机制所造就的，即这些经济体都实现了公平的经济增长，在高速经济增长过程中，没有出现巨大的收入差异。（不过，20世纪90年代以来，受新自由主义经济学的影响，这些经济体也开始出现很大的收入分配差异。）

中国仍有大规模贫困人口

直到今天，中国社会大部分人口还是处于低收入甚至贫困状态。近年来进行的精准扶贫很好地说明了这一点。20世纪80年代开始的改革，曾经使数亿人脱离了贫困，但今天仍有很大规模的贫困人口；除了原来没有脱贫的人口之外，新的贫困人口也在出现。

在任何社会，中产阶层都是财富的“载体”。中产阶层没有壮大，表明财富没有积累起来而流失了。国家财富去了哪里呢？实际上，研究中国财富的去向（或者流向），甚至比研究财富的获得更为重要。

创造财富固然重要，但保护财富更为重要。如果没有有效的财富保护机制，所创造的财富就会流失。中国的财富流向至少可以从如下几个方面来考量。

第一，财富向海外流出。财富流向海外的现象已经持续了很多年，至今没有减缓的迹象。在政府控制外汇的时候收敛一下，一旦控制放松就会恢复常态。无论是对外投资、购置不动产，还是存入外国银行或其他形态，归根结底，财富离开中国而长驻海外。

第二，财富到处流转和折腾。财富在海内外倒来倒去，换一个名称，内资变外资。很多中国企业一旦做大，就到海外注册成为海外企业，但实际上海外也没有多少赚钱的机会，就再到中国投资赚钱。这种身份转换尽管可能并没有转换主人，但财富已经不属于中国。

第三，财富的浪费。财富的浪费是惊人的。很多企业因为种种原因到海外投资，但海外并不能找到理想的投资环境，造成损失，甚至是完全的失败。这既有国有企业，也有民营企业。其中，国企在海外的亏损尤其引人注目。国企“走出去”有其必要性，但往往低估了当地社会的政治经济风险，甚至光考虑政治需要，而忽视了经济要素。

国企在俄罗斯、白俄罗斯、委内瑞拉、斯里兰卡、缅甸等国的大额投资，往往因为政治或经济形势的变化而严重亏损。

国内的一些国企也一直在消耗着大量的国家财富。很多国企尤其是地方国企，尽管有大量的亏损，但没有倒闭。无论是用财政方法，还是用金融方法来弥补亏损，都是在消耗财富，因为政府的钱不管用什么方式获取，最终都是来自老百姓。

第四，各种类型的腐败。正如中共十八大以来的反腐败斗争所揭示的，中国腐败的深度、广度和额度都令人触目惊心。腐败不仅干扰正常的经济生活，影响财富的创造，更造成财富的巨大浪费。就官员来说，因腐败而得来的“财富”是死的，既不敢消费，也不敢存入银行，往往是东藏西藏。

财富需要有效的法治保障

如何理解中国的财富行为呢？这里的因素也很多，但如下几个方面是可以考量的。

第一，没有有效的法治保障，财富缺少安全感。尽管改革开放以来，中国在建设法制和法治方面努力不少，但建立和建设一个完善的法治体系需要很长时间。再者，即使执政党在理论上一直强调法治，但落实到具体执行时，一些党政官员缺乏法治观念，对财富（财富的拥有者）“乱作为”。

更为重要的是，近年来，一些极左思潮抬头，使得财富更感不安全。无论是投资者还是上层中产，只要有机会，就拼命往海外跑。李嘉诚就是一个典型的例子，而且像李嘉诚那样的商人绝非少数。

第二，缺少社会公平。极左思潮抬头是有其经济根源的，那就是社会公平的缺失，例如收入差距过大，社会过于分化。改革开放以来，中国所引入的可以说是原始市场机制，需要政府确立的社会保护机制不足，甚至没有到位。在这种情况下，市场创造的大量财富流向极少数人，而大部分人没有获得应当得到的财富，少部分人甚至成为牺牲品。

尽管这种情况并非中国所独有，世界各国都是如此，但中国的思想渊源更为深厚，加上贫穷人口很多，资本和财富对“均贫富”和

“劫富济贫”的传统实践产生恐惧心理。

从20世纪80年代到现在，政府进行了大规模的扶贫运动，也不能说不重视社会政策建设，但没有从根本上改变社会不公平的情况。只要这种情况继续，社会的激进思想就不会消失。而激进思潮的存在对财富是一种威胁，世界各国都是如此。

第三，公权力没有限制或不作为。法治不健全就决定了公权力没有限制。在公权力面前，更多的财富也无济于事。尽管改革开放以来，政府总体上亲商，但这种亲商往往以腐败为前提，即官员和商人的关系表现为“吃了你的，喝了你的，拿了你的，就得为你办事”。

官员对商人往往是一种掠夺关系，前者经常直接向后者要钱。在很多地方，政商关系一直没有走出传统的“一朝官员一朝商”的恶性循环，领导人一变动会导致一大批商人“死亡”。除了权力对财富的掠夺，公权力的不作为也影响财富的创造和安全。

在法治不健全的情况下，财富需要寻求政治权力的保护，但一旦掌权者失去提供保护的动机，财富很快就会感到不安全。例如在反腐败的高压下，一些官员的态度变成“不吃你的，不喝你的，不拿你的，为什么要为你办事”。再者，反腐败斗争以来，几乎每一个腐败官员都可以牵出一大批商人，商人感到不安全，就带着其财富出走海外。

第四，没有有效的监管。这也是政府失责的结果。至少有两个结果：首先，没有有效的监管，市场经济盛行“大鱼吃小鱼”的现象，金融业和互联网企业大肆收购实体企业，导致金融、互联网、房地产业和实体经济之间的失衡。也就是说，实体经济所创造的财富被不当收购。其次，政府为了鼓励发展新兴产业，往往简单地通过不监管的办法任其发展。这种无政府状态下的发展最终必然出现大问题。一旦出了大问题，政府又简单地采用粗暴的方法，用行政力量关停企业、“抓人”等来整治它们，造成财富的大浪费。

第五，财富本身失去方向。资本的本质是自我积累和扩张。在中国，这种简单的积累和扩张并不可行。企业发展到一定程度，必然产生不正当的政商关系，因为政府不放心企业财富的“政治化”，企业需要政府的支持进行再扩张。

在西方，企业可以向慈善发展。中国的慈善文化还没有发展起来。慈善的不发达不仅仅是企业家层面的问题，更是政府层面的问题，例如有关慈善的税收体制不完善。实际上，即使财富进入了慈善领域，政府也有很多理由不放心。

多管道留住财富

如何留住财富呢？明白了上述财富流失的根源，这个问题也不难回答。可以从如下几个方面来看。

第一，加紧建设法制与法治。这是根本，因为市场经济的本质就是法治经济。市场与法治的关系人们已经讨论很多，这里不多说了。

第二，追求公正社会。不仅要加紧社会政策建设，而且要尽快推行房地产税、遗产税等有利于社会公平的政策。一个高度分化的社会既不安全，法治也没有任何社会保障。

第三，建立新型政商关系。原来腐败的政商关系不可行，现在已经提出要建立“亲清”的政商关系。

第四，建立有效的监管制度。政府放任企业在无政府状态中发展并不是亲商，因为最终当企业出现了问题，有关部门必将粗暴地对待，甚至加害企业。财富的创造和积累需要有效的监管。

第五，通过实行“基金制度”等方法来解决“富不过三代”的问题。引入基金制度等可以实现财富的所有权和管理权分离，让专业人员管理财富，避免财富处于纯“消费”状态。发达国家在这方面已积累了很丰富的经验，不难引入。

一个穷人占多数的社会永远是不稳定的，所以古人言，“有恒产者有恒心”。“恒产者”即中产者。无论是穷人的减少，还是中产阶层的壮大，都关乎财富。没有有效的财富保护机制和没有有效的财富创造机制，一样很难保证国家跨越中等收入陷阱，更不用说进入高收入社会了。在找到创造财富的机制后，人们更需要找到有效的财富保护机制。实际上，只有同时拥有两者，一个国家的经济才可以实现可持续发展。

商与中国政治[①]

自中共十九大前开始，在对房地产、金融领域延续至今的整顿过程中，首当其冲的是那些被人们视为“大鳄”的企业或企业家。如果说十八大之后政治领域反腐败斗争重点在“官”，那十九大前后反腐败重点已经覆盖经济领域的“商”。正如政治领域反腐败重点在于反政治寡头（或官方所说的“团团伙伙”），经济领域反腐败的重点也在于反经济寡头，尤其是那些由政商不分所导致的经济寡头。

无论是政治领域的腐败，还是经济领域的腐败，两者具有共同的根源，即社会的急剧商业化。中国农业文明持续数千年。尽管一些朝代商业也兴盛，但没能发展成近代商业社会。直到改革开放，由于内部经济发展和外部全球化的影响，中国才进入真正的商业社会。

商业社会对商、对政治、对商与政治的关系都产生了巨大的影响。商业社会导致社会利益的高度分化，不同的利益须反映到党和政府的政治过程中。但如何反映到制度层面呢？这就是党内民主的内

① 本文写于 2018 年 4 月 3 日。

容。但因为对什么是党内民主、党内民主如何进行缺乏经验，很快就出现了西方化的趋势，即以单纯的“票决”来决定党内权力分配。党内“票决制”没实行多少年，很快就出现了政治寡头，党内民主也开始向领导层的“团团伙伙”演变。这就是政治领域反寡头的背景。

经济领域寡头的产生逻辑是一样的。如同西方商业社会的早期，经济领域实行的往往是“先发展后规制”的原则。房地产、金融等所有领域都是如此。因为毫无规制，这些领域的发展在很长一段时间里完全处于“自由放任”的状态，这就使得这些领域很快就出现了“寡头”。“自由放任”导致寡头，这一点中西方没有什么不同，是普遍的经济规律。

关键在于如何解决所出现的问题。经济领域反腐败、反寡头，西方也发生过。经济领域的反腐败和反寡头是一个永恒的任务，因为不同时代会出现不同的腐败和寡头。在西方，反腐败、反寡头之后，落实到制度上就是现代规制型国家的产生。

总体上说，不同的文明会产生不同的规制。一种规制如果不能同本身的传统文化相吻合，其失败的可能性要远远大于其成功的可能性。或者说，现代化的规制要考量自身文明的特点，用中国官方的语言来说，就是要有中国特色。

中国历史上的政商关系

就政商关系而言，中国文明具有什么样的特色呢？简单地说，中国文明有两个既优秀又具有现代性的传统，即“政教分离”和“政商分离”。“政教分离”即政治和宗教的分离，不是这里要讨论的内容。

就“政商分离”来说，有几个重要的方面。

首先，在意识形态层面，中国文明很早就确立了“士农工商”的意识形态。士、农、工、商四个阶层，商处于最底层。当然，这不是说商最不重要。商是掌握财富的。就各阶层的政治影响力来说，次序便是士商农工，商仅次于作为统治阶级的士。农在意识形态上的地位很高，但数千年里，农是最底层、最辛苦的阶层。这样的意识形态的表述，只不过是历代统治者对农业文明的认同，或者说“重农主义”。

其次，在实际操作层面，商不能直接转变成士，钱不能直接转变成权，尤其是商的意识不能成为统治者的意识。商人也有被皇帝录用从政的，尤其在早期。例如汉代的东郭咸阳、孔仅、桑弘羊三人，其中桑弘羊历来就被视为历史上最有才干的大臣。当然，皇帝任用商人是因为他们的能力，并不是他们作为商人的意识。桑弘羊等人所实施的政策是反商人的，与商人企业家争利。一些朝代对官位也有买卖发生，商人是“收购”这些职位的主体，但大多数是一些不重要的职位。统治者这样做是为了解决财政收入问题，担任那些买来的官职的商人也会被同僚（通过科举考试当官的）看不起。

但是，朝廷也提供社会空间给商这个群体，满足他们的实际需要。这里主要有几个方面。第一，一些有才干的大商人直接为皇权服务，为皇帝或其家族“打工”。传统上，皇帝的财库和政府的财库是分开的，皇家拥有很多企业。经营和打理这些企业的往往是商人。为皇帝或皇族直接提供服务的商人当然能够享受“皇恩”，产生不小的经济甚至政治影响力。

第二，容许商人的下一代参加科举考试，鼓励他们用财富为皇帝培养人才。皇帝对商人拥有大量的财富很不放心。一个方式是容许商人购买土地，商是可以流动的，但土地是不动的。商人购买土地之后，皇帝就比较放心，因为原则上，“普天之下莫非王土”。当然，皇帝也不容许商人购买太多的土地，因为这又会导致社会不稳定。但对商人投资下一代，皇帝则是乐意看到的。历史上，在一些富裕的地方，商人家庭甚至比士家庭培养了更多的士。

第三，商人拥有很高的社会声望，地方上的慈善社会服务基本上由商人提供，或士商合作提供。

从皇权的角度来看，延续数千年的政商关系不能说不成功。商从来没有挑战过皇权，而皇权一直能够维持其对商的有效统治。当然，从商业发展的角度来看，政商关系非常不成功，甚至是大失败。中国为什么没有发展出西方那样的近代资本主义？因素很多，政商关系也是其中一个重要的因素。这种关系维持了数千年的农业社会，扼杀了企业家的创业精神。企业家精神的缺失，和中国没有发展出近代资本主义是有关联的。

政商合一成裙带资本主义

改革开放以来，中国政商关系基本上出现三种形式，这三种形式都出现了严重的腐败现象。第一，从政到商，即党政官员通过“下海”方式，转政为商。在这种方式下，党政官员充分利用其原来的政治行政资源来经商。第二，从商到政，商人进入全国人民代表大会、政治协商会议等政治系统，或者官方认可的社会组织（例如工商联和商会），商人通过正式的渠道和政治过程发生关联，对政治发挥作用。

很多年里，商人已经在各级人大和政协系统成为一股不可小看的政治力量。从一个方面说，这是政治的进步，因为商人获得了正式的政治参与渠道。但另一方面，因为对商人的选拔（进入人大或政协）过程没有制度化，尤其没有公开化，往往简单地以一个人所拥有的财富来衡量，这里面的腐败也难以估量。

第三种形式更为糟糕，即政商合一，无论是通过正式还是非正式的方式。政商合一已经形成人们所说的“裙带资本主义”，政治权力和资本的合一不仅导致巨大的腐败，也造成巨大的社会不公平。

应当指出的是，在这三种形式中，所谓的政商关系并不是政府作为一个实体和商人作为另一个实体之间的关系，而是政府官员个体和商人个体之间的关系。即使是在第二种形式中，一个商人能够进入人大或政协系统，往往是因为其与政府官员个体之间的关系，也就是哪一名官员看中了哪一名商人。如果是两个实体之间的关系，就可以制度化和法律化；但两个个体之间的关系很难制度化和法律化，而且这个关系也是不可继承的。因为是官员个体和商人个体之间的关系，他们之间的“交易”产生腐败，也就非常容易理解了。

录用企业家进政府

如何重建政商关系呢？这是一件不容易的事情。世界各国并没有一个理想的模式可供中国复制。在西方早期，诚如马克思所说，政府只是资本的代理，所谓的代议制就是资产阶级民主。后来随着民主化的扩展，尤其是大众民主的出现，政府的基础从资本转移到社会（选票），政府就不仅不能单纯地代表资本的利益，而且对资本的规制越来越多。今天随着资本的全球化，西方政商关系也面临挑战。一些国家例如美国，商人直接主政。但不管西方政商关系面临什么样的挑战，在法治的构架内演进是无疑的。法治本来就起源于政商关系，也已经成为西方政商关系的基因。

同样，东亚社会（日本和亚洲“四小龙”）在经济起飞的早期，曾经建立了有效的政商关系，在官商之间打造权力合法化的桥梁，使得政府和商人协作，推动经济发展。但随着经济的发展和社会的变迁，一些经济体的政商关系也出现了巨大的问题，韩国和中国台湾最为显著，政商关系造成政治腐败。

中国重建政商关系的过程可以参照所有其他经济体的经验，但也必然要考虑中国本身的传统文化。其中最重要的是如何重塑士这个阶层（即统治阶层），以及这个阶层和其他社会阶层之间的关系。这方面，中共十九大所强调的“政治家集团”非常重要。“政治家集团”是中共对自身的认同，类似传统上士大夫阶层的自我认同。对于这个阶层，关键的问题在于建立自我认同，因为自我认同决定了其执政意志。

传统上，皇权通过意识形态、教育和科举考试等方法，成功地让从各个阶层（主要是士商）录用的官员建立这种认同感。官员来自不同的阶层，这在很大程度上保障了政府的社会基础，认同感又保证了官员对皇权的忠诚。如何在各社会阶层（包括商）录用人才，同时确立他们对“政治家集团”的认同，这仍然是当代的政治挑战。

再者，在商业社会，商的作用不是历史上任何一个时期所能比拟的。不管政商关系会产生怎样的腐败，政商关系必然会存在，人们所要避免的只是腐败的政商关系。实际上，如果不能保证和维持企业家群体的企业家精神，商业社会的运转难以为继。可持续的企业家精神是一个社会可持续发展的保障。同时，要保障清廉的政商关系，法治不是可有可无的，而是前提条件。在中国的环境里，当务之急是把政商关系从个体层面转化到实体（组织）层面，必须以法制的形式明确规定政商关系。

除了继续扩展企业家正常参政的渠道，也可以向传统学习，直接录用企业家进政府。商人与政治家集团没有本质的矛盾，只要商人对政治家集团有高度认同感。政治家集团的统治不能再像传统那样排斥企业家，而是应当主动接纳他们。在全球化和资本过度的今天，国与国之间的竞争越来越表现为企业家之间的竞争、企业家精神的竞争，重新梳理和重建政商关系，从来没有像现在这样紧迫和重要过。

中国企业家的困局[①]

在任何一个社会，企业家是国家经济的主体。根据马克思“经济是基础，政治是上层建筑”的观点，人们可以说，没有企业家群体的崛起，就没有国家的崛起。近代以来，无论是早些时候西方的崛起，还是后来日本和东亚“四小龙”的崛起，都说明了这个现象。

从反面来说，即使国家通过政治力量强行崛起，但如果没有一个企业家群体的支撑，国家的崛起就会变得不可持续。不说久远的历史，苏联即是一个典型的案例。

在计划经济下，国家替代了企业家的角色，尽管在成立之后的一段时间里，苏联能够集中最大的资源来搞经济建设，也取得了很大的成就，但因为缺失企业家群体，最终没有实现可持续发展，在和西方的竞争过程中败下阵来。

类似地，二战以来，很多发展中国家在赢得独立之后，即使政治领袖具有崛起的雄心，但因为缺失企业家群体，经济发展缺失主体，

---

① 本文写于 2019 年 1 月 15 日。

国家崛起计划只好付诸东流。历史地看，没有人会否认政治的重要性，但政治如果没有企业家群体的支撑，往往是无效的政治、空洞的政治。

中国改革开放以来的崛起也是以经济崛起为核心的，这个过程中企业家群体的作用自然怎么评估都不为过。不过，在进入新时代以来，因为内外环境的急剧变迁，企业家群体面临前所未有的严峻挑战。总体来说，中国仍然以商人群体居多，而缺少企业家。商人和企业家既有关联，又有本质性的不同。简单地说，商人以赚钱为己任，以钱的多少来衡量企业的成功和自己的成就，而企业家则以改造世界为己任。

中国企业家的本质和特征

从这个角度来说，中国企业家群体表现出至少如下特征。（应当指出的是，这些特征也表明了这个群体今天所面临的挑战是难以想象的，因为这些特征与其说是中国企业家的本质，倒不如说是他们所处的环境造就了这些特征。）

第一，离钱太近，离科学技术太远。大多数人见钱眼开，唯利是图，但对科学技术不那么感兴趣。商人自古就有，但企业家更多是近代工业化的产物。经验地看，近代以来的企业家群体是资本和科学技术相结合和整合的产物。西方的企业家改变了世界，但离开了科学技术则无从谈起。世界上很多文明都好商，但商本身不足以构成国家崛起的动力。成功的国家都实现了从商人到企业家的转型。没有这个转型，国家崛起会变得极为困难。当代中国尽管也培养了一大批专注技术的企业家，但相对庞大的商人群体来说，这个群体的人数仍然太少。

这些年，中国人蜂拥至日本购买普通的马桶盖、电饭煲等，这是匪夷所思的事情。这并不是说，中国人没有能力制造优质的马桶盖和电饭煲，而是没有工匠精神，没有能力建设自己的品牌。这样的事情虽小，但很能说明问题，那就是中国尽管是制造业大国，但对技术和技术的改进仍然处于漠视状态。中国已经远离传统的制造业概念，确切地说是“组装大国”。今天，很多企业深深担忧中美技术冷战的来临，因为一旦发生技术冷战，技术进口就会变得困难，企业就必然面临生死存亡的威胁。

第二，离权力太近，离使命太远。企业有无使命？可以说，企业家的初心是有的。看看中国企业的发展历史，很多企业最初也是雄心勃勃，想干一番大事业，但可惜的是，逐渐地或者很快地，企业的使命发生了异化。对一些人来说，钱就成为唯一的“使命”，而另外一些人则以和权力的关系来衡量成功。“权力崇拜”文化在中国根深蒂固，几乎已经成为人们的血液，企业家更不例外。

尽管表面上看中国有士农工商的传统，商人处于社会等级的最底层，但在实际层面，商人和权力的关系一直很密切，“红顶商人”层出不穷。商人只有社会地位，没有政治地位，但一旦靠近权力，和权力拉上关系，便可狐假虎威，似乎自己也有了权力。再者，商人这样做也是有经济理性的，赚钱不容易，通过和权力的关系而得到政策寻租的机会，是最容易赚钱的方式。

第三，离官员太近，离老百姓太远。经验地说，官商永远是一体的，但“官民一体”或者“商民一体”似乎是一个难以实现的理想。官商一体主要是因为两者有共同的利益。中国企业家或者商人是最懂得官员需要什么的一个群体；而官员也最懂得企业家或者商人需要什么。官员有潜规则（金钱等）或者政绩工程的需求，企业家和商人有政策寻租的需求，两者经常互相帮忙，或者互为工具，通过合作达到各自的目标。

理论上说，在商业社会，消费者（即老百姓）是上帝，但实际上，消费者是最弱的一方，是最容易被欺骗的一方。这些年来，商界充斥的丑闻（毒奶粉、假疫苗、食品安全、假冒商品等），无一不是针对普通老百姓的。尽管中国的消费者越来越成为庞大经济体的支柱，但仍然没有实现其消费权的有效机制。

第四，离政治太近，离社会太远。所有社会，政治和经济不可绝对分离。企业家需要关心政治，不关心政治的企业家不会太成功。不过，企业家本身不是政治人物（除非弃商从政），不能把自己视为政治人物。当然，企业家参与政治则是另外一回事。企业家具有丰富的经验，尤其在经济事务方面，他们的实践知识对国家的发展至为关键，可以通过各种途径参与到国家政治过程之中，把这部分知识贡献给国家。但是如果企业家的政治参与过程演变成为政策寻租过程，就会离政治过近。离政治过近的危险性也是不言而喻的，因为政治变化无常，今天的朋友可能是明天的敌人。

离政治近可以“培育”出企业家，但更可以葬送企业家。实际上，企业家的最大政治就是把自己的企业做好，而要做好企业便要接近自己的上帝，即消费者。不过，很可惜，中国的很多企业家离社会实在太远。在很大程度上，一些企业可以说是“政治企业”，只对官员负责，而社会则是被忽悠的对象。

这些年来，尽管“企业社会责任”的概念也进入了中国的企业界，但到底有多少企业把社会责任当作它们运行的内在动力？对很多企业来说，即使是社会责任，大量的行为也是做给政府看的，而并非真心实意地为了社会。经济发展了，但社会也被破坏了。在经济发展过程中，保护社会的努力实在太少。保护社会既是政府的责任，也是企业的责任。当政府和企业都不仅不保护社会，反而破坏社会的时候，人们可以想象这个社会的样子。

第五，在国际社会上，离机会太近，离规则太远。对中国的企业来说，走向国际市场实在不容易。国际市场已经被发达国家占领，中国企业家是国际市场的后来者，“走出去”处处受挤压，要承受更多、更大的风险。这就要求企业做更多的努力，尽量根据市场的规则来行事，以减少风险。但企业家对这个客观环境认识不清或者没有足够的认识，从而把自己推向风险地带。

很多企业家走出国门之后，一旦看到机会，便失去了理性，什么事情都敢做。一些企业家在国内也经常是机会主义者，出了事情，就通过和权力、官员、政治的关联来化解风险，求得问题的解决。问题在于，如果走出国门之后依然是机会主义者，要通过什么途径来化解风险呢？国内的权力关系很难延伸到国外。当然，也有一些企业家走出去之后的确能够和当地政府权力、官员、政府建立各种关联。不过，这种关联也正是这些企业所面临的巨大风险。一句话，对企业家来说，如果对机会所包含的风险评估不足甚至看不到风险，最终肯定是要出问题的。

社会环境制约企业发展

诚如前面所说，企业家所具有的这些行为特征，大多是企业家所生存的社会环境的产物。但不管其起源如何，它们是客观存在的，有效地制约着企业的发展。就是说，如果要改变企业家的行为，就必须改变他们所生存的社会环境。

在这方面，政府作为的转型是关键。在中国，政府本身是企业最重要的营商环境，光有企业自身的努力难以改善营商环境。所谓的营商环境也就是一系列制度机制的存在，包括法治、政商关系、明确的产权、财产保护等。产权的“明确化”和“保护”已经讨论了数十年，但仍然处于两个极端。对自由派来说，是私有产权；对“左”派来说，是国有产权。这种意识形态的争论永远不会有终点。

经验地说，无论是国有资产的产权还是民营资产的产权，都需要明确化，都需要得到保护。近来人们开始讨论“中性制度”的确立问题，但在意识形态、制度和政策各个层面来实现“中性”是很不容易的一件事情。

同样，知识产权的保护开始得到重视。之前，这个概念只是为了应付西方（尤其是美国）的压力，现在人们终于认识到知识产权的保护是为了自己的可持续发展，而不仅仅是为了应付西方的压力。如果上述这些构成了企业的营商环境，还必须塑造企业“趋善”的制度环境，例如确立可行的税收制度，鼓励企业群体承担和行使社会责任等。如果企业不能承担很大一部分社会责任，政府失败便是可预期的。

在国际市场上，中国企业首先要遵守现行市场规则，哪怕是不合理的规则。只有接受，才能进入国际市场，再寻求改革、改善和创新市场规则。在大航海时代之前，世界各地已经形成了地方市场规则。葡萄牙、西班牙、荷兰和英国开拓世界市场，破坏了原来的市场规则，确立了符合自己利益的市场规则。不过，当时的世界处于“弱肉强食”

时代，适者生存，没有其他国家有能力来抵抗这些列强的强盗行为。

现在的情况已经大为不同，经过长久的全球化，全球市场和与之相关的市场规则已经形成。这需要中国企业的智慧。但不管怎样，政府和企业的合作原则是不变的，光是政府或者光是企业，都不足以开拓海外市场。企业在国际市场所面临的挑战，和政府在国际组织所面临的挑战几乎就是一样的。尽管如此，政府和企业如何通力合作走向国际，仍然是一个巨大的问号。

不过，在所有这些要素中，企业家群体的自我认同建设最为重要。如果企业家群体不能成为一个寻求独立的群体，而继续是权力、官员和政府的附属物，所有其他方面的变化也拯救不了企业家。

中国为什么鲜有真正的企业家？[①]

改革开放以来，中国似乎进入了一个企业家辈出的时代。人们可以说，这是一个人人都可以把自己称为企业家的时代。一些人即使不是企业家，也认为自己具有企业家精神。“企业家精神”可以说是一个可以用来描述当代中国社会的关键词。

但是，近来人们发现中国的企业缺少核心技术，人们期望的企业家较少，人们一直挂在口头上的企业家精神十分欠缺。

无论是企业还是企业家精神，关键在于企业家。为什么说中国缺少真正的企业家？这里需要先来看看所谓的中国企业家群体的一些基本特征。经验地看，人们不难观察到企业家群体中普遍存在着（至少）如下一些特征。

一、以钱的数量来衡量自己的成功和企业的成功，赚钱变成了自己和企业的唯一目标。如果企业没有除了钱的数量之外的目的，那么很少能够找到格局，因为光是钱很难撑起企业的格局。没有了格局，

---

① 本文写于 2018 年 6 月 19 日。

不管赚了多少钱，也只是小商人一个。

二、大多数企业集中在几个最赚钱、能赚快钱的行业，例如早期的煤炭企业和很长时间以来的房地产，更有一些企业脱离自己本来的行业而转入赚快钱行业。

三、“跟风”现象严重，哪个地方可以赚钱了，企业家就会蜂拥而至，造成企业之间的恶性竞争和向下竞争，大多数企业没有自己持之以恒的探索和追求。

四、企业大多是加工业，即为别人（别国）加工。中国尽管被视为世界的制造工厂，但许多企业尚未形成“中国制造”，更不用说“中国智造”了，充其量只是“中国组装”。

五、依靠市场的简单并且无限扩张而赚取微薄的利润，产品的附加值很低。

六、大多数企业经营者到了中年在企业遇到瓶颈的时候就成为简单的消费者，有了钱就进行大量的个人消费，大多成为油腻中年人，再也没有进取心。

七、大多数企业进行的是简单再生产，经不起折腾，企业出生率高，死亡率也同样高。

如果这些是中国某些“企业家”的主要特征，那么这个群体充其量也只是商人。商人和企业家有关联。商人的范畴要比企业家广，但并不是所有商人都可以成为企业家，都具有企业家精神。商人一直被定义为“以别人生产的商品或提供的服务进行贸易，从而赚取利润的人”，也被称为生意人。中国传统上有士农工商四民，工、商是两个不同的阶层。工指的是工匠，有技术含量。自近代以来，较之商，工更接近企业家。

在传统中国，商业的崛起和农业、手工业的发达有关。商人作为独立的职业，也是社会分工进一步细化所产生的结果。不过，传统上，商人的社会地位极低，处于士农工商社会结构的最底端。由于人口众多，历代统治者把农业视为立国之本，商人成为统治者眼中的末业。“重农抑商”是历代皇朝的基本国策，统治者都或多或少有打压商人的政策。

早在战国时代，韩非子在《五蠹》中就把商人看作社会的蠹虫。汉高祖曾发过一道禁令，规定商人必须纳重税，不得穿丝绸衣服，不得骑马，子子孙孙都不得做官。汉武帝发令，商人不论登记与否，一律课重税。不许商人和家属拥有土地，违者土地没收，本人充当奴隶。隋唐科举制明确规定，商人及其子弟不得参加科举考试。

宋朝只允许商人中有“奇才异行者”应举。不过，官方的这些政策在实际层面多大程度上影响商人的生活是可以讨论的。尽管商人在官方意识形态中的地位不高，但商人较之其他两个阶层（农、工）更容易赚钱和积累财富，商人的经济地位实际上远较农、工高。即使在政治上，很多朝代对商人也是采取“招安”政策，鼓励商人购置土地，容许和鼓励商人的下一代考功名。不过，历代皇朝的小农意识形态，的确有效遏止了中国社会发展成为商业社会。

以企业家精神区分商人和企业家

近代以降，商业已不局限于过去的贩运和零售的运作状态，而是渗透进各个行业。因为整个社会都在以商品生产和交换为基本状态，商人的社会地位有了空前的提高。不过，中国的许多商人并没有从传统的“低端”文化中解放出来，这个群体的行为仍然停留在传统模式，无论是主动的还是被动的。更为重要的是，这个群体并没有把自己提升为企业家。

这和西方社会形成了明显的对照。西方社会本来就没有类似中国四民的区分，商人的地位历来就比较高。近代以来西方社会诸多变化中，商人就是主角。在罗马帝国解体之后，欧洲并不存在中央集权，而是产生了众多的城市，而城市的主体便是商人。即使在中央集权制度形成之后，商人仍然是政治主体。因此，马克思认为当时的西方国家仅仅是资本的代理人。

西方近代以来经济领域一个最大的变化，就是很多商人转变成为企业家。一般说来，企业家被视为是能够自己创立并运营企业的人。企业家对整个企业承担责任，并为企业长远利益着想谋划。一个人如果接手前任所拥有的事业，并且做法不具创新、突破或者变革的特点，就不符合企业创立的意义，也就是说不会被视为是企业家。如果企业传承于接班人或者第二代，而在发展方面展现求变、模式与前任有显著不同的特征，那么，仍然可以称得上是企业家。

所以说，尽管在人们的概念中商人和企业家不是那么容易区分，但人们也很清楚，不是每一位经商、从商或者有频繁商业行为的人都可以称为企业家。把商人和企业家区分开来的就是经济学们一直在讨论的企业家精神。

历史地看，企业家精神的概念也是近代西方的产物，和西方国家近代企业产生和发展的过程密切相关。法国早期经济学家让–巴蒂斯特·萨伊认为，企业家就是冒险家，是把土地、劳动、资本这三个生产要素结合在一起进行活动的第四个生产要素，企业家承担着可能破产的巨大风险。英国经济学家阿尔弗雷德·马歇尔也认为，企业家是以自己的创新力、洞察力和统率力，发现和消除市场的不平衡性，给生产过程指出方向，使生产要素组织化的人。

美国经济学家约瑟夫·熊彼特的“企业家”定义最为经典。熊彼特认为，企业家是不断在经济结构内部进行“革命突变”，对旧的生产方式进行“毁灭性创新”，实现经济要素创新组合的人。

他归纳了实现经济要素新组合（也就是创新）的五种情况：一、采用一种新产品或一种产品的某种新的特性；二、采用一种新的生产方法，这种方法是在经验上尚未通过鉴定的；三、开辟一个新市场；四、取得或控制原材料（或半成品）的一种新的供应来源；五、实现一种新的产业组织。

和熊彼特一样，美国经济学家彼得·德鲁克也认为，企业家就是创新者，是勇于承担风险，有目的地寻找创新源泉、善于捕捉变化，并把变化作为可供开发利用机会的人。

企业家的一些本质特征

如果人们把社会对商人和对企业家的看法做比较，就可以看出企业家的一些本质特征，即冒险家和创新者。因此，在经济学里面，企业家更多的是代表一种素质，而不是一种身份和职务。

在西方，诚如德国社会学家马克斯·韦伯（Max Weber）所说，宗教革新所产生的“新教伦理”解释了企业家赚钱的合理性。企业家不仅无须对赚钱负有罪恶的感觉，更进一步具有了使命感。他们的使命是改变世界，无论是在政治领域还是在其他领域。企业家不以赚钱的多少来衡量自己的成败；有了钱就要追求自己的使命，钱本身并非目的，而是追求自己使命的工具和手段。

而当代人们频繁讨论的所谓的企业社会责任，反而是次要的，主要是要企业家去照顾企业所处的社会环境。企业社会责任也是为了通过营造有利的社会环境，而促进企业自身的发展。

当代中国的情况又如何呢？无疑，企业家界也涌现出不少企业家。但和西方比较，中国企业家的局限性是显而易见的，主要表现在两个方面。第一，大多数企业侧重于现有技术的应用，而非创造新的技术；第二，企业家侧重于内部管理方式的创新和外部商业模式的创新。但所有这些都是为了赚钱，赚更快、更多的钱。结果，中国原创性的技术少之又少。总体上，因为企业家没有强烈的使命感，企业不能提升自己，尤其是没有革命性的变化。同时，企业家自身也不能得到提升，仍然维持在“唯利是图”的商人水平。

企业家精神的缺失更影响了社会和政治结构的变化。从传统到现代，人们在中国看到了商业模式的变化，但看不见社会政治结构的变化。马克思主义把人类社会分为奴隶社会、封建社会、资本主义社会、社会主义社会和共产主义社会，这是对西方社会而言的。这种或者其他的分类，的确表明西方社会经济领域中所发生的巨大历史变化。而经济的变化又导致政治的变化，因为在马克思主义看来，经济基础决定上层建筑。就是说，这五种社会形态也是政治形态。

近代以来中国社会已经发生了巨大的变化。但是，这些变化是质变还是量变呢？中国的经济结构肯定变了，从农业社会转型到商业社会、工业社会，甚至是后工业社会。但主导商人的文化有没有变化？答案是显然的：变化并不大。直到今天，商人仍然是商人，真正意义上的企业家仍然鲜有。

这种恒定不变状态既有个体层面的因素，也有制度层面的因素。在个体层面，企业家及其企业的目标仍然是自身的生存与发展，它们没有公共目标，对社会和国家也没有多少使命感。简单地说，企业家缺少格局。有人说，中国的商人赚再多的钱也仍然是“穷人”，这并非没有道理。

制度层面的因素似乎更为重要。因为企业家拥有政治抱负是一件极其危险的事情，企业家不得不转向把“赚钱”作为唯一的目标。此外，产权（尤其是知识产权）保护、法治、有效的税收等制度的缺失，更遏制了企业家产生企业家精神。

不管如何，企业家仍然鲜有成为中国崛起为世界强国所面临的难以克服的瓶颈。如何在文化和制度层面为企业家群体的产生打下一个坚实的基础，仍然是中国改革所面临的最难的问题之一。

中国新时期的内部风险[①]

中国新时期面临怎样的内外部风险？风险的根源无非来自两个方面，即内外客观环境的变化和应对策略的错误。总体看来，进入新时期以来，中国所面临的内外部风险，仍然是围绕着十八大前后讨论多年的两个陷阱而展开的，即内部的中等收入陷阱和外部的修昔底德陷阱。

这两个陷阱的风险有两方面，一是诸多客观环境有可能致使国家落入这两个陷阱，二是主观层面拿不出有效的政策避免落入这两个陷阱，后一方面的决策错误也就是前些年一直在讨论的“颠覆性错误”。本文先讨论中等收入陷阱，修昔底德陷阱在“中国新时期的外部风险”再讨论。

在十八大前后，人们对中等收入陷阱争论多年，现在不再争论，不争论的原因有两个。第一，这些年一些人过于乐观，认为中国已经跨越了中等收入陷阱，已经属于发达国家。既然已经跨越，那么就无

① 本文写于 2018 年 7 月 31 日。

须讨论了。第二，不能争论。中国并不缺乏悲观的人，但悲观论很容易被视为政治上不正确。不过，今天随着内外部环境的急剧变化，人们开始感觉到国家无论是离中等收入陷阱还是离修昔底德陷阱都不远了；如果没有强有力的政策，就有可能落入其中。

那么，中等收入陷阱危机的核心在哪里？危机根源有很多，但主要体现为不发展的危机。改革开放以来，“发展是硬道理”一直是重要决策的首要考量。作为一个发展中国家，中国社会面临无穷的问题。这并没有什么好惊讶的，任何社会都是如此。但中国成功的地方就在于持续的发展。所有问题都是在发展过程中得到解决的。但一旦发展本身出现问题，造成不发展的局面，那么所有其他问题都会浮现出来，不仅得不到解决，甚至会恶化，并最终演变成危机。

如同其他的问题，中等收入陷阱也必须通过可持续的发展来跨越。十八大之后，中国经济发展进入新常态，即从以往的两位数高增长下降到 7% 以下，即中速增长。这个转型不可避免，因为没有一个经济体可以维持永久的高增长，无论是环境、能源还是人力资源，都很难承受如此持续的高增长。更为重要的是，在高增长阶段，人们对一个重要问题关注不够，即我们需要什么样的高增长。如果高增长导致社会高度分化、环境恶化、资源衰竭，那么高增长不仅不可持续，而且是“坏”的高增长。因此，十七大提出了“什么样的发展”的问题，国家政策的重心开始转向社会分配。近年来，国家更提出了从数量经济到质量经济转型的政策目标。

但即使是中速增长，如果能够在今后 10 年至 15 年维持 6% 到 7% 的增长，那么中国仍然能够跨越中等收入陷阱，而成为发达经济体。十九大规划了从 2017 年到 2050 年的国家发展远景，即到 2020 年全面建成小康社会，到2035年基本实现社会主义现代化，而到2050年建成富强民主文明和谐美丽的社会主义现代化强国。

可以预期，到2035年中国会提升为发达经济体，至少是今天“四小龙”经济体的最后一位即中国台湾地区的水平，即人均GDP 25 000美元左右。中国今天人均GDP是9 000多美元，尽管要达到中国台湾地区的水平还有很长的路要走，但如果能够把自十八大以来的一揽子经济发展政策有效地执行下去，这个目标并不难实现。

担心中等收入陷阱的原因

那么，为什么现在人们担心中等收入陷阱的来临呢？这里既有内部官方机构不作为的因素，也有外部国际环境变化的因素。

官方机构是政策执行者。为什么不作为？这里既有决策的原因，也有执行的原因。就决策来说，这些年强调政策顶层设计非常重要，因为改革到了这个阶段，即全面深化阶段，部门和地方主导的零星改革难以为继。但是决策的顶层性往往导致一些政策缺少科学性和可行性。例如自由贸易试验区的政策涉及面过广，没有充分考量到试错成本，导致很多权力没有能够充分下放。原因很简单，如果这些权力都下放了，整个国民经济就会受到影响。因为没有人能够保证自由贸易试验区一定能够成功，一些部门不敢下放权力，并非毫无道理。

又如精准扶贫极其重要，因为这关乎社会公平和稳定。不过，很多地方的政策设计又过于理想，近于乌托邦，把精准扶贫理解成彻底消灭贫困。事实是，即使是最富有的社会，也有相当一部分穷人。世界上找不到一个没有穷人的社会。为了实现一个没有穷人的社会，很多地方动员了最大的力量进行扶贫。但动员式扶贫很快就造成了扶贫人员的“疲乏”，在执行过程中演变成形式主义的扶贫。现在一些地方开始担忧，一旦政府停止“输血”，就会出现大规模的返贫。

再者，决策方面，在一些政府层面，这些年也表现出追求政策数量，而忽视政策质量的趋向。其中一个原因就是一些人从数量上来理解“全面深化改革”，追求政策的数量，以为政策数量越多，改革就越全面。实际上，全面深化改革并不意味着所有这些界定的改革领域具有同等的重要性和紧迫性。政策必须讲究“突破口”，就是从前所说的纲举目张。没有人可以不问轻重缓急而全面推进改革。

此外，政策的质量往往并不取决于政策的理论逻辑，更多的是取决于实践逻辑，一个政策有很强的理论逻辑，并不见得具有实践逻辑。一个不符合实践逻辑的政策往往是不可执行的。政策过多、政策没有执行下去，这些就导致了政策信誉度的下降，出现了人们所说的塔西佗陷阱，即人们不相信政府制定的政策了。

就政策执行难来说，原因也有很多，但其中一个因素就是科学的权力监督机制还没有到位。无论是反腐败，还是克服既得利益对改革造成的阻力，都要求权力监督机制的高度集中。为此，十九大在此前的地方实践基础上，设立了监察权，表明“内部三权分工合作”体制的到位，即决策、执行和监察。这个体制对中国的长久治安具有里程碑式的意义。不过，三权之间的边界、内部运作机制、三权之间的关系，都需要很长时间的探索。就目前来说，一旦监察权过度，或者说什么都可以监察，那么执行权就会被“闲置”。

在实践上，如果要改革或者执行政策，那么必然有犯错误的风险；一旦犯错误，就要被监察。在很大程度上说，如果监察机构的唯一职责就是寻找政策执行者的“错误”，那么一定能够找到“错误”，就像在互相否决的多党制下，反对党一定能够找到冠冕堂皇的理由来反对执政党。目前的中国，在很多地方，可以说是告状的人多于干活的人，并且告状是零成本的。在这样的情况下，很多官僚理性地选择不作为。尽管不作为也会有风险，但较之犯错误而带来的风险，不作为的风险仍然是低的。尽管中央也就此出台了文件，容许改革中的试错，但这些文件都不具有法律意义，很难改变执行者的实际行为。

此外，中等收入陷阱的风险因为国际环境和地缘政治，尤其是最近中美贸易战等因素而在大大提高。

如何避免陷入中等收入陷阱

那么，就内部来说，在目前的情况如何通过政策的变化，避免陷入中等收入陷阱这一“颠覆性错误”呢？至少如下几个方面是可以考量的。

第一，要正确理解顶层设计。不能把顶层设计简单地理解成为“上级设计”，更不是少数人关起门来设计。有效的政策必须是自下而上和自上而下的结合；同时，没有大量的调查研究，很难有科学的顶层设计。

第二，决策需要从数量转向质量。尽管改革需要克服零散进行，而要全面推进，但必须在众多的政策中找到有效的突破口。有突破口和没有突破口的全面推进，效果是不一样的。

第三，中央政府要抓大方向，而执行部门要抓细节。现在很多政策过于宏观，过于理论化，甚至过于意识形态化，而缺少可执行的细节。没有细节的政策不仅很难执行，而且在执行过程中会走样。而政策的细节需要专业人才的参与。就中央地方关系来说，很多政策更需要地方的参与。

第四，在很多领域，国家需要地方性政策。中国的国家规模决定了地方的重要性。改革开放以来，如果没有地方的积极能动性，很难理解中国社会经济方面的巨大变迁。尽管在一些领域例如金融、法治等，中央政府的作用越来越重要，也就是说集权有需要，但很多政策领域仍然要求地方扮演主要角色，例如地方经济和社会服务等。这些领域，地方是主体，而中央是监管者。

第五，需要做政策检讨和评估。这些年在调整经济结构方面努力不少，但效果不那么理想。例如大家都意识到重点要放在发展实体经济上，要遏制过度的金融和互联网经济等，但这么多年下来并没有改变重金融和互联网而轻实体经济的局面，主要的金融力量没流到实体经济上去。

第六，政策执行需要让各个行动主体行动起来。这就需要有选择性集权和有选择性分权，该集中的就集中起来，该下放的就放下去。十八届三中全会所规定的市场和政府之间的关系、国家和社会之间的关系需要转化为实际可操作的政策。就行动主体来说，这些年的局面是中央在动，但地方、国有企业、民营企业和外企都很难动，甚至没有动起来。改革开放以来，这些才是政策执行的主体。如果这些行动主体不能动起来，那么政策仍然会停留在纸面上。

第七，重中之重就是建立十八届四中全会所设定的法治政府。无论是政府的合法性还是效率都取决于法治政府。就经济来说，法治政府就是规制政府，政府不仅要规制企业行为，也要规制自身的行为。

尽管建设规制型政府早已经成为改革的目标，但迄今为止政府仍然是控制型政府。这也就是为什么这些年来尽管政府本身提倡审批权下放，但仍然难以下放的主要原因。在规制型政府下，企业的运行原则应当是自由进入、市场先行、政府退后、有效监管；但在控制型政府下，政府仍然站在门口，不让企业进入。社会方面也如此。如果政府不给社会发展的空间，社会永远不会成长起来。

简单地说，政府是一个（法治）构架，而不应当管那么多细节。细节属于市场和社会，没有市场和社会，就不会有任何可持续的发展动力机制。

"知识茧"、社会重建和中国未来[①]

在当今世界，没有任何其他国家像一个快速转型中的中国那样，需要通过知识重建来进行社会重建。在很大程度上说，今天的中国类似于春秋战国时代，从一个社会结构转向另一个社会结构，而社会重建的过程更是道德体系的重建过程。

旧的道德体系解体了，就需要建设新的、符合时代需要的道德体系。历史地看，目前所经历的困难不难理解。数千年的农业社会在经历了近代以来的各种战争和政治革命之后，经过数十年的改革开放，中国终于迎来了第一次真正意义上的商业革命，对中国社会的深刻影响可想而知。

其他很多社会都经历过类似的阶段。欧洲是一个很好的例子。无论是近代的文艺复兴还是启蒙运动，无论是一战、二战还是战后福利资本主义，都是对不同阶段和不同形式的商业革命的反应和反动，而每一次反应和反动都导致了知识体系的重建。

---

① 本文写于 2017 年 7 月 25 日。

在欧洲的背景里，知识的重建甚至也在某种程度上导致了宗教的重建，例如人们以新的方式讨论上帝是否存在等问题，欧洲历史上的宗教改革，实际上就是知识体系的改革。

较之其他任何具有宗教信仰的社会，知识在中国社会（道德）重建过程中的作用，怎么评价也不会过分，这是由中国社会的特殊性所决定的。至少可以从如下两个方面来认识。

第一，宗教从来没有在中国人的社会生活中起到重要作用。中国人有祖先崇拜等原始宗教，但从来就没有发展出像基督教和伊斯兰教那样的宗教。从孔子的“敬鬼神而远之”开始，中国人从来就是注重现世，而对来世缺少宗教上的兴趣。即使佛教传入中国之后，也发生了转型，更多地具有了教育意义，而非信仰意义。

道德隐含在知识体系中，通过知识重建实现道德重建，这是中国社会最大的特点。从这个视角看，春秋战国时代不仅是国家和社会重建时期，更是中国知识体系重建时期。另外一个知识重建时代当为宋朝，因为直到宋朝，中国文人才真正把佛教消化吸收成为中国的宗教。之前，佛教对中国社会和政治的方方面面都产生了负面的影响，甚至是大规模的冲突。

基于知识之上的道德体系，这一中国特征也为西方一些哲学家，尤其是德国哲学家海德格尔所崇拜。对中国人来说，哲学即是宗教。对海德格尔来说，这和西方的宗教形成了鲜明的对比；基于哲学之上的道德是理性的，而基于宗教之上的道德包含了太多的非理性因素，从而导致人类的冲突和战争。

第二，国家对宗教在客观上的不鼓励。这种不鼓励并非现代的现象，数千年都是如此。传统上，士大夫阶层是统治阶级，他们接受儒家“敬鬼神而远之”的原则和精神，即使他们个人在私生活领域也会信鬼神，但信鬼神不能适用于政治领域。

传统上，各种民间信仰都是存在的，只要它们对政治不感兴趣，它们的存在也不会被官方干扰；但一旦它们显示出政治兴趣，官方必然想尽一切办法加以控制，甚至消灭。人们可以把各种民间信仰或者宗教体系视为民间知识体系。

那么，今天人们所面临的问题或者挑战是什么呢？就知识重建而言，人们再次面临着另一个春秋战国时代，抑或另一个宋朝。在社会大转型期间，从什么地方寻求道德或者信仰的资源呢？尽管很多人转向宗教（无论是合法的还是地下的），但大部分人仍然像传统中国人那样，转向社会意识来寻求道德的需要。

从“百家争鸣”的表象来看，这个时代犹如甚至甚于春秋战国时代，没有人可以说得清楚今天的中国有多少种社会意识，又有多少种正在崛起。从知识整合所面临的挑战来看，今天的中国犹如宋朝。宋朝文人整合的是佛教，而今天的挑战是如何整合近代以来的各种不断涌入中国，并且已经被很大一部分人所接受（所信仰）的外来思想，尤其是西方思想。

今天的社会大转型过程也是中国崛起的过程，这个过程为知识创造和重建，创造了前所未有的优势，包括异常丰富的社会思潮（无论是来自国外的还是内部产生的）、强大的中华民族复兴意识、投入知识创造的巨大人力、财力、物力，辅助知识生产和推广的互联网等。

但所有这些优势在不知不觉地演变成劣势，人们所见到的并非是知识和道德的重建，而是知识和道德的加速下行、堕落和衰败。

为什么会产生这种情况？不是任何单一的因素导致了这种状况，

恰恰是那些本来被视为优势的因素结成一体，成为阻碍知识创造和发展的劣势。人们可以用“知识茧”这个概念来分析。

“知识茧”加速分化中国社会

“知识茧”类似于人们所说的“资讯茧”。所谓的“资讯茧”指的是今天的人们在日常生活中得到的“资讯包”，由他人“打包”之后通过各种方式（主要是智能手机）传送给人们的。“知识茧”也就是人们所得到的由他人“打包”传送的知识。

说它是“茧”，是因为人们对所得到的“知识”有高度的认同，高度依赖于所得到的“知识”，而把自己装进一个个“资讯茧”或者“知识茧”，再难以“破茧而出”。

互联网和人工智能的出现使得信息唾手可得，这为个人掌握全面的信息、提高人的格局创造了前所未有的条件。但实际上的情况刚好相反。因为资讯的重要性，无论是资本还是政府都在努力控制信息。道理很简单，谁控制了信息，谁就控制了权力；谁控制了信息，谁就控制了财富。这也是今天政府和资本热衷于大数据的根本原因。

因此，政府决定我们可以接触哪类信息，不可以接触哪类信息；资本告诉我们选择什么，不选择什么。再者，对个体来说，因为信息过于丰富，人们只选择自己感兴趣的信息，而排斥自己不感兴趣的信息。这些使得人们的世界观变得越来越小，把自己关在一个个“茧”里面。

就现象而言，这些“知识茧”可以说是五花八门，无奇不有，内容往往是对一个概念、一个思想、一个人物（政治人物、明星等）、一个物体的神化。任何一个内容，只要包装得好，传播得当，就能吸引到大量的信众。中国的人口基数极其庞大，在这个大转型阶段面临着巨大的不确定性，他们都在选择一切可以安慰自己心灵的“资讯”或者“知识”。

在这个转型时代，很多因素使“资讯茧”或“知识茧”的推送者和贩卖者获得了巨量的市场。大部分中国普通老百姓的朴素性，使他们很容易受人欺骗和操纵。商人对生活失去兴趣，需要寻求宗教意义。钱越多，不确定性越高，生命越无意义，越需要宗教的慰藉。

有推送“资讯茧”者说，今天中国商人的钱是最容易骗的，这话不无道理；实际上，没有商人的大力“烧钱式”投入，“资讯茧”或者“知识茧”业很难这样快速发展起来。在反腐败斗争和其他各种政治压力下，即便政治人物也需要这种快餐似的阅读。

无论是“资讯茧”还是“知识茧”，推送者大都为知识界和媒体。这些行动者并不在乎知识的发展或者社会的重建，而只有一个目标，那就是流量，就是金钱。他们要不断地向其粉丝推送传播他们所包装的“资讯”和“知识”，把这些变成粉丝的信仰，从而保证有源源不断的收入。

也不难理解，在所有的社会意识形态之间，没有任何有意义的争论与对话。一切知识都被“群化”、碎片化，进而是互相敌视和对立化。而这就是这些“茧”创造者的意图，因为通过这种方式，他们可以获得更大的利益。

这里，官方的立场和处理方法非常重要。官方没有自己主导的意识和知识体系来统领社会，这是社会意识“群化”和碎片化的根源。更重要的是，官方对意识“群”的态度是选择性的；也就是说，官方对一些“群”选择支持态度，对另一些“群”选择控制态度。

现实地看，一些“群”的确被控制下去了，而另一些“群”则获得了前所未有的自由。就官方立场来说，那些得到其支持的“群”被视为有利于整体社会利益。

其实不然。历史地看，一旦各种社会意识形态之间失去平衡，整体社会也会跟着失去平衡。除了那些非常极端的社会意识需要加以管理和控制之外，一个正常的社会应当是各种思想并存的、多元的。尤其是当社会利益已经多元化的时候，社会意识必然表现为多元化。

平衡各种社会意识也是中国改革开放以来的重要经验，极左和极右都是需要管控的，而不是只是管控一方，而让另一方获得自由。

更为重要的是，在知识“群化”和碎片化的情况下，各个“群”的思想越来越激进化、巫术化，甚至邪教化，最终是愚昧化。这符合知识发展的逻辑，因为格局越来越小，人们变得越来越非理性，自我激进化等现象不可避免。

悲观的地方在于，在信息技术、政府和资本“三合一”的情况下，没有任何办法和可能性使得人们可以“破茧而出”，再次见到知识的阳光。这对国家的发展势必产生长远而深刻的影响。人们所见到的是碎片化的利益、碎片化的知识、整体道德的缺失和解体。一旦时间成熟，任何一个“群”都可以挑战社会，要以自己的方式来改造社会，从而和其他“群”发生冲突。

历史上不无这样的案例，尤其在明清两代，一些处于社会边缘的群体，在改朝换代的过程中发挥了巨大的政治作用。在今天的互联网时代，任何一个“群”都能够聚集足够的力量对整体社会产生威胁。

今天“茧化”的知识和资讯正在加速分化中国社会。如果这种情况不能改变，后果将是非常严重的。道理很简单，古今中外，没有一个社会是靠金钱和权力撑下去的。

第三章

新时代与中国未来30年

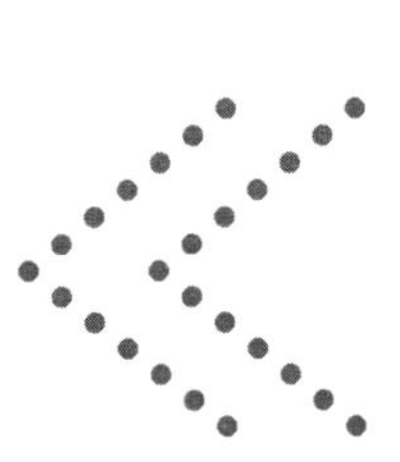

十九大与中国未来30年[①]

中共十九大即将召开，一个不可回避的问题就是中国的未来。十八大以来，中国共产党一直在讨论两个相关的“百年”，即中国共产党成立100年和中华人民共和国成立100年。人们可以把十九大的使命置于这两个“百年”的构架中来理解，这是一个关乎当代中国从哪里来、到了哪里、到哪里去的问题。

从现在起，在不到5年的时间里，执政党就要迎来第一个“百年”。第一个“百年”的目标已经很明确，即“全面建成小康社会”。多数人会认为，这个目标的实现尽管并非易事，但是可以实现。因此，十九大所要考虑的更多是第二个“百年”。

如何回答第二个“百年”的问题？简单地说，就是要回答毛泽东的30年完成了什么，邓小平的30年完成了什么，今后的30年要完成什么。不管人们对未来抱有什么样的理想主义，中华人民共和国的100年怎么也脱离不了这三个时代。更为重要的是，前面两个时代已

① 本文写于2017年9月12日。

经过去，所能掌握的便是眼下这个时代了。

中华人民共和国成立之后，毛泽东时代做了什么？毛泽东时代当然不能从 1949 年算起。在 1949 年之前，毛泽东领导的中共完成了统一大陆这一近代以来最艰巨的任务。在中华人民共和国成立之后的 30 年里，毛泽东时代建立了国家的基本政治制度，这些制度迄今发生了很多变化，但在结构层面并没有发生任何实质性变化。

此外，毛泽东时代通过计划经济等手段确立了基本的经济制度和社会制度。尽管今天人们对这些制度存有争议，但这也是那个时代国内国际环境的反映，并且对毛泽东之后的时代产生了巨大的影响，即使很多方面的影响并非毛泽东那个时代的人们能够预测得到的。当然，也不可否定，毛泽东在执政时代也犯了错误。

邓小平时代管了 30 年。尽管在 20 世纪 80 年代，执政党曾经希望经济改革和政治改革一起抓，但因为政治改革受挫，最终还是把重点置于了经济建设。在这方面，邓小平确立了“社会主义市场经济”的概念，成为邓小平理论的核心。在这一理论下，中国进行了基本经济制度的重建，从计划经济转型到市场经济，并且完成了加入世界经济体系的过程。

从江泽民到胡锦涛，中国经济得到了飞速发展，成为世界上第二大经济体和世界上最大的贸易国，并且促成了数亿人脱离贫困。这些成为世界经济史上的奇迹。此外，邓小平时代中国在政治上也有重大进步，今天人们所看到的诸多新制度，例如集体领导和党内民主，都是邓小平时代提出来并加以实践的。

不过，邓小平时代之后也出现了诸多问题，主要是过分侧重于经济，造成了被人们称为 GDP 主义的现象，即经济和社会发展之间的失衡。同时，高速经济发展所带来的巨大红利也掩盖了很多政治方面的问题，造成了不少党政干部腐败领导层的“团团伙伙”和国家法治体系的薄弱等。

以十八大为标志，中国进入了第三个时代。不过，就社会发展来说，胡锦涛和温家宝主政的 10 年已经是一个转折点。当时，开始质疑经济至上的 GDP 主义，提出了“什么样的发展”的问题，并在“科学发展观”和“和谐社会”概念的指引下，在社会建设方面努力不少。

中国在毛泽东时代所建立的社会体系在市场经济来临之后迅速解体，重建成为必然。在胡锦涛和温家宝主政时期，基本的社会保障制度得以重建。不过，在重建一些社会体系的同时，另一些也继续解体，例如 2008 年全球金融危机之后房地产市场的畸形发展。

就改革的目标而言，第三个时代的标志便是十八届三中全会和四中全会。三中全会是全面深化经济社会改革的方案，其目标是市场起决定性作用和更好发挥政府作用。四中全会的改革主题则是建设法治国家。四中全会尽管没有直接提政治改革，但一般都认为这个改革方案所强调的法治国家建设这一核心，便是中国政治改革的关键。

那么，就今天而言，三中全会、四中全会的改革方案实现得怎样了呢？今天已经走到了哪一步？未来又怎样走下去？这些都是十九大需要回答的具体问题。

“全面建成小康社会”的挑战

尽管十八大以来，经济下行，但年增长率仍然维持在 6.5% 到 7% 之间。考虑到中国的经济规模，中国每年对世界经济的贡献为所有经济体中最多的。到今天，没有人对中国将在第13个五年规划期间“全面建成小康社会”存多少怀疑。不过，此后阶段的任务并不轻松。

从这些年的政策讨论来看，中国的焦点已经是如何跨越中等收入陷阱，把国家提升成为一个高收入经济体，或者富裕社会。在东亚，早先的日本和后来的“四小龙”经济体都成功跨越了中等收入陷阱，成为发达经济体。但对中国来说，即使要达到今天中国台湾的水平，还有很大的距离，这个过程并不容易。

在社会发展方面，这些年中国也受全球化的负面影响，产生很大的收入差异和社会分化。执政党出台了诸多有效的政策来实现和保障基本的社会正义和公平。其中，最引人注目的要算全国性的精准扶贫政策了。根据这个政策，中国要在整个“十三五”期间，每年在农村减贫1 000万人口。放眼世界，今天越来越多的国家都面临贫困（或者再贫困化）问题，但没有一个执政党能够像中共这样具有如此强大的能力来这样做。

很多国家，包括一些西方发达国家，因为面临人口的贫困化，社会抗议运动日益增多，但政府束手无策，使得社会充满巨大的不确定性。不过，精准扶贫并不能替代社会制度建设。一定程度上，较之胡锦涛和温家宝主政时期，近年来社会建设并不在政府的最高议程中。

即使和中等收入经济体相比，中国社会制度的水平仍然较低，表现在社会建设投入不足、城乡分化、统筹级别低下、地区差异巨大等方面。如果有效社会制度得不到确立，国家整体现代化包括可持续的经济发展和政治进步都会受到巨大的负面影响。

不过，无论是经济还是社会制度，所面临的问题都是深化改革，求得完善。从今天到中华人民共和国成立100年这段时期，重中之重还是政治改革问题。尽管人们不想讨论政治改革，但政治改革必然是一个逃避不了的问题。实际上，如前面所说，执政党也从来没有逃避这个问题，自邓小平以来，政治改革方面也有了诸多探索。

这些政治改革探索，有成功的，也有不那么成功的，有些方面甚至出现了很多问题。就成功的来说，自 20 世纪 90 年代初以来，中国政治是稳定的，并没有出现颠覆性的错误。没有政治稳定做保障，很难想象这些年来经济和社会建设上所取得的成就。就存在的问题而言，十八大之前的政治形势表露无遗，包括腐败、领导层的“团团伙伙”、军队干预政治等。这些问题的严重性可能是一般人估计不到的，如果得不到及时解决，就要铸成“颠覆性错误”。

也正是在这个背景下，十八大以来执政党进行了大规模的集权，通过集权推动大规模的反腐败斗争，尤其是打击领导层的“团团伙伙”，涉及党、政、军各个领域。不过，集权不仅仅是为了反腐败，更重要的是要推进改革，用今天的话说，就是要“把改革进行到底”。无论是改革的顶层设计，还是克服既得利益推进改革，都需要集权。现实地看，集权的这些方面的目标也已经基本实现。

实现法治中国建设的选择

现在的问题是，如何全面实施十八届四中全会的改革方案，实现法治中国建设呢？应当说，十八届四中全会的法治并非狭义法律概念上的，而是一个广义概念，法治涉及执政党、政府、军队、经济、社会以及它们之间的关系等方面。尽管中国的法治建设有其自身的逻辑，即使学习外国经验，也是以自己为主体的学习，并非照抄照搬。不过，就政治发展和变化经验来说，人们预测很可能会是如下三种之一。

第一，俄罗斯的普京模式。一些人担心中国会走上俄罗斯普京模式，因为和俄罗斯一样，中国自十八大以来也经历了大规模的集权。普京式的集权更多是个人集权，而非制度集权；普京本人非常强大，但其背后的制度被大大弱化。就中国来说，尽管集权需要，但人们希望不是个人集权，而是制度集权。像中国这么大的国家，需要相当的制度集权。

实际上，任何近现代国家都是集权的。不过，中国的集权实际上已经和俄罗斯的集权方式区分开来，即集权主要是制度集权，而非个人集权。最主要表现在几个新设领导小组的正式化和透明化操作。这些领导小组的设计是为了克服既得利益（往往和旧制度体系有关）的阻挠，为了顶层设计和推进改革。不过，这些小组的运作方式已经和以往的领导小组区分开来。正在试点推行的国家监察委员会更是一个大的制度进步。

第二，蒋经国模式（或者称西方模式）。这种政治变化方式可能性比较低，但也并不是没有可能性。很多重要方面的制度建设例如党内民主、集体领导、社会民主的稳步发展等，如果进展缓慢，那么也很有可能开始大规模的政治民主化运动，无论是以自上而下还是以自下而上的方式进行。

从东亚社会来看，一旦发生民主化，最容易走向美式民主化。韩国、中国台湾已经走上美式民主化。中国 20 世纪 70 年代末和 80 年代末对民主化运动式的诉求，在一定程度上也已经展现了民主化的可能方式。美式民主化的动力包括地缘政治因素、世俗文化因素、教育因素等，这些因素一旦发生作用，就会产生强大的政治动力，未来不可预测。不过，韩国和中国台湾等经济体的经验已经表明，这种民主化会对一个社会产生什么影响。

第三，李光耀模式。李光耀模式是一种典型的制度集权模式。李光耀拥有无可争议的巨大的个人权力基础，但其伟大之处在于李光耀模式并没有成为个人专制模式，而是把其所拥有的个人权力转化为以法治为核心的制度权力。在制度集权的方式下，国家仅仅用了一代人的时间，就实现了从“第三世界”到“第一世界”的转型，即成为高收入经济体、拥有优良的社会制度体系。

今天，即使新加坡的政治因为各种因素也在变化，但高程度的制度化使得新加坡不会受政治环境变化的深刻影响，继续领先亚洲国家的发展和进步。对中国来说，诸多条件也可以促成自己走上这条路，通过制度集权，完成法治制度的建设，在此基础上，把国家提升到高收入经济体、建设比较完备的社会制度体系。

新时代政商关系的重建[①]

就中国可持续经济发展来说，从来没有像今天这样需要确立一种有效的政商关系。旧的政商关系出现了重大问题，表现为不可持续，而新的关系尚待建立。如果不能建立一种有效的新型政商关系，下一阶段可持续经济发展就会出现重大问题。中共十八大以来，政商关系改革的目标也非常明确，要从“勾肩搭背”的关系转型到“亲清”关系。

现在的问题在于如何建立这种新型的政商关系。要回答这个问题，首先需要思考旧的关系是如何产生的。把旧的政商关系所体现的种种现象简单地统称为“腐败”，不足以找到解决问题的方法，更不用说确立新的制度了。只有找到腐败的制度根源，才能构建既能预防腐败，又能促进政商关系的有效制度。

政商关系的腐败并非简单个人层面的原因，而是植根于政府和企业之间的制度关系。中国等级性市场体系是由三层市场构成的，并形成各自不同的政商关系。最顶层是在国民经济中占据主导地位的国有

---

① 本文写于 2017 年 10 月 10 日。

企业。最底层是由中小型民营企业组成的基层市场。中间层是政府和民企的关联企业，或者关联市场。

这三个层面的政商关系出现了什么问题呢？先说顶层的国有企业。国有企业和政府的关系非常特殊，因为国有企业本来就属于政府。不过，企业属于政府并非没有政商关系。实际上，这个层面的政商关系处理不好，其政治社会意义更大，因为国企所承担的功能不仅仅是经济上的，也是社会政治上的。在这个层面，企业的腐败至少表现在两个方面。

第一，表现在人事关系方面。很多领导干部甚至是高级领导干部都来自国有企业。实际上，改革开放以来，国企一直是一个重要的人才培养基地。很多学者把中国的官僚体系称为“技术官僚体系”，大多数技术官僚的工作背景就是国企。

从国有企业培养高级干部这种提拔方式不仅没有问题，也是中国制度的强项，但有一个问题没有处理好，那就是被提拔干部和原来工作的国企之间的关系。这些被提拔的干部往往和原来的企业（系统）有关联，这有利于他们在成为高级干部之后培养和提拔自己的支持者。更为重要的是容易形成领导层的“团团伙伙”，干预国家政治。

第二，表现在国有资本运用方面。一些高级干部通过这种政商关系，把国有企业的资本以不同形式投向家族、朋友、支持者的企业，这是明显的腐败，造成国有资产的流失。也有国有企业在做企业投资决策时，仅仅是为了政治考量，毫无理性，也造成了国有资产的巨大损失。这既表现在国内投资方面，也表现在海外投资方面。

底层是自由市场经济。这个层面的中小企业尽管其经济总量并不大，但吸收了大量的就业人员，关乎一个地方的社会稳定。再者，中小企业对地方基层政府也有税收等方面的贡献。不过，因为这些企业经济功能强而政治功能弱，政府和官员不会在多大程度上理会它们。

例如，中小企业不能从国家控制的银行得到有效的金融支持，基本上处于自生自灭的状态。在很多地方，如果法制不健全，地方的流氓地痞、豪强甚至个别政府官员会对中小企业主有所企图。除此之外，这个层面的企业基本上处于“自由”的状态。

不当政商关系引发反腐败斗争

政商关系最麻烦的是中间层的市场。在这个层面，政商关系不仅不可避免，而且很有必要。一方面，企业做大了，开始需要政府的支持；另一方面，企业做大了，政府也开始对企业不放心了，需要“关照企业”。也就是说，这里的政商关系往往由两方面因素的结合而促成，即一些企业家的政治企图和一些政府官员的经济企图。

当政治企图和经济企图结合在一起时，就演变成权力和经济之间的交易。这种交易既可以由企业家开始，也可以由政府官员开始。企业家的动机是多重的：通过从政府寻租把企业做大；在有效法治缺位的情况下，寻求政治保护；通过得到政府的一个位置（例如人大、政协、工商联组织等）追求社会声望等。

政府官员方面也具有很大的动机：直接的经济利益（向民营企业要钱、入股，甚至是公开地“抢钱”）、安排子女亲戚的就业、让企业家支付官员子女的就学费用等。也有一些政府官员用各种方式和民营企业“共同发展”，实现权钱的完全结合。

十八大反腐败斗争以来所发现的各种案例，充分说明了这个领域形形色色的政商腐败关系，几乎每一个腐败官员背后都会牵涉一大批企业，也几乎每一个腐败企业家背后都会牵涉一大批官员。

正因为出现了如此严峻的问题，十八大以来才会发动持久猛烈的反腐败斗争。很显然，国家可持续经济发展并不能建立在腐败基础之上。不过，“勾肩搭背”的政商关系由来已久，要厘清政商关系并不容易。反腐败的强大压力，导致了各方的不作为。

改革开放以来，就经济发展来说，中国一直是“四条腿走路”的，地方政府、国企、民企和外资都各自扮演了重要的角色，成为推动经济发展的主角。但现在这些主角都不那么作为了。官僚不作为，他们不知道怎样和企业家打交道了；国有企业也有同样的行为；民营企业家或者因为失去了直接的政治支持，或者因为过去的不当行为，而对未来产生深深的担忧和不确定性，于是纷纷出走国外。这三者的行为所造成的总体经济环境，也影响到了外资的行为。

在任何社会，企业无疑是经济发展的主体。这些年来，人们一直在讨论中国是否会陷入中等收入陷阱的问题。根据日本和亚洲“四小龙”的经验，在跨越中等收入陷阱的过程中，处理好政府和企业之间的关系最为重要。这些亚洲经济体之所以能够跨越中等收入陷阱，其中一个主要原因在于政府的经济作用，而政府的经济作用是通过政府和企业之间的关系而发挥的。这就是学术界多年来所讨论的东亚发展型政府的由来。不过，在这些经济体中，政商关系也产生了重大的腐败。日本早期的政商关系相当腐败，即政治人物、官僚和企业之间形成了“铁三角”关系，后来通过大力改革才改善了关系。韩国也有类似的情形，但缺少有效的改革，直到今天都没有解决好政商关系，导致历届总统都没有很好的“下场”。中国香港和新加坡则是两个相对成功的例子，比较好地解决了腐败问题。非常有意思的是，新加坡是一个国有企业（政府关联企业、政府投资企业）占据主导地位的经济体，而中国香港则是一个民营企业占主导地位的完全自由经济体。

有效政商关系需要有效制度

新加坡的案例说明了，并不是国有企业都是腐败的，问题在于如何设计一套有效的制度。不过，与新加坡不同，对中国来说，国企的最大腐败莫过于其成为政治寡头的经济基础。这方面，苏联和今天的俄罗斯有很多的经验教训。在苏联时期，强大的国有企业几乎垄断了国家所有的经济空间，造成了方方面面的垄断。苏联的国民经济最终在美苏冷战期间走向军事化，和国企垄断密不可分。

苏联之后，直到现在，俄罗斯仍然没有解决好这个问题。叶利钦时期国企通过私有化转型成为寡头，对国家政治构成了威胁。今天的普京也只是通过打压异己的寡头，而支持亲己的寡头以维持局面。中国如果要预防寡头，可能要对国企做强做大做科学和深入的认识。

做强做大并不是说国企要占领经济空间的各个方面，而是要在特定的领域，例如自然垄断、关键的产业、关乎社会公共产品的产业，国企发挥强大的作用。即使是在这些领域，仍然需要建立反垄断机制。同时，国企也应当和民营企业确立边界。

在中间层面，要建立“亲清”的政商关系就要处理好几对重要关系。其一，企业家和企业的边界。现在的情况是，企业家一出事情，整个企业就会受到影响，甚至被停业和关闭。如何使得企业不受重大影响？这方面国外有很多好的经验可以借鉴。

其二，企业和政府的边界，最主要的是要建立政府和企业作为两个实体之间的关系。现在的政商关系并不是两个实体之间的关系，而是企业家个人和政府官员个人之间的关系。这种关系表现为不可继承性，从而也是持续的腐败，因为每一代企业家都要通过自己的努力来培养和政府官员的关系。这客观上在各个层面造成了人们所说的“一朝领导一朝商”的局面。

其三，产业政策和企业的关系。政府掌握产业政策，企业执行。产业政策影响着国家巨量财力的使用，如果决策和执行不当会产生很大的腐败。政府官员要寻租，经常把资金投向与自己有关联的企业或者自己的“金主”；企业要寻租，寻找和政府官员的关系来获取产业政策中的巨大利益。这里，建立公开、透明的产业制度及其产业实施制度是关键。

此外，政府官员的下海问题也是必须面对的。对现行官员必须实行严厉的管治，确立有效的“利益冲突条例”，防止官员对企业的利益输送。这方面，随着各地反腐败机制的建立，会得到相当的改善。不过，对一些退休官员在企业兼职的问题，可能需要考量。一方面很难禁止，另一方面也可以利用这些官员的丰富经验来促进经济发展。在这个问题上，很多国家也有很好的经验可供参考。

在底层中小企业领域，政商关系也极其重要。大多数创新都发生在这个领域，这个领域是培养新企业和企业家的领域。这个领域政府的支持很重要。第一，金融。金融业需要结构性改革，需要专门为中小企业服务的中小银行或者金融机构。第二，技术创新的保护，表现在知识产权的保护。

现在中小企业的很多技术要么被抄袭，要么被大企业买断而“消失”。技术被抄袭就会影响创造者的动力，这点容易理解。大企业收购技术的动力则经常被忽视。这在互联网领域表现尤其明显，很多所谓的“风险投资”不是为了培养新企业，而是防止新技术对现存企业的垄断地位可能造成的冲击。因此，所谓的“投资”实际上阻碍了经济和技术的进步。

今天，中国已经进入从中等收入社会迈向高收入社会的过程，也是需要确立有效政商关系的时候了；没有有效的政商关系，这个过程很难完成。

新时代的党政理念与实践[①]

在过去的5年中，人们一直专注于中共的反腐败斗争，聚焦于哪天什么人被调查、什么人被抓等，但大多数人并没有意识到，大规模反腐败的过程也是制度建设的过程，尤其是中共本身的制度建设。实际上，对中共领导层来说，尽管反腐败本身对执政党的生存和发展至关重要，但最重要的还是制度建设。

在这方面，主导反腐败斗争的王岐山扮演了关键的角色。2017年3月5日，王岐山参加北京代表团的审议时讲了一番话，提出了一个新的政治概念，即广义政府。之后新华社特意发表了一篇题为《王岐山：构建党统一领导的反腐败体制，提高执政能力、完善治理体系》的新闻稿。但很遗憾的是，这篇讲话没有引起人们太多的注意，尤其是中国学术界的研究兴趣。王岐山并非随性而发，而是指向了中国的政治制度建设，一种新的制度即“以党领政”已经呼之欲出。

王岐山是这样说的：“在中国历史传统中，‘政府’历来是广义的，

---

① 本文写于2017年10月3日。

承担着无限责任。党的机关、人大机关、行政机关、政协机关以及法院和检察院，在广大群众眼里都是政府。在党的领导下，只有党政分工，没有党政分开，对此必须旗帜鲜明、理直气壮，坚定中国特色社会主义道路自信、理论自信、制度自信、文化自信。”①

人们也注意到，王岐山讲广义政府，这不是第一次了。2016 年年底，在会见美国前国务卿基辛格的时候，王岐山就讲了一次，“完善国家监督，就是要对包括党的机关和各类政府机关在内的广义政府进行监督”。② 这就是监督全覆盖。比如，巡视和纪检组派驻“不留死角”，也是在呼应广义政府。王岐山这里是以纪委书记的身份而讲的话，同样没有引起人们足够的关注。

但正如王岐山在之后 2017 年 3 月“两会”的讲话所展示的，广义政府的意义远远超出了纪委系统，而涵盖了中国的整个政治制度。提出广义政府要解决和能够解决中国政治制度顶层设计的什么问题呢？这里需要回顾一下改革开放以来，中国对党政关系的讨论和争论了。

自近代以来，党政关系可以说是中国政治最为核心的问题。西方式民主政治在中国的实践惨遭失败之后，孙中山先生提出了“以党立国”和“以党治国”的概念。这一概念之后就转变成政治实践，国民党和共产党尽管在意识形态上不同，但两党都是这一概念的实践者。

在很大程度上说，正是因为中国共产党对这一概念的应用，较之国民党更为全面和彻底，共产党赢得了政权。但在 1949 年中华人民共和国建立之后，中共没有及时从革命党转变成执政党，进行“继续

① 资料来源：人民网 CPC.people.com.cn/nl/2017/03061c64094-29124953.html。

② 资料来源：中国青年网，http：news.youth.cn/gj/201612/t201612_8906638.htm。

革命”，党政关系因此不仅没有得到及时的调适，反而走向了一个极端。改革开放之前，经常出现“党政不分、以党代政”的情况，在“文化大革命”的一段时期更是干脆“废除”了政府。这种极端的情况不仅给顶层权力机构造成了混乱，也导致了国家治理危机。

“文革”结束之后，中共高层对顶层体制进行了全方位的反思，其中最主要的就是党政关系。这显著表现在邓小平在 1980 年 8 月 18 日在政治局扩大会议上的一个题为《党和国家领导制度的改革》的讲话（后收录在《邓小平文选》第二卷）。在这篇讲话中，邓小平指出了“党政不分、以党代政”的问题。之后，到 80 年代中后期，在政治改革讨论最为激烈的那段时期，执政党提出了“党政分开”的改革理念。

“党政分开”的理念和实践

尽管作为一种理念，这个概念在当时广为人们所接受，但作为制度实践的情况则不一样了。包括邓小平在内的所有领导人，从来就没有否定过共产党对政府的领导；恰恰相反，共产党的领导是他们一直所坚持的。

从学术研究来看，人们可以说，当时的中共领导人的确意识到毛泽东时代“党政不分、以党代政”的危害性，决意要改变这种制度，但对党领导下的党政关系到底是一种什么样的关系并不很明确。在实践层面，“党政分开”也出现了很多困难，少则党政合作协调不好，多则党政处于对立面，甚至发生冲突，造成巨大的内耗。20 世纪 80 年代末之后，执政党不再提这个概念。

但这个概念的影响力是持续的。20 世纪 90 年代以来的学术界和政策界各种正式和非正式的讨论，例如“军队的国家化”“司法独立”“宪政”这些被视为右的或者自由化的提法，或多或少与“党政分开”有关联，因为所有类似提法背后的逻辑都是一样的，即把军队和党、司法和党、法律和党等分开来，甚至把两者对立起来。另一方面，“左”派的反弹也很强烈，从他们的讨论来看，似乎中国应当回到改革开放之前的党政体制。

不过，学术和政策界“左”、右两派的表述，都没有反映出中国政治体制的实际运作情况，更没有影响到执政党本身对党政关系体制的探索。基本上，这些年的探索是沿着邓小平所确定的大方向行进的，执政党已经放弃了“党政分开”的概念，而形成了“党政分工”的共识。

这很容易理解，因为中国是共产党领导的体制，在这个体制下，“党政分开”没有任何现实的可能性。不过，即使是“党政分工”，如何把这个概念转化成制度实践，也一直是一个摸着石头过河的过程。现在，经过这么多年的实践，大制度构架已经明了，即“以党领政”。

在这个背景下，王岐山所定义的广义政府的一个理论贡献在于，执政党本身也是广义政府的内在部分，而传统上执政党则被置于政府之外，似乎执政党是一个独立于政府之外的政治过程。广义政府的定义更符合中国政治的实践，因为执政党和其领导的政府处于同一个政治过程，并且是这一过程不同环节中的最重要的“利益相关者”。

那么广义政府的制度体现是怎样的呢？从制度设计和实践趋向来看，就是要处理好内部三权之间的分工、协调和合作关系，即决策、执行、监察。“内部三权分工合作”体制，是中国传统和现在政治体制的混合版。鉴于中国所具有的考试和监察制度传统，孙中山先生当时就把西方的三权和中国传统的议两权结合在一起，塑造了一个“五权体制”，即立法、行政、司法、考试和监察。

而今天中国的三权体制可以说是根据传统和现实制度的创新或者再造。在十八大之前，如前面所讨论的，执政党所要解决的是“党政不分、以党代政”的问题。邓小平在前引讲话中就指出：“着手解决党政不分、以党代政的问题。中央一部分主要领导同志不兼任政府职务，可以集中精力管党，管路线、方针、政策。这样做，有利于加强和改善中央的统一领导，有利于建立各级政府自上而下的强有力的工作系统，管好政治职权范围的工作。”①

这里邓小平强调的是“党政分工”，并没有“党政分开”的意思。党要管政治，管决策，即党自身、路线、方针和政策等最重大的问题，而政府则是管执行，即行政。尽管党政分工和合作关系仍有待改进，但在这方面已经积累了不少经验。这也是王岐山否定“党政分开”而强调“党政分工”的背景。

十八大后党政关系的改变

十八大以后，尽管没有公开明确讨论党政关系，但在实践方面却取得了相当的进展，至少在理论上如此。可以从如下几个大方面来看。

首先，最重要的是“以党领政”，即党的领导位置的法理化。如上所述，提出广义政府概念意在厘清党和政、党和军、党和法等的关

① 资料来源：《邓小平文选（第二卷）》，第321页。

系。在基层方面则表现在党在企业（包括国企和民企）、社团组织、基层农村等组织中的正式法理位置。一个简单明了的事实是，既然党从来没有离开过任何组织，到今天为止无所不在，那么就不能忽视党的存在。一个理性的做法就是给党一个法理的领导位置。从这个角度来说，党便是广义政府的一部分。

其次，监察权的建设。十八大之前，党的纪律检查委员会和政府之间的关系没有理顺和处理好。党的纪律检查委员会属于党的机构，有足够的政治权力，但在执行过程中没有足够的法理依据（例如对党政干部的双规）。同时，设置在政府（国务院）的监察部既权力有限又缺少独立性，很难对政府实施有效的监督，往往是左手监管右手。

近年来在北京、浙江和山西试点实行的监察委员会，则是通过整合党政这两方面的组织，重建监察权。国家监察委员会从属于最高权力机关即全国人大，但独立于执行机关即国务院，在内部是独立一极权力。这就类似孙中山先生所设计的“五权”中的一权。

最后，更为重要的是大法治概念的确立。十八届四中全会确立的法治改革中的“法治”，并非学术界所讨论的狭义法治概念，即立法和司法领域，而是广义法治概念，因为其适用范围更为广泛，包括执政党本身在内的所有组织机构和个人。大法治概念极其重要，因为法要调节内部三权（决策、执行和监察）之间的关系。

“以党领政”体制下的三权分工、协调和合作制度构架基本确定。可以预见，今后相当长的一段时期里，中国政治制度的改革、调整和调适都会在这个构架内进行。或者说，这三权的分工和合作，构成了中国未来改革的宏观制度背景。

这三者之间的关系，除了“以党领政”原则得到确立和体现之外，还有很多地方需要改进。例如，现在的执行权往往被三明治化，受决策和监察两权的制衡过多。一方面是决策权向行政权渗透，另一方面是监察权对行政权的监管。

这种三明治化的情形往往导致了执行权（官僚）的不作为。又如，监察权得到确立和扩张，但监察权本身如何得到制约呢？如何防止监察权的滥用呢？再如，监察权和决策权之间的关系又是如何呢？诸如此类的问题既是理论问题，也是实践问题。当然，这些问题的存在也表明，中国政治体制仍然存在着巨大的创新和发展空间。

广泛关注的反腐制度建设[①]

中共十八大以来，中国最引人注目的莫过于反腐败斗争的持续展开了。这场反腐败斗争在广度、深度和高度等方面都是前所未有的。

其广度表现在反腐涉及的官员数量，数以千计的官员被审判，并且仍然不断有新的官员被调查。其深度表现在反腐涉及各个“死角”，这次反腐败可以说已经覆盖经济、社会、政治和文化等各个领域。其高度表现在反腐涉及的高级干部层级，所调查和审判的官员包括政治局原常委，甚至是现任政治局委员。

尽管自改革开放以来，中国取得了伟大的经济成就，但腐败一直困扰着执政党。多年来，中共高层一直把反腐败与亡党亡国联系在一起。不过，在十八大之前反腐败斗争一波接着一波，但大都给人以雷声大、雨点小的感觉。十八大之后之所以进行了史无前例的反腐败斗争，也是因为之前反腐不力，腐败蔓延的广度、深度和高度达到了前所未有的程度。

---

① 本文写于 2017 年 9 月 26 日。

十八大以来的反腐败斗争“苍蝇、老虎一起打”。这里最为重要的是对“大老虎”的整治。在十八大之前，一个最显著的现象就是官方所说的“团团伙伙”的形成和发展。这明显表现在包括周永康、令计划以及军队的徐才厚、郭伯雄在内的案例上。尽管这些案例发生在不同的领域（政法系统、中办和军队），但都呈现出一个共同的特征，那就是他们都各自形成了从中央到地方、横跨不同部委和不同地区的“团团伙伙”。

更为严峻的是，这些团团伙伙不仅仅涉及巨量的经济意义上的腐败，而且也深度干预执政党的政治，因此时刻都可以对执政党整体构成严重的政治威胁。在中共，人们对领导层的“团团伙伙”似乎研究不多，但人们看看叶利钦时代的俄罗斯、今天的乌克兰等国家的现状，多少都能看到领导层的“团团伙伙”给一个国家政治所带来的负面（甚至是毁灭性）影响。

中共是中国的政治主体，是唯一的执政党。在这个体制下，没有能够像腐败那样（尤其是领导层高级干部的腐败）导致执政党“自我溃败”的有效因素了。数千年的历史也充分证明了这一点，历朝历代从辉煌建国到最后的消亡都是因为腐败。这也是毛泽东和黄炎培先生在延安窑洞进行的有关“历史周期率”对话的核心要点。

执政党也并非没有意识到这个问题。从毛泽东时代到当代，都很重视腐败问题，对腐败经常是“格杀勿论”。但是，这里的核心问题是：如何确立一套预防腐败和反腐败的制度。这套机制并非一时三刻就能确立，而需要长期探索。其中预防腐败要比反腐败更为重要，因为反腐败是事后惩治，而预防腐败就是要防止腐败发生。在这方面十八大之前有过很多深刻的经验和教训，主要表现在几个方面。

深刻的经验和教训

第一，过度的内部多元主义，即反腐败机制过多、过于分散，而且缺少协调。从反腐败建制来说，中国从来不缺数量意义上的机制。从中央到地方的各级党委和政府、各个部委系统、各个组织都有反腐败建制。例如党、政府、军队、人大、政协、教育、企事业单位都有反腐败单位。不过，它们之间并没有有效协调和合作。在实际运作过程中，各部门可能是相反的。如果各部门之间不能配合，不但反腐败没有有效性，更为腐败提供了制度空间。

第二，没有解决好利益冲突问题。一个简单的事实是，反腐败不能自己反自己，而应当由别人（即非利益相关者）来反。但这个简单的问题在十八大之前一直没有解决好，反腐败往往是自己反自己，左手反右手。各部委、各级政府的腐败都是自己负责来反。

在各级地方党委和政府，这就造成一把手的专断与腐败问题。例如在省委，省委书记是一把手，而纪委书记负责反腐败。尽管纪委书记不是省委书记任命的，但纪委从属于省委书记的领导，如果省委书记腐败了，纪委书记如何反腐败？各市、各县都有这样的情况。在这样的情况下，实际上造成了地方独立的腐败王国问题。

第三，没有充分考量到反腐败的法理基础问题。这里主要是指对被怀疑腐败的党政官员进行的双规现象。对党的干部尤其是高级干部来说，在绳之以（国）法之前先要受制于党纪。这样做实际上也是合理的。不过，在法学界和社会层面产生了很不同的意见，甚至误认为“党纪”在“国法”之上。

十八大之后在这些方面发生了什么变化呢？人们每天的关注焦点

在什么人被双规调查，多少人已经被审判等问题，但忽视了制度层面所进行的建设。如前所述，反腐败是事后惩治，是一种防御性的做法。对执政党来说，在腐败的广度、深度和高度达到前所未有的时候，反腐败本身也是目的，因为如果不反，执政党就会遇到大麻烦。

不过，从长远来看，反腐败只是手段，建立一个不会使人堕落腐败的清廉政府才是目标。而清廉政府毫无疑问需要一整套预防腐败的制度来实现。十八大以来的制度建设，主要表现在如下几个大的方面。

其一，反腐败机构的有效集中。十八大以来，随着反腐败斗争的深入，权力逐渐集中在各级纪委，尤其是中纪委手中。全世界一个普遍的规律是，反腐败如果要有效，权力必须集中。从经验来看，集中的权力的确有利于反腐和廉政建设。

人们可以以中国香港和新加坡为例说明这一点。中国香港的廉政公署和新加坡的贪污调查局，其规模并不大，但权力高度集中，它们独立操作，并且对最高领导人负责。十八大之后的权力集中，改变了以往反腐败机构过多、过于分散的局面，其有效性从这些年反腐败所取得的成绩来说是不言自明的。

其二，“让别人来反腐败”。这主要表现在两个方面。从横向看，中央各部委的反腐败事宜现在由中纪委来实施，也就是由中纪委派出反腐败机构和人员，进驻各部委负责那里的反腐。各级政府也如此。从纵向看，反腐败实行“下管一级”，即省委一级的反腐败由中央纪委来实施，由此向下类推。这些制度彻底改变了以往“内部反腐”“自己反腐”的情况。而“下管一级”的反腐败机制，更是和“下管一级”的干部任命制度统一起来了。

其三，中央巡视制度的复兴和实施。就中央地方关系来说，巡视制度是中国传统政治制度的一个重要部分，是诸多传统制度中很有效的一种制度。这个制度的确立至少可望发挥两个作用。第一，对腐败“不留死角”。第二，摆脱既得利益的困扰而对它们形成威慑。经验地看，任何地域性的制度一旦形成，时间一长，就会变成既得利益，就会产生腐败。而流动性强的巡视制度，就可以对之形成有效制约。

其四，强化反腐制度的法理性基础。这主要表现在正在建设的国家监察委员会。这些年来，这一制度已经在北京、山西和浙江等地进行了试点。如果十九大正式决定成立国家监察委员会，将是一个重大的制度进步。这里不讨论这一新制度对中国整体政治制度的影响。这里需要强调的是，这一制度有利于强化反腐败的法理性。这一制度的设立，明显和十八届四中全会通过的以法治建设为中心的改革方案有关。

正如王岐山今年3月在两会上所强调的广义政府所示，执政党也是这个广义政府的一部分。从实际运作来看，中国共产党纪律检查委员会和国家监察委员会是“一套班子、两块牌子”。这种整合或者一体化，有利于法治建设。这样，赋予国家监察委员会以法理权力来惩治违法的党政官员，避免了以往对党政官员进行简单双规所带来的弊端。

反腐败与政治斗争

讨论到反腐败的未来，也有必要讨论一下围绕着反腐败所进行的有关“政治斗争”。反腐败是不是政治斗争？很多年来，“政治斗争”似乎已经成为中国政治的一个敏感词。海外经常从“政治斗争”的角度来看中国的反腐败，认为反腐败仅仅是领导人之间的权力斗争。

也正因为如此，中国本身对这个概念也敏感起来。其实不然。正如本节前面所说的，在中国的政治话语里面，腐败经常被视为“亡党亡国”。既然腐败会“亡党亡国”，为什么不光明正大地对腐败进行这种“政治斗争”呢？

任何政治制度里面都会存在不同形式的政治斗争。毛泽东时代有政治斗争，问题在于一是没有规则，二是搞了扩大化。没有规则（也就是没有法治）就会扩大化。扩大化不仅仅是党内政治斗争的扩大化，并且卷入了整个社会，过度政治化，影响到整个社会经济的运作，甚至导致社会群体间的暴力。

民主政治也是一种政治斗争，即基于规则之上的政治斗争。但“一人一票”的民主政治很容易导向民粹主义，把政治斗争向社会延伸，涉及社会大众，也会导致过度的政治化。今天的中国台湾就是这种趋势。近年来，西方民主社会的这种趋向也变得非常明显。

西方多党之间的斗争表现为外部多元主义，政治斗争不可避免地会向整个社会延伸。中国则是内部多元主义，可以把政治关在笼子里。就是说，在内部多元主义背景下，围绕着反腐败的政治斗争主要限制在政治精英圈里面。这是一个巨大的进步。

用“政治斗争”来形容日常政治生活当然不合适，因为党内对重大问题的讨论甚至争论，都是为了达成共识。没有这种共识，政治不会有效运作。

但对腐败行为如果也搞“多元”，容许其生存发展下去，执政党本身的生存和发展就会成为严峻的问题。从这个意义上说，如果反腐败是“政治斗争”，只有通过这种“政治斗争”，执政党才能实现长治久安的目标。

西方看不懂的当下中国政治[①]

每当重大会议召开，海内外最关切的莫过于人事安排了，尤其是最高层政治局常委的人事安排。各种人事猜测关联着各方对中国政治的无限想象。

无论哪一个国家，人事安排问题是顶层政治的关键问题。在西方国家，一旦总统（或者元首）选举年来临，在整整一年甚至更长的时间里，整个国家的事情都是围绕着新总统会是谁这个问题发生的。相比之下，中国的政治年似乎简单多了。

中国实行的不是西方那样的选举制度来产生领导人，而是先选拔、后选举的制度，就是先通过一套很复杂的机制和程序来选拔一批优秀干部，然后交由党中央委员投票选举选出领导集体。这个选拔制度，是很多人尤其是西方人最看不懂的地方。

但正是这个看不懂的地方，是中共作为执政党成熟的体现。其实，西方人看不懂中国政治，倒不是中国政治本身的缘故，而是很多

① 本文写于 2017 年 9 月 19 日。

人往往要么简单地用西方意识形态或者价值观对中国政治做判断，要么就用西方概念或者理论来解释中国政治。前者导致这些人只能对中国政治表达一个极其主观的偏好，后者则导致这些人对中国政治的认知是肤浅的，甚至是错误的。

实际上，自改革开放以来，尤其是以 20 世纪 90 年代以后这么多年的经验来看，执政党的高层人事选拔，早就呈现其客观规律。概括地说，中共不仅仅是一个执政党，更是一个使命党。历史经验告诉人们，一个政党如果没有使命，为了权力而掌握权力，就必然走向衰落。就是说，中共是通过实现其使命来获取其政治合法性而执政的。

中共总是把这种使命置于生存和发展的首要位置，在这个使命的背景下才考量形成怎样的领导集体。也就是说，只有在这个使命构架内，才能理解中国的选拔制度。很显然，在这个使命驱动下，中共形成了"以事设人"的选拔制度。这里的"事"便是使命，"人"就是领导班子。

这和西方的政党形成了鲜明对比。今天的西方政党已经不像从前那样具有进取精神了，失去了使命感，执政党为了执政而执政，正如反对党为了反对而反对。因此，西方制度更多地表现为"以人设事"。各政党之间、各届政府之间，政策往往没有延续性，一个政党上台了，不仅人事大变动，而且跟着人事变化的是更剧烈的政策变动，新政府可以完全否定前任的政策。

实际上，在进入大众民主政治以来，西方统治阶层也就是精英之间，就国家和社会的发展越来越没有共识，多党制俨然已经成为互相否决制。这给政治带来了很大的不确定性，给社会经济带来了很大的不确定性。

近年来的美国政治就充分说明了这一点。奥巴马执政 8 年，尽管社会支持度相当高，但高民众支持率（或者学术一点说，“高合法性”）转化不成有效的政策，仅仅是一项只覆盖 3 000 多万人口的医疗保障改革，就遇到了极大的阻力。特朗普上台之后情况更为糟糕。特朗普完全否定和切断了奥巴马政府的政策，无论内部事务还是国际事务，包括废除奥巴马的医保政策，退出跨太平洋伙伴关系协定（TPP）和巴黎气候协定等。今天，无论是美国的精英还是普通民众，面临着前所未有的不确定性，各种形式的社会暴力也随之爆发出来。

中国刚好相反，表现出“以事设人”，通过人事安排去实现执政党的使命。经过了 1949 年前长期的战争和革命斗争，也经过了改革开放以来将近 40 年的国内建设，执政党不仅促成了中国社会经济的转型，更实现了自身从革命党向执政党的转型。无论在理论还是制度实践层面，较之世界上其他政党，中共已经是一个非常成熟的执政党，没有人会怀疑其作为中国政治主体的地位。

中共不同时代的使命

如何评估中共的成熟性？人们可以从不同时期中共新使命的确立和使命的实现两个相关方面来讨论。历史地看，毛泽东时代的中共是有使命的，没有人会怀疑那个时代中共的使命或者理想。邓小平时代是有使命的，正是这种使命促成了改革开放将近 40 年的成功。十八大以来，中共高层强调“中国梦”“民族复兴”“四个全面”等，所有这些都是执政党在新的时代赋予自己的新使命。

就人事来说，从毛泽东、邓小平到现在，中共历来强调政治路线，在政治路线之后才去强调人事。每一阶段的政治路线和那个阶段的使命是密切相关的，甚至可以说是使命的另一种表达方式。

讨论到高层人事变化，就很难回避西方所说的“派系”问题。“派系”可能是西方分析中国高层政治最主要的概念，在这方面也产生了诸多“理论”。

“派别”的看法在西方根深蒂固，几乎已经成为一种文化，因为就起源来说，西方政党就是从派别而来的。不过，这也是西方错判中国政治的方法。

即使在西方，派别的起源和一个社会的利益多元性也分不开。要理解中国为什么不存在西方式的派别，就要理解执政党是如何包容和消化产生派别的利益的。的确，改革开放的过程也迅速促成了中国社会利益和思想的多元化过程，这种利益和思想的多元化也必然反映到党内。同时，执政党包容不同利益的能力也越来越强。

当今天世界各个地区的政府面临诸多重大内部发展问题而缺乏共识，党派之间互相反对而不能掌控局势的时候，中国是少数几个能够维持党内团结，保持良好社会经济发展的国家，为很多国家所不理解，也为很多国家所羡慕。尽管社会多元利益不可避免地反映到党内，但执政党仍然是一股集体的力量。

这里主要因素有几个。首先就是前面讨论过的执政党对其使命的认识。使命感就是一个政党的共识。一旦这个共识得到确立，党内其他的利益就必须服从这个使命。如果哪一个利益或者观点不符合这一使命，就会被边缘化。如果哪一个利益和观点和这一使命背道而驰，就会被淘汰。

其次是党内存在合理的斗争。在日常政治中，说“斗争”可能太过了一些，因为在很多问题上，这类“斗争”往往表现为对一些政策和问题的争论和协商，在争论和协商的基础上达成共识。这里“斗争”的目的是团结。如果没有团结精神，只有“斗争”精神，领导集体就很难有效；同时，如果只有团结精神，而没有“斗争”精神，领导集体往往演变为既得利益集团或者官僚集团。

同样重要的是伤筋动骨的“斗争”，即反腐败。执政党历来把党内腐败与党和国家本身的生死存亡联系起来。十八大以来，中共经历了多年的大规模的反腐败斗争。这个斗争尽管是全方位的，但很显然其中一个重要目标就是反击党内形成的“团团伙伙”，也就是政治学上的政治寡头。

在中国的政治文化里，“团团伙伙”或者传统意义上的朋党，没有任何存在的政治合法性。一旦形成，就必然遭到打击，数千年如此。不过，即使自近代以来，从很多国家的政治发展经验来看，政治寡头的形成对一个执政党乃至整个国家的影响是致命的。

十九大以来的人事安排原则

从这个意义上说，反腐败斗争对中共的人事制度，甚至是接班人制度正在产生重大影响。十八大以来，反腐败所涉及的大部分都是已经退休的高级官员，包括政治局常委。但最近以来，诸多被调查的高级干部则是现任官员，包括政治局委员、军委委员等。这也使得人们相信，一种新的关乎接班人的制度正在形成。没有一个腐败分子可以逍遥法外。

从这些正在发生的趋势来看，十九大的人事原则也已经非常明显，那就是要把最有能力履行党的使命的干部选拔出来和提拔上来。

在西方，并非没有人注意到中国出现的这些政治变化。实际上，越来越多的人也肯定中国发生的一切。不过，还是有些人对中国政治不放心，因为他们看不懂中国的体制，不放心中国的体制。

这些年在中国很有名气的美国学者福山说过，中国体制虽好，但就是避免不了出现“坏皇帝”。这也是一般西方人的看法。不过，即使是西方的民主制，也并没有解决出现“坏皇帝”的问题。历史地看，西方选举制度既不能保证把最优秀的人才选举出来（最优秀的人往往选择不从政），也没有避免产生类似希特勒和墨索里尼那样的独裁者。

当然，提出“坏皇帝”的问题并非毫无道理。中国传统数千年出了很多好皇帝，但的确也出了很多“坏皇帝”，并且一出现“坏皇帝”，过去好皇帝所打下的江山、所积累的建设，就会被摧毁。不过，西方的一些人还是用看传统皇帝的方法来看今天中共领导人。中共的党权与皇权相比，两者之间具有本质的不同，党权是集体权力，而皇权则是个人和家庭权力。

如果把党权视为一种集体权力，就不难看出改革开放以来的中共，是如何解决出现“坏皇帝”这个重大政治问题的。简单地说，中国绝对出现不了像特朗普那样的人物，他毫无行政经验却掌握了国家政权。

如前面所讨论的，改革开放以来，中国已经发展出一套成熟的干部选拔制度，无论是最高层的接班人还是普通干部，所选拔和重用的都是具有丰富治国理政经验的人。即使不同时代领导层治国理政的理念不同，但和其他国家的领导层比较而言，中国并没有产生很多国家，包括民主国家所经常发生的“低质量”领导层的情况。

在后强人政治时代，即自 20 世纪 90 年代以来，执政党并没有出现过犯“颠覆性错误”的情况；相反，一旦发现有可能出现“颠覆性错误”，执政党领导层必纠正之，例如近年来的反腐败斗争。从这个意义上，中共领导层才强调说，今天的中国也在探寻一种更好的政治体系。

中国的制度安排与社会阶层[①]

自人类产生以来，社会分成不同的阶级（或阶层），被视为一种自然现象。诚如马克思所说，一部人类历史就是一部阶级历史。在不同文明，不同历史阶段，阶级的基础可以是不同的。在传统社会，这些因素包括宗教、种族、种姓、教育水平等，构成了传统的社会结构，例如印度的种姓制度和中国由士、农、工、商构成的四民。不过，近代以来，经济结构在塑造社会结构过程中越来越占据主导地位，经济结构基本上决定了社会结构。

尽管一个社会在事实上做到人人平等非常困难，但平等作为一种理想或心理一直存在着，并在社会变革过程中扮演动力作用。历史上所发生的很多社会底层反抗上层的革命或造反，都和人类平等的理念相关。不管是造反，还是革命，目标都是夺取国家政权，因为国家政权是争取利益和维护利益最主要和最有效的手段。

国家政权（或政府）在实现社会平等过程中起着关键作用，政府

① 本文写于2017年8月15日。

既可以是既得利益的工具，也可以是限制既得利益、促进社会平等的工具。欧洲社会主义延伸出两种国家观：一种是保守主义的或右派国家观，认为政府的作用不是促成结果的平等，而是机会平等；另一种是社会主义的或左派国家观，即强调结果的平等。

一般来说，左派强调福利国家，通过政府的税收政策来实现社会平等，右派则强调国家在提供平等机会过程中的作用。在政策层面，这两种方法出现很多趋同，很多政策双方都是认同的，例如有关福利、教育、累积税、遗产税、房产税等，因为这些都是可以增进阶级平等的。

除了一些极端的观点，双方的分歧不在于是不是需要这些，而是这些政策的“度”的问题。无论是保守主义还是左派，西方总体上承认社会结构是由经济结构决定的，而政府只是扮演一种修正或改善的角色。

政治权力决定中国社会结构

和西方相比较，在中国，决定社会结构最主要的要素是政治权力而非经济结构。历史上，皇权在决定社会阶级过程中始终是决定性的因素。秦王朝建立之前的封建社会存在着贵族阶级，处于一种分权状态，形成分散性的社会结构。秦始皇之后，就朝着集权式皇权社会发展，但至唐朝，仍然存在不同形式的贵族阶级。

唐朝之后，皇权体制得到完善，皇权主导社会阶级。尽管传统的士、农、工、商四民阶级早就存在，但随着科举制度的完善，这些阶级似乎被永久化。尽管这些阶级之间是可以流动的，但这些阶级被固定化，直到清朝灭亡才终结。

除了这四个被视为主流的社会阶级，还存在其他不同的阶级，人数并不少。实际上，士、农、工、商之外的阶级在成长起来后，往往成为革命或造反的主力。这些边缘阶级包括各种宗教力量、秘密社会、流民（寇）等，他们不是自己起来造反，就是和失意的主流力量（例如秀才）联合起来造反。不过，不管怎样的造反或革命，都没能改变士、农、工、商的社会结构，因为造反者的目的并不是改变这个结构，而是要获得进入特权阶级的机会。

近代以来，革命的动机和背景都发生了巨大变化。一个简单明了的事实是，基于传统社会结构之上的传统国家被西方近代国家彻底打败了。因为传统社会结构不再能够支撑起一个现代国家，或者说无法建立一个新国家，各种政治力量都试图改变传统的社会结构。

在各种政治力量中，中国共产党最为先进，其革命的目标简单明了，就是“砸烂旧世界、建设新世界”。中国共产党的革命把传统上的两个被统治阶级——工人阶级（即传统意义上的工）和农民阶级（即传统意义上的农），确立为统治阶级（即领导阶级），把另外两个传统统治阶级——官僚阶级（即传统意义上的士）和商人阶级（即传统上事实是统治阶级一部分的商），降为被统治阶级。

从这个意义上来说，无论作为一种意识形态还是政治工具，阶级斗争变得不可避免。阶级斗争是在革命过程中形成的，在夺取政权之后被随心所欲地使用，表现在各个社会运动中，包括土改、“文化大革命”等。如果说在土改等早期的运动中，“谁属于哪个社会阶级”的界定仍然考量到经济背景，后期到了“文化大革命”便成为简单的政治定义，毫无客观成分。这就不难理解，即使是一家人（如父与子、兄弟姐妹）可以被界定为分属不同的社会阶级。

尽管政治可以重新定义阶级，但却改变不了社会阶级的等级性。

因为社会经济的低度发展，社会阶级之间的差异的确大大缩小，国家呈现出普遍贫穷的现象。不过，普遍贫穷并不是说在任何意义上社会的各个阶级是平等的；相反，贫穷之下隐含着巨大的不平等。

这至少表现在两个方面。第一，官僚阶级问题，也就是“特权阶级”问题。特权阶级的形成一直是毛泽东要防止的政治现象。革命之后，一旦新政权确立，官僚阶级的常态化成为必然，并成为社会的主导力量。当时东欧学者吉拉斯的著作《新阶级》在共产主义阵营包括中国产生了很大的影响，这本书论证了即使在共产主义政权之下，也不可避免地产生阶级分化。这种担心也是毛泽东发动“文化大革命”的其中一个理论背景。“文化大革命”就是毛泽东希望通过“继续革命”，来防止官僚阶级的形成。

第二，农村与城市之间的阶级分化。为了推进国家主导的工业化，政府采用的是牺牲农民利益实现国家资本的原始积累方法。为此，在历史上首次通过行政手段实行户口制度，即把农村和城市分离开来，把农民和城市居民分离开来。道理很简单，只有通过这种分离，才能快速实现工业化。

尽管城乡分割并不是传统意义上的阶级分化，但这种分化比任何阶级分化都严重得多。中国社会到现在为止还没有能力纠正这种分化。尽管户口制度改革已经进行多年，但困难重重，城市居民整体作为既得利益，时刻在阻碍着城乡一体化。

应当指出的是，在毛泽东时代，中国所实行的计划经济是比较分散的，而不是像当时的苏联那样高度集中。这种分散意味着社会阶级在各个地区是不一样的，尽管总体结构是一样的。

资源分配影响社会阶层定义

那改革开放以后的情况是怎样的呢？一方面，改革开放之后，政府把政策重点转移到社会经济的发展，不再像以往那样用政治方法来定义社会阶层（尽管也没有放弃之前的社会阶层定义），中国社会阶层的发展似乎更依赖于经济要素，呈现出之前日本和亚洲“四小龙”的发展趋势。

另一方面，改革开放以来所发展出来的市场经济仍然具有高度的集中性，主要表现在国有经济对主要经济领域的垄断和民营经济对一般经济领域的垄断。民营企业在互联网、房地产、医药等领域的垄断，犹如国有企业在能源、金融和自然垄断等领域的垄断。垄断表明国家政权仍然对社会阶层的形成起着决定性的作用，因为无论是国有部门还是民营部门，垄断的格局就是国家政策发挥作用的客观结果。

国家对社会阶层的影响不只在经济领域。在其他很多领域，政治和行政权力实际上一直在强化其塑造社会阶层的力量。上面已经提到政府户口制度改革不力的情况，城乡分割仍然是当代中国最严重的阶层分化。

较之于改革开放前对社会阶层的政治定义，改革开放后，政府使用比较隐性的资源分配（也即经济手段）来影响社会阶层。至少可以从如下三个方面来讨论。

第一，城镇化方式。在世界上，很难找到另一个国家像中国这样城市分属于不同的行政级别。在其他国家，造成城市之间分化的主要是地理地缘因素，而影响中国城市分化的主要是城市的行政级别。政府分配资源，而资源是根据行政级别来分配的，级别越高，所分配到的资源就越多。

不难发现，中国大量的优质资源被配置在大城市，尤其是一线大城市。城市之间的阶层区别（例如城市户口）并不亚于任何意义上的阶层区别。这也就是中国老百姓拼命涌向大城市的一个重要原因。

第二，低度社会政策。无论在发达国家还是发展中国家，社会政策是减少社会差异、实现社会公平的有效手段。自然健全的社会政策需要大量财富的支撑，一个国家的社会政策水平必须与这个国家的经济发展水平相一致。就中国来说，尽管人们意识到社会政策的重要性，但社会政策水平仍然非常低下。

主要原因有三个。其一，中国缺少社会政策传统。社会政策首先在欧洲形成，然后通过各种途径（例如殖民地）传播到世界各国。中国需要自己去学社会政策理念。其二，经济发展水平并不高，到目前仍然是中等收入水平。其三，受 20 世纪 80 年代开始的新自由主义经济学的影响，政府部门不愿意在社会政策方面有太多的投入。

第三，与社会政策相关的是中国的统筹层级低下。到目前为止，社会政策的统筹只到市一级。统筹级别低表明中国社会仍然非常地方化，社会阶层的情况受制于不同区域情况。

所有这些原因既造成了社会阶层之间的机会不平等，也造成了它们之间的结果不平等。近年来，人们开始关注社会阶层固化并非没有道理。尽管社会阶层是否固化还需要更长的历史时段来评估，但已经出现的趋势并不乐观。

正如上述所分析的，无论是市场因素还是政治（行政）因素，并没有促使社会更平等，而是在恶化社会结构，加深社会阶层之间的不平等。数千年的历史已经告诉人们，如果这种情况一直持续下去，国家仍将走不出兴衰循环。

中国的政策寻租及其结果[①]

中共十八大以来，中国高层强调改革开放政策的顶层设计。顶层设计对国家的下一步发展的确非常重要。从前的改革往往是分散的和局部的，导致改革的碎片化，顶层设计则是要通过对国家的下一步改革和发展，进行系统规划，明了下一步改革与发展的方向及路径。很容易理解，"全面深化改革开放"这些年来一直是中国政策领域的关键词。

不过，顶层设计在执行过程中也带来了一些副产品。因为中央层面不断产生政策，到了地方层面，往往演变成政策治国。更为严重的是，政策寻租行为盛行。中央层面形成一个政策，各地马上形成一个内部产业链，政策执行成为各级政府之间、政府与社会之间的内部交易。因为寻租，政策的执行往往会偏离顶层设计者的原本意图，甚至走向反面，使得国家和社会成为受害者、牺牲品。来自中央的政策越多，地方寻租行为越严重，政策执行就越变形。

① 本文写于 2017 年 8 月 1 日。

政策寻租在全世界具有普遍性。任何国家和社会，只要政府有政策，政策背后有利益，就避免不了寻租行为，否则“政策寻租”这一概念也不会堂而皇之地进入学术研究界和政策界。在中国，政策寻租也不是新鲜事物，改革开放以来一直存在。不过，要指出的是，随着中央政府制定政策的密度加大，政策寻租行为越来越严重；如果不加以纠正，将会导致严重的后果。

政策寻租遍及政府、企业和中介

各个经济角色，包括中央官僚机构、地方政府和企业（无论是国有、民营还是外资企业），政策寻租行为普遍。例如最近十多年来，为了促成中国的产业转型升级，中央政府制定了一系列产业政策，也界定了一些重要的产业领域，给予了大量财政和金融支持。各级地方政府也根据中央的政策精神，对自己所属的企业实行类似的政策。这么一来，马上就形成了一个庞大的政策寻租市场，形成不同的“团团伙伙”，包括政府、企业和“中介”。

政府和企业两个角色很容易理解，因为政府需要企业来执行政策。“中介”是一个比较新的概念。从前政府和企业直接打交道，无须“中介”。现在一方面为了反腐败（即不正当的政商关系），另一方面为了增加政府政策的科学性和透明度，政府往往会请来“中介”，对政策项目做事前评估和事后评审。评估对象不局限于经济项目，也包括高科技类型企业等五花八门的类别。人们把这些评估者称为“中介”。

这个“圈子”的正当性似乎无懈可击，做好了可以增进国家和社会的整体利益，但实际上不然。这些“圈子”的活动大多数都是政策寻租。对政府官僚来说，通过“科学”和“透明”的方法落实项目，是政策业绩；对“中介”来说，既拿到政府的好处，也拿到企业的好处，而“讲真话”从来就不需要考虑；对企业来说，最重要的是从政府那里拿到大量财政和金融利益，把工厂开了再说，产品卖不卖，是不是市场所需要的，则不是自己首先需要考虑的。

政策寻租的结果就是学术界所说的“分利集团”的形成，大家谁也不说实话，各方抱着“你好、我好、大家好”的心态，分享来自政府的政策“红利”。为什么中央政府所界定和支持的新兴产业，最终必然出现严重的产能过剩？尽管这些年已有很多新兴产业的民营企业因为产能过剩而破产，但有更多的企业仍然在做政策寻租。国企就更不用说了，十八大以来中央要去产能的大部分企业是国企。

巨量的过剩产能是如何造成的？在市场经济领域，产能过剩也会出现，即所谓的市场失败，但不会导致中国这样的严峻情况。中国的情况是因为企业（尤其是国企）不能按照市场原则来生产。这并非情况没有反映出来，或生产者不了解情况，而是因为各方的“利益链”关系，谁也不想把实际情况说出来。政策寻租让各方变得毫无责任感。只要能够从政策中寻到足够的“租金”，各方都会变得极其懒惰，不动脑筋，不作为。

扶贫扶出寻租空间

扶贫政策是另一个明显的政策寻租领域。为了实现全民小康社会，精准扶贫成了“十三五”规划的主题词。精准扶贫对中国来说无疑是一件极其重要的大事，这不仅关系到经济的可持续发展和社会稳定，更关系到一个社会的基本公平和正义。然而，即使是这个中央高层极其重视的领域，也出现了普遍的政策寻租行为。

这是政府、帮扶单位（企业、学校等各种组织）、村干部，甚至被帮扶对象（村民）结成的一个利益共同体。这个共同体的目标最终往往演变成不是要帮助农村真正脱离贫困，而是以最高的效率来完成上层政府下达的扶贫任务。这就出现了甘肃“杨改兰事件”所显示的问题。在很多地方，扶贫实际上变成了“扶富”。因为扶贫有指标（即在规定的时间里脱离贫困），那些处于绝望中的人被视为没有希望脱贫，所以更容易被地方官员和帮扶者忽视。

更有意思的是，被帮扶对象也能够得到政策寻租的机会。一些村民知道政府和干部负有扶贫的政治责任，也拼命参与政策寻租。这里，笔者想再次引用从前引用过的两个例子。

在一个较贫困省份的一个市，政府为了应对留守儿童的失学问题，安排地方干部和小学教师实行对儿童学生的“承包责任制”。这原是一件好事，但最终培养出很多不负责任的父母。一些父母千方百计把小孩推给地方政府和学校，自己则好吃懒做。一个儿童病了，负责教师打电话给家长，家长正在打麻将，就回答说：“小孩不是你们在负责吗？”竟然叫教师带孩子去看病。

另一个例子是在同一个省，干部负责帮助农民脱贫，送羊到农户，希望农户通过养羊来脱贫。一次，羊病了，农户打电话给干部说：“你的羊病了，希望来看一下。”要注意，这个农户并不认为养羊是为了帮助他脱贫，而认为干部是为了实现政府扶贫的目标。实际上，此类事情实在太多，不胜枚举。这些事例都表明，政策寻租不仅会促成政策变形，走上错误的方向，也会促成一个社会向下走，道德衰败，社会成员变得毫无责任感。

有人说，中国基层和农村的人比较自私，知识水平低，容易做“刁民”，容易出现政策寻租。那知识界又如何呢？实际上，知识界的政策寻租甚至超过了产业界和农村。与产业界产能过剩相反的是，知识界生产不出有效的知识。

知识界寻租致使新知识难产

改革开放以来，中国政府对教育界的投入越来越多。就大学建设而言，之前有“985”和“211”等工程，现在又搞“双一流”。实际上，各种类似和变相的工程不计其数。决策者的原意是要建设世界一流的大学，不计其数的财政和金融资源流向这些大学，但这么多年下来，大学发生了什么？钱当然多了，大学富了，但知识仍然贫穷。无论政府还是大学精英都意识到，知识的创造有待体制的改革。大量的政策寻租消耗了国家大量的钱财，但体制依然如此。

如果说大学积重难返，旧体制很难加以改革，那新型智库呢？近年来，中央政府把智库建设提到很重要的议事日程上，期待新型智库能够生产出有效知识产品。尽管智库也有历史问题，但很多智库都是新成立的，应当说没有多少历史包袱。那新型智库能否担当生产有效知识的责任？

从现状来看，答案不是直接和明确的，因为智库也在做政策寻租，而非真正在追求有效知识。很多智库并没有踏踏实实搞研究工作，或研究产生有效知识的方法论，而是说些“应当说的话”，即政治正确的话。更有智库把大量精力放在搞各种指标体系上。

西方搞智库搞了那么多年，近年才开始出现评估智库的智库，在中国最著名的就是美国宾夕法尼亚大学智库与公民社会项目（Think Tanks and Civil Societies Program，简称 TTCSP）。不过，智库与公民社会项目并不为西方的智库所看重，因为这个项目要么做一些很显然的事情，要么就是缺少科学依据。中国呢？有多少智库、多少人在搞或想搞智库评估？智库还没有成长起来，教条主义和官僚主义已经勃兴。就其本质来说，智库是跟教条主义及官僚主义对立的；后者兴了，前者自然没有空间。未来的历史会证明这一点。就现状来说，新型智库领域忙着政策寻租，谁也不会反思现状。在政策寻租方面，大家都是获利者，为什么要去改变现状呢？

有政策寻租的行为，是不是意味着一个国家就不需要政策了呢？显然不是。前段时间中国经济学界进行了一场中国要不要产业政策的大辩论。这场辩论或许在政治上具有重要性，但在学术或经验上并无显著意义，因为世界上根本找不到一个没有产业政策的经济体，也找不到只有市场而没有政府的经济体。

也就是说，这场辩论没有抓住事物的本质。问题并不在于需不需要产业政策，而在于需要什么样的产业政策，谁来制定，谁来落实，如何落实。经验地看，一些国家的产业政策有效推动了国家的经济发展，而有些国家的产业政策反而制约了经济发展。

其他方面的公共政策也是如此。近代以来，各国的公共政策（尤其是社会政策）有效助推了文明的进步、社会的公平和正义，但也有一些公共政策（例如社会福利）导致严重的政策寻租，产生了诸多负面效果。

在中国，政府在方方面面扮演着关键角色，而政府的角色是通过政策来体现的。这说明各级政府还会继续制定大量的政策。不过，经验表明，如果不能有效减少或阻止政策寻租行为，很多政策将很难达到预期目标，甚至走向反面。对中国来说，所要考量的问题，是如何减少和阻止政策寻租行为。

在这方面，各国积累了不少经验。政策寻租往往表现为一种内部交易，遏止政策寻租就是要把内部交易转变成外部交易。如何实现外部交易？那就是把交易建立在公开的市场和社会之上。市场、社会、法治是外部交易不可或缺的因素，更是消除内部交易的有效手段。

第四章

中国政治经济模式及其未来

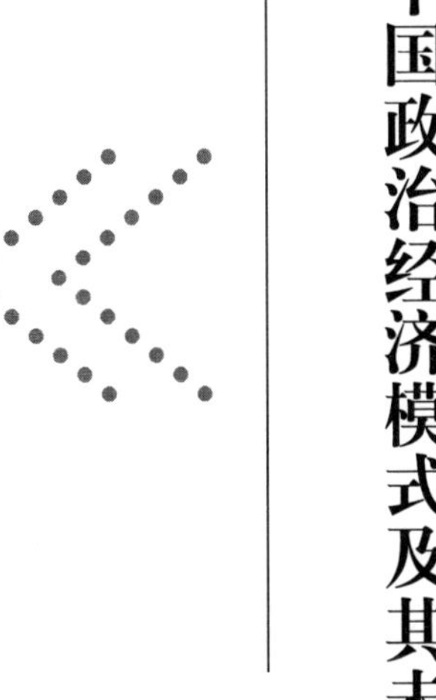

中国会陷入托克维尔陷阱吗？①

前些年，19 世纪法国作家托克维尔（Alexis de Tocqueville，1805—1859）的名著《旧制度与大革命》一书，突然在中国大热起来，一时洛阳纸贵，“托克维尔”几乎变成了知识界家喻户晓的名字。

不过，发热快，退热也快，没过多少时间，就没有多少人再谈论这本书了。很可惜，这实在是不应该出现的情况，因为如果说人们学到了这本书的精神，那么其结果正在中国的现实生活中显现出来，已经造成了这样一种局面：想改革但没有改革。

围绕托克维尔这本书，中国所展开的讨论的核心便是要改革还是不要改革。这个问题当然也并不是新问题，在 20 世纪 90 年代初期（至少在邓小平南方谈话之前），人们就讨论过。当时，一些悲观的人就认为，中国这个体制改革要出问题，不改革也要出问题，但改革比不改革会出更多的问题。当然，这些人的认知日后很快被证明是错误的。邓小平的南方谈话完全改变了 1989 年之后的局面，中国很快出

① 本文写于 2018 年 12 月 11 日。

现了被视为“激进”的改革，在很多方面找到了改革的突破口，造就了今天的中国。没有这样的改革，很难想象中国在之后数十年的快速发展和崛起。

20 多年之后，人们借托克维尔的作品把“要不要改革”这一问题再次提了出来。提出这个问题是因为中国再次面临“要不要改革”的困境。时任中纪委书记的王岐山向一些专家推荐：“我们现在很多学者看的是后资本主义时期的书，应该看看前期的东西，希望大家看一下《旧制度与大革命》。”

提出这个问题当然具有深刻意义，因为托克维尔在书中讨论的是为什么法国会发生革命的问题。他的经典观察就是：“革命往往会在对苛政‘感受最轻的地方’爆发。革命的发生并非总因为人们的处境越来越坏。最经常的情况是，一向毫无怨言仿佛若无其事地忍受着最难以忍受的法律的人民，一旦法律的压力减轻，他们就将它猛力抛弃。经验告诉我们，对于一个坏政府来说，最危险的时刻通常就是它开始改革的时刻。”

托克维尔的观察也适用于解释另一次革命，即俄国革命。俄国当时也有类似的情况。俄国经济在 19 世纪 80 年代进入增长周期，在 1880 年和 1914 年之间，俄国是欧洲经济增长最快的国家之一。并且俄国革命也是政治革命，起始于反对旧的体制。

“革命不是在事物变得更坏时发生，而是在事物变得更好时发生”，这似乎已经成为很多人的一个共识。但如果这是人们从法国大革命学到的历史教训，如果托克维尔总结出来的这个历史教训，导致了想改革但又不想真改革的局面，那么人们是过于陷于悲观（正如邓小平南方谈话之前的很多人），要么是误读了托克维尔，要么是误读了中国的现实。

拿法国或者俄国说中国的事情，学术一点说，是从一个比较的角度看中国问题，非常有意义，但如果不能把握好，就会跳进别人思维的逻辑，失去了自我，造成一种思维或者思想的“殖民地状态”。

人们对托克维尔的误读是很显然的。托克维尔所处时代是欧洲走向民主的时代，他意识到民主化这个大趋势不可逆转。尽管托克维尔认识到民主化这个大趋势，但民主化对托克维尔来说，并非是一个价值判断。只有对追求民主的人来说，民主是一个价值判断，因为他们相信“新制度”（民主）一定会比“旧制度”（专制）好。

托克维尔观察到近代社会具有不同的政体，他认为民主社会有可能是自由的，也有可能是极权的。美国民主和欧洲民主的呈现形式是不同的，德国民主和法国民主的呈现形式是不同的。同样，通往民主的道路也是不同的，既可以表现为革命的形式，也可以表现为改革的形式，甚至革命的形式也是不相同的。

托克维尔的两本书谈什么

托克维尔一生主要写了两本书。第一本为《论美国的民主》，是其年轻为官的时候去美国旅行考察的产物。在这本书中，托克维尔讨论的问题是：为什么美国的民主社会是自由的？作为孟德斯鸠的信仰者，托克维尔的分析几乎是“搬用”了前者在《论法的精神》一书中的分析构架，即三个维度，包括：（1）美国特殊的地理位置；（2）法律和制度；（3）社会因素——移民、习惯、宗教等。

如同孟德斯鸠强调的是决定一个政体的社会条件，托克维尔强调的也是社会条件。一句话，美国是民主的，因为美国社会是民主的，而社会民主的前提是社会平等。这里的逻辑非常清楚：社会平等导致了社会民主，社会民主导致了政体民主。

《旧制度与大革命》则是作者之后的作品，是从近代法国社会的形成来研究法国革命。《论美国的民主》还要回答的问题是“为什么美国社会是民主的”，而《旧制度与大革命》要回答的问题就是“为什么法国在争取走向民主的过程中，维持一个自由的政体有那么多的困难。作者在研究法国社会时，参照对象便是美国。的确，如果不能理解作者的第一本著作，就很难理解其第二本。

如同分析美国民主，在分析法国时，托克维尔也从社会阶级入手，阐述社会阶级的重要性。在其看来，法国社会主要由贵族、资产阶级、农民和工人组成，它们是中介群体，介于旧制度和社会整体之间。托克维尔分析了法国行政集权对法国社会的深刻影响。法国的行政集权意味着行政的一致性，行政规则适用于所有角落，使得地方和社会缺乏灵活性，造成的结果便是缺少政治自由。

再者，到了革命前夕，那些旧社会群体尽管已经失去了社会的相关性，但仍然维持其特权，和那些新崛起的社会群体格格不入，并且旧社会群体（也可视为社会既得利益）对国家如何治理不能达成共识。

托克维尔特别强调了哲学家或者后来所说的“公共知识分子”在营造革命氛围过程中的作用。在法国集权政体下，知识分子（也是新崛起的阶层）没有有效的参政机会，他们实际上并不了解政治的实际运作，便轻易地走向了“乌托邦”，认为新制度必然会比旧制度好，从而为不满旧制度的社会群体提供了另一个选择，营造了革命气氛。

如果要拿当代中国社会和大革命前的法国社会做一机械的比较，

那么的确可以发现很多相似的地方。这些年中国社会呈现出来的很多现象，例如社会阶层的固化、政府和社会的脱节、公共知识分子的激进化和他们（左右派）所提供的乌托邦想象，等等。

但如果从这些简单的比较得出革命具有必然性的结论，那么的确人们做什么都没有用了，就等待着事物本身的发展。不过，人们忘记了，法国革命与其说是“改革”的产物，倒不如说是“不改革”的产物。“不改革”是因为法国旧的既得利益认为形势不错不需要改革，或者如托克维尔所说，是他们对如何治理国家缺少共识的结果。

“不改革，就被革命”的道理

退一步说，即使革命不可避免，但革命的形式可以是不同的，既可以有法国形式，也可以有英国形式。更为重要的是，革命是可以化解的，而非“命定的”。要化解革命就必须用其他方式来解决革命所要解决的问题，或者实现革命所要实现的目标。

如果从托克维尔的作品来机械地解读当代中国，误读会成为必然。晚清到 1949 年中华人民共和国成立，为中国的革命时代。但各种革命并非必然，革命的发生主要是“不改革”的产物。“不改革”则是“不想改革”或者“改革不动”的产物。清朝的慈禧太后是这样，国民党的蒋介石也是这样。从这个角度来说，中共所得出的执政党需要“自我革命”的结论，是对历史上“不改革，就被革命”现象的总结。

上面所说的由邓小平南方谈话引发的改革或者“自我革命”也是例子。实际上，不仅中国如此，二战以来很多亚洲社会都是如此。二战以后，亚洲社会发生了天翻地覆的变化，旧社会变成新社会，旧制度变成新制度，但亚洲哪里能够找寻到法国式的革命呢？日本和亚洲“四小龙”的经验表明，只要有改革，并且改革方法得当，就可以避免革命。

从比较大革命前法国和当代中国得来的那些所谓的“相似性”，是极其肤浅的。例如社会的封闭性。诚如孟德斯鸠早就观察到的，中国传统上就没有“大家族”，即欧洲式的“贵族”。中国的科举制度所产生的官僚社会，有效地取代了欧洲式的贵族社会。近代以来的长期革命更是消灭了本来就不那么强大的旧式家族。改革开放以来有没有形成社会阶层固化这是需要观察和研究的，因为到现在为止还没有两代人。有固化这个趋势值得注意，但说已经固化可能为时过早。

即使阶层开始固化，既得利益也在享受着更多的利益，但在意识形态层面这些既得利益是没有合理根据的，因为至少从宪法或者理论上说，政府是要代表大多数人民利益的。中国没有欧洲式的特权法律系统。

在制度层面，除了拥有将近 9 000 万党员的庞大的执政党，中国具有覆盖整个国家的庞大的全国人大、政协系统，再加上其他各种类型的参政机构，例如民主党派、社会群体等。这些都是现存的参政组织，至少在理论上说，各个社会群体的参与不是有没有的问题，而是如何改进的问题。

从改革的经验看，中国也是可以避免陷入革命陷阱的。邓小平的南方谈话使得中国越过了东欧共产主义国家的革命陷阱。南方谈话之后，通过发展产生出新的社会阶层，而“三个代表”作为一种实践性意识形态，则解决了新社会阶层的参政问题。之后，又转向社会改革，希望通过社会保护来解决社会问题。

这些可以说已经在很大程度上促成中国越过托克维尔陷阱，而使得中国和东亚其他社会的发展具有更多的相似性，那就是通过执政党的“自我革命”（即改革）促成政体的更加开放，使得更多的社会群体进入政治过程。简单地说，开放、法治、有序参与便是避免革命的有效途径。

历史是吊诡的。革命毕竟经常在发生，所以人们可以说托克维尔陷阱或者其他形式的革命陷阱是存在的。但同时，至少东亚发展模式也表明了，革命陷阱是可以避免的。无论是陷入革命陷阱还是越过革命陷阱，世界上并不存在普遍的路径。比较美国和法国很有意思，但不能用美国来解释法国；同样，比较中国和大革命前的法国很有意思，但不能用法国来解释中国。

托克维尔是从法国本身找到革命的原因的，同样，人们也需要从中国社会找到可能通往革命的因素、找到避免陷入革命陷阱的因素。可以说，无论东西，“不改革，就被革命”的道理具有普遍适用性。

中国政治经济模式及其未来[①]

和西方近代政治经济分离模式不同，东方文明尤其是中国演化出了另一类政治和经济的关系。中国文明从来没有在知识层面把经济视为一个独立领域，在经验层面，经济也从来不是一个独立领域。经济活动从来就被定义为政府责任的内在部分，政府把推动经济发展作为己任，在这个过程也体现出政府的统治合法性。

尽管政府和市场的关系在不同历史阶段表现形式不同，但经济活动是政府的责任这一政治经济哲学常识，从古代到当代并没有发生根本性变化。在社会层面，老百姓的文化心理，直到今天仍然对政府的经济责任抱有高度认同。

确切地说，在东方，经济从来就是国家治理的一个有效手段。在中国古代重要的经济文献《管子》中，首篇“牧民第一”就论述了经济对国家治理的重要性。春秋战国时期的百家尽管有不同看法，但对政府的经济角色并无异议，在这方面各派之间不同的只是政府和经济

① 本文写于 2017 年 8 月 1 日。

有多大关系。自汉代的《盐铁论》以降，中国人基本上对政府的经济责任，以及政府如何承担这个责任有了共识。

西方近代以来，很多学者把中国视为“水利社会”，进而把“水利社会”视为中国传统专制主义（东方专制主义）的经济社会根源。这是单纯从近代西方经验出发的，因为自近代以来，西方走了一条政治和经济分离的道路。“水利社会”仅仅是中国政府经济责任的表现之一。

今天，西方把中国看成是“国家资本主义”，但实际上并不是这样。如果人们梳理一下从汉朝到当代中国的经济形态，就会发现中国几千年来“吾道一以贯之”，存在着一个比较有效的政治经济体制。中国一直以来有一个至少三个市场共存（或者有三层资本）的大结构。顶层永远是国家资本；底层是自由民间资本，像今天的中小企业；还有一个中间层，就是国家跟民间互动合作的部分。

在这个结构中，有些领域主要关系到国民经济支柱的领域，国家一定要占主导地位，但是大量的经济空间要放给民间自由资本；同时在中间层，政府和民间资本积极互动，有合作也有竞争。通过三层资本结构，政府维持政府和市场之间的平衡，履行经济管理的责任。

在中国那么长的历史中，只有四个比较短的时期走了极端，变成了经济国家主义化，即国家完全占了主导地位，市场被有效扭曲甚至被消灭。第一个是两汉之间的王莽改革时期，第二个是宋朝王安石变法时期，第三个是明朝朱元璋的改革，第四个就是计划经济时期。

在这四个时期，国家跟市场完全失衡，偏向了政府。除了这四个时期以外，中国的国家跟市场基本上都是相对平衡的。不过，应当指出的是，即使是在这四个时期，政府的出发点仍然是更有效的经济管理或者更快的经济发展。

这三层资本共存的结构也决定了，在中国，市场一定要服从国家治理规则的规制。市场存在着，但不是西方早期资本主义那样的完全自由市场，而是被规制的市场。近代以来，西方的市场尽管也是被规制的，但基本上还是资本占据主导的市场，即使政府也要服从市场规律。

在这个意义上，中国古代最好的经济学著作就是《管子》。如果要解释中国经济几千年的历史，《管子》比西方任何经济理论都有效。例如，西方经济学讲供需关系，但供需主要是靠市场调节。后来的凯恩斯主义有点不一样，即强调政府在这一过程中也要扮演一个角色，但市场仍然是主体。《管子》不讲供需，而讲“轻重”，但调节轻重的角色便是政府，而非市场。

近代以来，面临来自西方的挑战，中国各方面快速转型。但在很长的时间里，至少到 1949 年中华人民共和国成立，中国要解决的是“国家与革命”的问题，而非“国家与发展”的问题。这个顺序并不难理解，因为只有确立了政治秩序之后，经济发展才能提到议事日程上来。马基雅维利和霍布斯等把政治秩序置于优先地位的主张，即使放在中国的背景中也不难理解。

近代以来，在解决“国家与革命”的问题上，中国各派政治力量都有自己的主张，但日后的经验证明，中国共产党是成功的。这个关键便是中共接受了马克思列宁主义。列宁的《国家与革命》要解决的，便是在落后国家如何通过革命，确立一个新的政治秩序的问题。毛泽东一代的革命家通过马克思主义中国化，把列宁的学说成功应用到中国革命上，在和各种政治力量的斗争中胜出，确立了一个新的政治秩序。

中华人民共和国成立之后，在一段时间里，毛泽东也曾经想继续用革命手段来解决发展问题，但并没有预想的成功。改革开放以来，中国是当代世界少数几个成功地解决了“国家与发展”问题的国家。实际上，改革之所以成功，在潜意识上，便是对中国传统政府与市场关系的回归。从传统看，中国的改革不是无源之水，而具有必然性。这种深远的传统，使得中国和其他国家区分开来。

和西方区分开来，因为中国尽管向西方学习市场经济，但不会放弃有效推动经济发展手段的国有企业。或者说，中国不会变成西方那样的经济，使得政府不能有效干预经济活动。中国与苏联和东欧国家区分开来，因为中国不会像这些国家那样，通过简单的政治手段（政治开放和民主化）和“大爆炸式”的经济手段（政府退出经济活动和激进私有化）来幻想谋求经济发展。中国也和很多发展中国家区分开来，不幻想通过依赖西方经济来谋求发展。

今天，西方不承认中国的市场经济地位，主要是从西方的意识形态出发的。另外，中国怎么变也的确不会变成西方那样的市场经济。中国还会继续上述三层资本、三层市场结构，互相协调着往前发展。较之西方体制，这一结构有它自身的优劣。跟西方市场经济相比较，中国一些经济部门主要是国有部门的效率会差一点。

但这里必须指出的是，西方的公共部门（相当于中国的国有企业），其效率也是成问题的。再者，中国经济的效率和创新能力在其他两层，即底层的自由企业和中间层，并不比西方的低。就中国的优势而言，中国的三层结构能够预防大的经济危机、能够建设大规模的基础设施、能够大规模有效扶贫等。

西方资本主义，正如马克思所分析的那样，不可避免地会爆发周期性经济危机，比如 20 世纪 30 年代的“大萧条”，1997—1998 年的亚洲经济危机，2007—2008 年的全球经济危机等。中国过去 40 年基本上没有发生经济危机，这跟政治经济体制的调控能力有关系。

东西方政治经济模式各面临不同挑战

自改革开放以来，中国在很短的时间里已经取得巨大的经济成就，从贫穷落后的经济体提升为世界上第二大经济体。不过，中国对人类共同体更有意义的事情，并不仅仅是中国已有多少人致富，而是已有多少人脱离贫困。

在过去40年里，中国已经促成7亿多人口脱贫。这个社会奇迹远比经济奇迹更为重要。如何理解这个奇迹，就是这里所论述的中国文明的政治经济观念，及这一观念所演化出来的政治经济体制。

广义上说，东亚经济模式也是中国文明的衍生品。东亚经济体包括日本、韩国、中国台湾、中国香港和新加坡，被世界银行视为“东亚奇迹”。人们发现，二战后，在仅有的十几个跨越中等收入陷阱的经济体中，东亚就有这5个。而这5个经济体就处于传统意义上的儒家文化圈内。在儒家文化圈内，一个普遍意识就是推动经济发展是政府的责任。这5个经济体对政府如何推动经济发展也有不同看法，但没有人会怀疑政府要推动经济发展，他们的一个共识便是：发展是硬道理。

进而，这5个经济体的政府不仅推动了经济发展，还做出巨大努力，通过社会建设，培养中产阶层，实现了社会转型。今天，其中一些经济体（尤其是中国台湾）因为效法西方民主，政府和经济开始分离，政府无力继续推进经济发展，结果造成类似西方的问题。这个趋势也是值得观察的。

今天，东西方两种政治经济模式都面临问题和挑战。无论从理论上还是经验上来说，西方面临的问题须通过结构性再造来解决，而中国面临的属于在现存结构上调整和改进的问题。

在西方，主要的问题是如何实现政治经济之间的再关联，也就是政治如何再次对经济行使权力，使得经济在一定程度上配合政治的需要，从而在经济和社会之间实现再平衡。西方目前内部民粹主义崛起，对外经济民族主义崛起，主要是要解决内部经济问题。2008年全球金融危机是西方经济结构失衡的产物，这么多年过去了，经济结构仍没有变好。主要的问题是，在政治很难有所作为的情况下，结构性调整光靠经济力量本身很难实现。

这些年来，美国政府在经济上比较有所作为，如再工业化、技术创新、保护本国产业等，不过很多方法并不能改善内部经济结构，从长远来说，也必然产生更多的新问题。北欧少数国家开始试行“一人一份工资”模式，但很显然这也不是什么新思路，而只是福利模式的扩大版。西方如何能够像当年建设福利国家那样，再次进行重大改革和调整来实现政治、经济和社会的再平衡，有待观察。

对中国模式来说，经济发展一直是政府的责任，这一点不仅不会被放弃，而且会更加巩固。中国可以改进的地方也很多，但主要是围绕三层市场之间实现平衡这一目标。无论是国家主义占据主导地位，还是市场主义占据主导地位，都会导致失衡，进而引发危机。如何实现平衡？这需要产权、法治和政策各个层面共同努力。

就产权来说，光强调私有产权的明确和保护远远不够，国有企业的产权、国有和民营合作的产权和私有产权同样需要明确化，需要具有同样的权利。对法治来说，法律必须平等地适用于三层资本。应当强调的是，在这方面，现有政治或政策保护远远不够，亟须把政治和政策的保护转化成法治保护。

对政策来说，主要是根据三层资本的发展情况，尤其是失衡情况进行调整。这就决定了政府在必要时，对不同资本进行扶持和发展。需要进一步研究和厘清哪些领域必须以国有企业为主体，哪些领域可以大量让渡给民营企业，哪些领域可以允许政府和民营企业进行合作等问题。

政府必须要促成国有企业追求自身的发展能力，而不是通过现有方法（例如垄断、政策寻租等）。政府更必须赋权社会本身培养自身的发展能力，包括经济和社会两个方面，使得社会有能力平衡资本的力量，而不是仅靠政府平衡。

中国体制改革向何处去？[1]

中共十九大通过了《中共中央关于深化党和国家机构改革的决定》，这是中国改革开放以来，第一次把中共和国家机构一同考量的改革。无论对中共还是对政府而言，都有深远的意义。

此前，中国经历了多次机构改革，但都是国务院机构改革，或者说体制改革。每一任新总理都要进行一次重大的改革，因为总理主要负责社会经济事务，其所主导的改革只能被称为体制改革，甚至只是经济体制改革。这种称谓实际上已经反映出改革的局限性。尽管中共的机构这么多年来也发生了巨大的变化，但党口的改革从来没有真正地提上议事日程。一旦涉及中共的改革，就会变成敏感的政治改革。这也不难理解，中共是中国政治的主体，党的改革远比其他方面的改革要复杂和困难。唯一提出党的改革是 20 世纪 80 年代中期，但没有导向积极的结果。

十九大通过的改革方案，可以称为“党政一体化”的体制改革。

---

① 本文写于 2018 年 12 月 4 日。

中共的机构尽管变化了很多，但因为之前一直没有改革，就逐渐变成了改革的阻力。国务院主导的官僚体系改革，到胡锦涛时期的大部制改革，已经达到顶点，明显遇到了瓶颈。进一步的体制改革需要新的思路和改革方法，新的改革必须超越经济社会体制，而扩展到政治领域，即党的领域。

经济体制改革的目标是建设市场经济，但“市场经济”这一概念本身就经历了复杂的变化。变化不仅仅是概念和言辞上的，而且涉及背后的利益。20 世纪 70 年代末和 80 年代初，“计划经济”仍然是主体性概念，对这一概念的背离具有深刻的意识形态风险。当时的人最终从马克思那里找到一个概念，即“社会主义商品经济”，并认为商品经济是计划经济的补充，不是取代。“商品经济”获得合法性这个事实，为经济体制改革提供了意识形态的基础。在商品经济理论指导下，经济体制改革取消了国务院系统当时 100 多个部委中的大多数，因为它们都是经济部委。1989 年之后，以美国为首的西方对中国进行全面经济制裁，国民经济发展遇到了巨大的困难。在这种情况下，邓小平南方谈话，大力提倡以市场化为导向的改革。在南方谈话基础上，1992 年中共十四大确立了“社会主义市场经济”的概念，从而为经济体制改革注入了巨大的动力。

就经济体制改革而言，朱镕基任总理期间的改革最为彻底。朱镕基当时的方法是“拆庙赶和尚”。中国政府（不包括党口）机构实在太多，只要机构在，任何精兵简政的努力都毫无成果。道理很简单，任何官僚结构都有自我扩张的本能。朱镕基撤销了大部分阻碍市场经济发展的部委，官僚人员通过各种途径分流出去。同时，政府机构基本上开始向规制型政府发展。尽管在这次改革中，人员分流出去之后也有所回流，但总体方向无疑是对的。朱镕基在企业改革方面通过民营化，改变了中国经济结构，使其符合社会主义市场经济的概念。在关键经济领域，国有企业占主导地位，但国有企业也得根据市场规律经营，同时把更多的竞争性领域开放给民营企业。在机构改革方面就没有这么彻底了。很多官僚机构从政府分离出去之后仍然挂靠在政府，没有实现社会化的目标，最终造成了当时的审计长李金华所说的，中央 20 多个部委挂靠的机构就有数千个的现象。这充分说明了机构改革的难度。

胡锦涛和温家宝主政时期的机构改革，一方面继承了朱镕基改革的势头，继续向大部制发展，同时改革的重点从经济领域转移到社会服务。在此期间，中国的社会保障制度有了实质性的进展，尤其是农村的社会保障。但无论就机构的数量还是官员的数量而言，很难再继续减少。这已经意味着下一波改革如果还要进行，就必须把党口的改革考虑进来。

党国难分开促成广义政府

新一轮的党政一体化的机构改革之所以成为可能，不仅因为上述客观的需要，而且也因为出现了两个新的条件。

第一，在认识上，扬弃了从前“党政分开”的改革理念，而转向“党政分工合作”。20 世纪 80 年代提倡“党政分开”，但没有走通，因为在中国，党和政实际上不可能分开。尽管人们不喜欢“党国”的概念，但党国一体是个事实。在这个体制下，党与国之间不可能有明确的界限，更不可能分开。这就必须寻找其他符合实际的解释，即王岐山所提出的广义政府概念。根据这一概念，无论是党还是政府，都是广义政府的一部分。在广义政府的概念下，合乎逻辑地出现了“内部三权分工合作”的改革，即决策权、执行权和监察权。

第二，同样在广义政府概念下，高层的权力结构也出现了变化。如果“全面深化改革”概念要求把党口的改革和政府口的改革结合起来，就不能像以往那样党口只负责党务，而政府口负责社会经济事务。其实中共十八大以后，党的权力很快进入了社会经济事务领域，而国务院负责事务的范围被削减。党口负责所有领域的重大决策，政府口只负责决策执行。

这种概念上的转变，有利于新一轮的改革。一些地方开始落实党政统筹的改革，但从一些地方所公布的方案来看，如果不加以及时纠正，这次改革不仅不能缩小政府规模，反而有扩大规模的可能。这一轮改革，无论在概念层面，还是在实践层面，已经开始出现至少两个误区。第一，“以党领政”很容易演变成党的机构无限扩张。要加强党的领导，“以党领政”不可避免。但如果把“以党领政”理解成为设置更多的党的机构，所有领域都要设置党的机构，改革就会走向反面，不仅不能实现新的大部制改革，反而会出现倒退。第二，“以党领政”也很容易演变成“以党代政”。理论上说，党政一体化的机构改革不应当是“以党代政”，而必须整合党政功能，尤其是重合的功能，从而形成有效政府，同时大大减少党政机构和党政官员的数量。

这两个误区目前频繁出现。从中央到地方，党的机构越来越多。中央层面有现实的需要。为了顶层设计和协调，中央层面设立了诸多委员会。省一级或许也有这种需要，但越到基层，越没有这种需要。广东顺德等地通过“党政联动”“党政合署办公”，为党政一体化的改革走出了第一步。既然所有权力都来自党权，地方有必要设立党政两套体系吗？两套班子干的是同样的事情，两者之间的互动更多地表现为互相牵制和内耗，大大降低了行政效率。

对中央官僚机构来说，它们必须能够在下级政府找到"对口"单位，这也符合官僚机构自我扩张的逻辑。这种逻辑使得基层改革困难重重。在很多基层，一些机构撤销后又恢复，恢复的理由并非基层需要，而是上级政府需要。简单地说，越到基层，就会有越多的机构只是因上级需要而存在。就基层本身而言，这些机构实在没有任何存在的理由。

即使在微观领域，新一轮"以党领政"的改革也出现了党的机构迅速扩张的情况。例如在企业界和社会组织，人们往往把党的领导，简单地理解为在每一个企业和社会组织设置党的机构。这不仅造成机构的大扩张，也造成了很多新的问题，例如公司是董事会领导还是党委领导、民营企业是经济组织还是党组织等。

两个误区导致创新动机缺失

如果这两个误区不能得到纠正，可以预见，随着改革的深入，至少在如下几个领域会出现负面影响。

第一，机构不减反增，行政效率低下，并且官员不能作为。

第二，财政危机。就广义政府来说，中国政府规模实在太大。机构规模大，造成党政机构的人员规模同样庞大，这必然给国家造成巨大的财政负担，国家养不起这么多官员。中国政府的财政负担不仅来自要养活日渐庞大的党政机构，也来自越来越不可或缺的社会保障。

第三，弱化党政领导。党或政府机构无限扩张，意味着这些机构深入社会，这些机构的社会性也必然增加和强化，也就意味着党政机构的“党性”递减。共产党就起源来说，诚如列宁所说，是“无产阶级的先锋队”，也就是精英政党。尽管一个精英政党要维持与社会的联系，但如果只是机械地通过到处建立党的机构来实现这一目标，结果必然走向事物的反面。对此，需要加强边界意识，加强对党的认同。

第四，挤占市场空间，阻碍生产力的发展。党和企业之间没有边界，不仅导致党的组织深入企业，也会导致企业为了求生存，而高度依附于党的组织。经验证据表明，今天挂靠在党政机构上的经济组织多如牛毛，这些组织大多依靠政策寻租求生存和发展。中国企业，尤其是国有企业，创新能力低下的一个主要原因在于没有创新动机，而没有动机则是因为很多企业都可以通过政策寻租获得巨大利益。党的机构进入企业，尽管不同情况需要不同分析，但从长远来看，也必将改变民营企业的动机结构，从而影响它们的投资、生产和发展。

第五，挤占社会空间，造成弱国家、弱社会现象。这一点比较容易理解，即一个什么都管，但什么都管不好的政党（政府），必然是一个弱政党（政府）；一个什么都不会自治而必须依赖政党（政府）的社会，必然是一个弱社会。今天的中国在很大程度上就是这种情形。中国追求的是强政党（政府）和强社会，必须在政党（政府）和社会（组织）之间确立边界，该管的事情政党（政府）就应该管起来，而不该管也管不好的事情应该放手给社会（组织）。不仅要向社会（组织）分权，而且更要通过各种手段来培养社会（组织）。这就必须从根本上扭转现在发展的方向。

无论如何，政府应当是秩序的来源，而不是危机和无序的来源。

政府就是“法律与秩序”的代名词。什么叫法律？什么叫秩序？为什么需要法律？为什么需要秩序？道理很简单，就是因为社会是由不同的主体（例如不同的个人和组织）、不同功能领域（例如经济、社会和政治）组成的。政府用法律规定不同主体和不同领域之间的边界，规范它们之间的关系，这就形成了秩序。如果政府本身深入各个主体、各个领域，就很难出现超然于各种利益之上的“法律和秩序”。最终的结局，必然造成危机和无序。

如何整治官僚不作为？[1]

今天的中国，从中央到地方，最为严重的一个现象就是官僚不作为。也可以说，这已成为这个新时代最为严峻的政治挑战。

中共十八大以后，发动了大规模和持续的反腐败斗争，整治党政官员的腐败与乱作为现象，在短短几年里取得巨大的成就。不仅如此，反腐败早已经成为中共党建的最重要议程。十八大以来确立了一系列的制度反腐败与预防腐败，最重要的就是十九大正式成立的监察委，成为平行于执行机构的独立机构。不过，在整治腐败和乱作为之后，现在又走向另一个极端，即不作为。

不作为的后果很严重。有学者计算过，十八大以来高层已经出台 1 500 多项改革，但有多少真正落实呢？十九大确立了中国从现在到 2050 年的发展蓝图，分三步走，即到 2020 年全面建成小康社会，到 2035 年实现全面现代化，到 2050 年把国家建设成为富强、民主、文明、和谐、美丽的社会主义现代化强国。

---

① 本文写于 2018 年 11 月 27 日。

中共是一个使命性政党，从现在到未来很长一段的历史使命已经确立，但谁来实现这些使命呢？这不仅仅关乎执政党本身的执政基础问题，更是实现各方面可持续发展的需要。只有可持续的发展，才能满足老百姓不断变化的需要。

实际上，不作为已经不是新鲜事。这个问题已经讨论了一段时间，人们甚至已经提出，乱作为是腐败，不作为也是腐败。在一定程度上，不作为可能是更大的腐败。多年来，西方学界经常比较中国和印度，提出一个很有意思的问题：腐败同样存在于两个国家，但为什么中国发展了，而印度没有发展？他们发现：在中国，官员既腐败又作为；在印度，官员既腐败又不作为。

这个观察不见得正确，更不能论证中国官员腐败的合理性，但的确可以说明一个问题：如果官员占着重要位置而不作为，损害的就是国家和社会的整体利益。因此，说不作为是更大的腐败，并非一点道理也没有。

那该如何整治官僚机构和官僚的不作为呢？这里首先要理解不作为现象是如何产生的。如果走近中国的官僚结构，就不难回答这个问题。一般说来，在今天的官僚机构里，可以发现以下三个群体。

第一个群体可以称为“口惠而实不至”，热衷讲大政治和大话。简单地说，这个群体基本上是“玩虚的”。这个群体是少数。第二个群体是不作为的，他们可以准时上班、准时下班，上班时读书、看报、写文件，但没有行动，表现为什么也不想做、什么也不做，只是占着位置。在很多官僚机构里，这个群体是大多数。第三个群体也是少数，他们想作为，也是有作为的。

三个群体三种结果

三个群体，三种行为，三种结果。人们可以设想，在正常情况下，第三个作为的群体应当得到奖励，第二个群体必须得到惩罚，而第一个群体为人们所轻视。不过，实际的情况往往不是这样的。

第一个群体的人往往得到提拔，因为他们没有实际行为，不仅不犯错误，而且由于很高调，往往会引起上级领导的关注。这个群体的人得到提拔，还有一个被错误理解的“政治上正确”的问题。对上级来说，“政治上正确”主要是要把顶层设计的政策落实下去，把事情做好；但对这个群体的人来说，“政治上正确”更多地意味着“唯上”，不管用什么方法，让上级领导高兴即可。

第二个群体的人不作为，意味着平平庸庸，但也不会犯大的错误。这个群体中，一些人得到了提拔，有的则是原地踏步。这个群体中尤其是那些快要退休的人，则大多在等待“软着陆”，即在退休之前坚持“不犯错误”，安全退休。

第三个群体，即作为的人，在一些条件下，有的也得到了提拔，但很多人出了问题，甚至进了监狱。

这三个官僚群体的选择实际上是极其理性的。“玩虚的”还是少数，毕竟时代不一样了，人们有了自己的判断。而选择“平庸”，尽管属于无奈之举，但也是最理性的选择，因为谁也不想以“犯错误”或进监狱为人生终点。

为什么会出现这种现象呢？情况很复杂。一般说来，就人性而言，不管什么样的体制，总会出现这三个群体。中国今天的问题在于，不作为的官员占了官僚机构的多数。尽管人们也可假定人性因素在发挥作用，但如果要促成官僚有所作为，就必须从体制的角度来分析。无疑，无论哪个国家，体制的设计就是要克服人性的弱点。

就体制而言，人们可以从十八大以来逐渐形成，到十九大正式化的“内部三权分工合作”的权力结构来理解。从十八大到十九大，中国最具有历史意义的制度重建，莫过于“决策权、执行权和监察权”三权体制的形成。

尽管从理论上说，这“三权”自中华人民共和国成立之后一直就有，并且自改革开放以来一直在演进，但法理意义上的三权体制形成于十九大。十八大之后，监察权先在北京、浙江和山西等地试行，到十九大正式成为平行于国务院（执行权）的一极权力。

尽管所有“三权”都来自党权，但把党权的行使分为三个阶段，以实现权力行使的有效性和合理性。不过，这个“三权”体制因为刚刚形成，“三权”的边界和关系、运行规则、权力内部机制等方面，仍然有待在实践中加以探索和完善。从现状来看，还存在诸多可以进一步改进的地方。

就决策权而言，集中有其需要和必然性，因为十八大之前的过分分权导致了一系列严峻的问题，包括“团团伙伙”的形成、大规模的腐败和决策的过度分散。但决策集中也有问题，主要是一些政策不够科学，缺少可行性。从前，中国的政策总是中央制定，下级政府根据地方情况因地制宜地转化成地方政策再落实下去。

今天，政策的执行者即下级政府不是不知道如何落实中央制定的政策，他们身处一线，知道什么样的政策可行，什么样的不可行。但是，一些地方机械地甚至错误地理解“不可妄议中央”的概念，不敢对政策做因地制宜的转变。“不可妄议中央”原来指的是在政治上和党中央保持一致，但这一原则被地方滥用和泛用，并且逐级下行，演变成谁也不敢对上级政府制定的政策提任何意见，哪怕是善意的和建设性的意见。

再者，政策缺少可行性，还涉及决策模式变化的问题。从前，政策都是地方先行先试，在地方成功后上升成为全国性政策，在全国层面执行。即使这样，在很多地方仍然必须修改政策，以符合地方情况。但现在的很多政策是“顶层设计”，而“顶层设计”往往被理解成为“上级制定、下级执行”。“上级制定”又进一步演变为“领导制定”，“领导制定”演变为领导下面的一些官员制定。这不仅造成上下级政策交流不足甚至缺失，而且是封闭式的决策，缺乏实践性。不管什么样的政策，如果地方的差异性被忽视，就很难执行下去。在地方差异性这么大的一个国家，这种决策模式是有问题的。

就监察权而言，尽管这是当代中国政治体制的一大创新，但这一权力在地方层面往往使用过度，甚至滥用。虽然中国数千年前就有监察权，但对当代来说仍然是“新权”，大制度确立了，很多必须配合的制度并不到位，而且权力行使者经验不足。例如，对被监察者来说，纪委和监察两套机构不够整合，一会儿是纪委，一会儿是监察委，造成过度监察，被监察者应付不过来。

此外，还有监察的权限问题，现在还不是很清楚什么可以监察、什么不可以监察。这在历史上也有很多经验和教训，例如汉朝规定只有 6 个领域可以监察，其余的不可以。如果监察机构的唯一职责是找执行权或决策权的错误，那肯定是能够找到的。历史学家钱穆称这种现象为“反对党”，并且是为了反对而反对。

在很大程度上，今天的中国已经出现这种情况。媒体不时报道监察过度的情况。一个不可忽视的情况是，如果告状的人越来越多，干活的人必然越来越少。尤其是今天，告状几乎是易如反掌，零成本，告状者不管是否了解真实情况，即使是基于谣传，也可以告状，即使是事后发现告状不真实，也不会被处罚。这似乎刺激和激发了一些人告状的热情。

有所作为困难重重

在这种情况下，就不难理解执行权难以有所作为的原因了。很多干部还是想有所作为的，但一旦有所作为，就困难重重，不仅要面对来自上级的众多政策、政策之间的不一致、政策的地方化等，更重要的是，一旦想做点事情，就会触动其他人的利益，这些其他人就会变成告状者。因此，对想作为的官员来说，不作为便是最理性的选择。

不作为既不是大多数官员的本意，其结果也是对执政党、社会和国家的整体利益的损害。如何来解决这个问题呢？这是一个很系统的问题，不存在万能药，但如下几个方面是可以加以考虑的。

第一，改变决策模式，使其科学化。从前过分分权模式有重大缺陷，但现在过分集权模式也有其缺陷，这就必须通融自上而下和自下而上的两种决策模式。

第二，监察权明细化。要确立监察权的边界，不能什么都监察，以保证执行权的空间，避免监察权为了找错误而去找错误。

第三，要明确举报者（告状者）的责任，诬告必须承担政治和法律责任，以避免举报泛滥或乱告状。必须节制易如反掌的举报行为（例如网络的匿名告状）。

第四，制定一部“改革促进法”，赋予官员试错空间。没有人可以保证执行政策可以百分之百成功，如果不是为了自己的利益，改革出现一些差错，就不应承担那么大的责任。尤其要对“终身追究责任”明细化，谁也不想在退休之后被终身追究，也没有人想坐牢。这些方面，高层已经有意识，所以出台了一些政策。但这些政策仍然过于宽泛，不是很明确，很难落实，也缺少法律上的保障。如果把这些政策进行细化和系统化，通过法律和法规的方式表达出来，就可以为改革提供坚实的法律基础。

第五，改进行政法规，明确集体责任和个人责任。一项政策经过集体决策和通过，只要执行官员以公开透明的方式，根据集体决策来执行，即使出现问题，也不能算个人责任，而是集体责任。

第六，在“党政联动”“党政合署办公”的基础上，在基层实行党政一体化改革，真正实现“小政府”的目标，大量减少党政官僚机构的数量和人员，在此基础上大幅度提高公务员的薪水。官僚也是人，不能光用道德水准来要求和衡量他们。如果没有一定的工资水平，他们一方面没有有所作为的动力，另一方面会通过各种非正常的途径或潜规则（包括腐败）来获取利益。

权衡与中国政治[①]

古今中外，政治就是关乎权力，政治学就是围绕“权力”这一概念展开和构建的。不过，中西方文明对“权力”一词的认知不同、实践不同，也在此基础上形成了不同的政治制度。今天所谓的中西方不同的政治模式，实际上就是不同的权力体现模式。

在中国文化中，权力往往意味着支配和指挥的力量，体现在“政权”“权力”“权威”“权柄”“权势”等词语上。在形容一个人非常有权力的时候，更有“生杀予夺之权”的说法。权力可以被动地使用，就是根据职位所规定或者人们所预期的方式使用权力，也可以主动地使用，例如掌握“主动权”；不以常规地使用，即政治操纵，体现在例如“权变”“权谋”“权术”等词语上。

不过，任何权力必须涉及权力的合法性和合理性问题。在这里，“权衡”的概念变得非常关键，尤其是在政治领域，权力的使用过程甚至可以说就是权衡的过程。

---

① 本文写于 2018 年 11 月 27 日。

“权衡”的本义是称量物体轻重的器具。“权”是秤砣，而“衡”则是秤杆。在这个层面，权衡意味着“法度”“标准”等。《庄子·胠箧》：“为之权衡以称之”；《韩非子》：“使人尽力于权衡”；司马迁《史记》：“平权衡，正度量，调轻重”；《礼记·深衣》：“规矩取其无私，绳取其直，权衡取其平”；《旧唐书·职官志二》：“较之优劣，而定其留放，所以正权衡，明与夺，抑贪冒，进贤能”等都有这样的意思。

如果“权衡”是器具，那么就有使用器具的人，“权衡”因此也指称权力。《晋书·潘岳传》：“虽居高位，飨重禄，执权衡，握机秘，功盖当时，势侔人主，不得与之比逸”；唐朝柳宗元《与裴埙书》：“又不幸早尝与游者，居权衡之地，十荐贤幸乃一售”。

在政治领域，所谓的权衡就是说掌权者要使得事物在动态中维持平衡。也就是说，权衡就是行使权力的方法。这一方法决定了掌权者和制度之间的关系、掌权者和其他掌权者之间的关系、掌权者和人民之间的关系。换句话说，在中国文化中，权力的合法性更多地来自权力的使用方法，而不是来自权力的社会或者精英基础。在中国数千年的历史中，近代之前，人们对皇权的合法性基础没有提出过任何质疑，但对皇权的行使方式则讨论甚多。这和重视权力基础的西方政治构成了鲜明对照。

西方的权力认知又是如何呢？尽管从古到今，人们对权力有不同的定义，但德国社会学家韦伯的定义被视为经典性的，也是西方普遍使用的定义。尽管学者们试图从各个方面来定义权力，但还是绕不开韦伯的基本定义。韦伯对权力的定义是：“权力意味着在一种社会关系里哪怕是遇到反对，也能贯彻自己的意志。”这个定义和韦伯对“统治”的定义是一致的。他对统治的定义是：“统治应该称之为在可以表明的一些人当中，命令得到服从。”

权力的行使或者统治涉及合法性问题，而合法性指的是统治者和被统治者之间的关系。韦伯根据所依据的合法性或正当性分为三种统治类型。第一种是传统型统治，即“建立在一般的相信历来适用的传统的神圣性，和由传统授命实施权威的统治者的合法性之上”。第二种是魅力型统治，即建立在“非凡的献身于一个人，以及由他默示和创立的制度的神圣性，或者英雄气概，或者楷模样板之上”。第三种是法理型统治，即“建立在相信统治者的章程所规定的制度和指令权力的合法性之上，他们是合法授命进行统治的”。

这三种统治形式尽管可以在一个历史阶段同时存在，但基本上反映了行使政治权力方式的历史性变化。其中，第二种类型的统治只是暂时的，因为没有统治者可以保持终身的魅力，魅力要么转变成传统，要么转变成法理。

概括地说，在西方，无论什么样的统治方法，其合法性来自两个因素。第一，被统治者的认可，不管认可的理由是什么。第二，统治者对规则的遵循，规则既可以体现为传统，也可以体现为法理。

西方之于规则，就如中国之于权衡；前者凸显的是在遵循规则的可预见性中求得稳定，后者凸显的则是通过不断变化求得稳定。为什么会有这种差异呢？这里的因素有很多，但其中最主要的就是双方对“政治”的认知不同。

中西文化对“政治”的认知

在西方文化中，所谓的“政治”就是一个团体集体决策的过程。

“政治”的本意指的是“谈判”“讨价还价”“妥协”等。在古希腊,“政治”是平等人之间的一种游戏，所以西方从古希腊以来一直有“政治人”的假设，即每一个人都是平等的，都具有参与政治的权利。也就是说，民众或者社会是政治的基础。

不过，古希腊社会大规模的奴隶则是没有公民权的，并且正是因为奴隶的存在，为公民参与政治创造了条件。在罗马帝国时代，共和政体本质上也是古希腊的城邦政体。近代以来，随着社会经济的发展，西方政治的范围和规模逐渐扩大，更多的社会群体逐渐进入政治过程，直到现代“一人一票”制度的出现，从理论上说，民主达到了“顶点”。

在中国文化中,“政”和“治”是分开来使用的。“政”即指制度秩序、统治和施政手段（如“礼乐刑政”），也指道德修养（如“政者正也”）。“治”有统治、治国的意思（如“修身、齐家、治国、平天下”），也指社会的稳定状态（如“天下交相爱则治”）。中国本身没有政治的概念，现在所使用的政治概念是日本学者的翻译。日本学者把“政”和“治”结合在一起也非常贴切，很形象地概括了中国文化的“政”与“治”，即统治者对被统治者的统治。

孙中山先生把“政治”两字解释得很清楚，他说:“政就是众人之事，治就是管理，管理众人之事，就是政治。”这已经和西方文化区别开来，因为在西方文化中，所有公民都有参与政治的权利。

在这样的文化背景下，权衡是如何影响各种政治关系的呢？首先，权衡影响权力与制度化之间的关系。制度化就是规则化，而“法”（尤其是宪法）是制度化最后和最高的体现。历朝历代，所有制度变化都是精英权衡的产物，是自上而下促成制度的变化。领袖集团掌握主动权，决定是否需要变化，需要什么样的变化。

不过，很多时候，也有负面的结果，即领袖集团判断失误，阻碍变化或者发生不当的变化。在西方，制度变革都是各种社会力量追求的结果，要不要变化，什么样的变化，大都是各种力量之间较量或者交换的结果。当然，这种关系也会产生负面结果，当各种力量旗鼓相当，谁也不妥协的时候，应当有的变化不会发生，或者在社会力量严重失衡的时候，发生不当的变化。

其次，权衡影响权力者之间的关系。意大利社会学家莫斯卡认为，任何社会无论是君主贵族、独裁暴君、共和、民主或者其他，不管理论上如何规定，实际的权力绝非为一个人所行使，也绝非为所有公民所行使，而是为一个精英集团所行使。这个观察非常适合中国的皇权。理论上皇权是皇帝的，但皇权的行使则涉及一个精英集团。不过，因为中西方对政治的不同理解，统治集团内部精英之间的关系也全然不同。

在中国，政治是一场零和游戏。有人解释说，“政”字是由“正”和“反”两字组合而成，这并非没有道理。把两者合在一起，具有两个含义。第一，赢者通吃，即胜者为王、败者为寇；第二，正如没有“阴”就没有“阳”一样，“正”“反”也是一体的。正是因为一体的，赢者（皇帝或者统治者）不仅要容许其他精英的存在，而且也要照顾到他们的利益。这就是权衡。传统上，皇帝都会努力避免明显地站在任何一方，而是作为平衡者出现。

如果对规则的认同为西方的外部多元主义（公开的反对派或者反对党）提供了文化条件，那么权衡文化的存在也促成了中国内部多元主义的客观存在，通过权衡来协调内部不同的利益。当然，也有不少皇帝依靠权臣或者太监搞政治，结果导致其他大臣的反弹，不过，结果都不会很好。

一项统计表明，因为权臣之间的斗争而死亡的皇帝竟达27%，是皇帝死亡中第二重要的因素，而第一重要的因素便是“天命”，即自然死亡，为54%。实际上，衡量皇帝好坏的一个重要标准，就是其能否作为平衡者出现。自身也“结党营私”的皇帝都被视为坏皇帝。

最后，权衡影响权力与人民或者政府与社会之间的关系。中西方都有民本文化，但性质截然不同。在西方，民是政治主体，至少在理论上如此。即使所谓的民主绝非是人民自己成为统治者，但政治参与则是人民的权利，即人民参与统治自己的政治过程（福柯语）。中国文化也提倡“以民为本”，但民是政治客体，即被统治的对象，数千年没有任何话语指向人民有参与政治的权利。

最激进的孟子把“革命权”给了老百姓，但革命很难说是政治参与，其代价极高。即使是深受西方思想影响的孙中山先生，对政治的界定也没有超越古人，即政治就是管理老百姓。不过，中国的确发展出了如何通过权衡来治理老百姓的方法，如“牧民”“养民”“教化”等。

近代以来，中国的政治环境发生了巨大变化。很多政治观念包括民主、自由、公平等已经是人们日常观念的内在部分，民众因此对政治有更多的要求，包括政治参与。再者，随着经济的转型，实际社会利益也日趋分化。

在这个意义上，政治的含义及其表达方式必须发生变化以适应新的需要。“民”被简单地视为统治对象的时代已经过去，政治的基础必须得到转换。但同时传统政治中的诸多结构性因素并未发生根本性变化，而是得到转型和演化，因此，权衡文化仍然延续着。即使是改革开放以来的历史也说明了，一旦政治内部各种要素失去平衡，政治就会失衡，各种各样的问题就会接踵而至。

两种责任和中国的治与乱[①]

在中国政治中，自古至今，对政策执行者（无论是中央官僚还是各级地方官员）来说，存在着两种责任，这两种责任的平衡关乎着国家的治与乱、和谐与冲突、发展与滞胀、整合和分裂。

第一种责任就是平常所说的对上的责任，就是对中央政府或者上级政府的责任；第二种责任就是平常所说的对下的责任，就是把官员自己所辖的地方发展好和管理好的责任。相应地，两种责任也产生了两种忠诚，即对上的忠诚和对下的忠诚。

在任何社会，对上负责的重要性是不言而喻的。不管什么样的政体，不管什么样的时代，上下级之间都存在一个秩序，没有这个秩序，就称不上是政体。上下级秩序对中国这样大的国家来说尤其重要，没有这个秩序，命令无法执行，政策无法实施，更不用说国家的整合了。在当代中国，这种责任也经常被称为“大局意识”或者“大局观念”。

① 本文写于2018年12月18日。

应当强调的是，对上责任并非是对任何一个领导人本人的责任，而是对上级领导人所代表的利益的责任。不过，在实践中，这两种责任有时候并不容易区分，对上责任被理解成对领导人个人的责任，对上忠诚被理解成对领导人个人的忠诚；一旦这样，不仅会导致上下级之间的人身依附，同时更重要的是会失去对整体利益的追求和忠诚。

对下责任更重要，因为简单地说，对下责任是对上责任的基础。中国在理论上是中央集权制国家，这决定了无论是官僚机构还是地方政府都被视为中央的派出机构，仅仅是中央政策的执行者。不过，这种看法并不那么科学，因为中国地方的差异性巨大，需要地方官员发挥主观能动性，根据地方的条件来制定地方政策或者修正来自中央的政策。尽管一个国家并不是各个地方的简单相加，但如果地方发展和治理出现问题，国家整体肯定是要出问题的。

不难理解，就国家整体而言，对上和对下的两种责任不仅不是矛盾的，而且可以有高度的一致性。就中央和上级来说，尽管要着眼于国家整体利益，但国家的整体利益需要通过地方政府或者各级官僚机构来实现；对地方来说，局部利益也同样重要，只要是在国家整体利益的构架内来追求局部利益和管理局部，那么整体利益自然就可以实现。

就政策执行者来说，如果光对上负责，那么地方利益和地方差异性必然被忽视，发展和管理必然会出现问题。在中国这样的中央集权制国家，光对上负责的可能性远远大于光对下的可能性。人们可以理性地假定，官僚和地方官员必然会牺牲部门和地方利益，来满足中央和上级的利益，因为官僚和地方官员的升迁取决于中央和上级，而非同级官员和老百姓。更为重要的是，在这样的情况下，官僚和地方会出现懒政，他们不用发挥主观能动性，光做一些会使中央和上级“高兴”的事情就行了。这样，政绩工程、假信息、瞒上欺下等现象必然盛行起来。

但如果官僚和地方官员光对下负责，不能对上负责，地方可能发展了，但整体利益甚至国家的统一必然出现问题。历史上，这样的情况层出不穷。每当中央政府弱化，尤其是王朝解体的时候，地方必然产生封建割据。20 世纪 30 年代的军阀割据时代，一些地方的经济发展和治理也相当好，但国家整体利益则荡然无存，不仅内战不断，更无能力对付外敌。

集权与分权之间的关系难以处理

因此，对中央执政者来说，一个极其重要也极其难以处理的问题就是集权与分权之间的关系，太集权和太分权都会出现灾难性后果，理想的则是实现两者的相对平衡。如上所述，如果太集权了，就会导致官僚和下属只承担对上的责任而忽视对下的责任。官僚和地方官员就会盲目地顺从中央和上级，不知道如何有效地对地方进行治理，时间一长就会出现非常糟糕的局面。

另一方面，如果太分权了，地方就会坐大，就会强化官僚和地方官员的地方利益观念，失去大局意识，结果也会产生很糟糕的结局，即地方主义崛起，破坏国家整合，甚至导致国家解体。

这里讨论的种种历史上曾经发生过的局面，其实离人们并不很远。1978 年改革开放之后，尤其在 80 年代，人们讨论最多的就是集权和分权的困境，即“一收就死、一死就放、一放就乱、一乱就收”的恶性循环。这种恶性循环不仅表现在中央和地方关系上，也表现在其他各个方面，包括政府与市场、国家与社会等关系上。

但经过 20 世纪 90 年代以中央集权为目标的改革（例如分税制），80 年代过分分权的状态得以改变，也的确解决了一些问题，因此之后人们似乎不那么频繁地讨论这个恶性循环了。不过，这并不是说这些现象已经消失了。事实上，这个恶性循环仍然存在，只是改变了形态，通过其他方式表现出来了。

十八大前后发生的显然就是这种循环的表现。十八大之前的很多年里，因为过于分权出现了很多问题，甚至导致了不小的危机。在顶层，因为党内民主机制的不健全或者制度化程度过低，党内分权导致了政治学里面所说的领导层的“团团伙伙”的崛起，也就是人们平常所说的党内的“团团伙伙”。

“团团伙伙”的崛起损害党的整体利益，威胁执政党的生存和发展。在地方则表现为地方主义。地方之间的互相竞争不可避免，竞争促使地方官员能够有效利用地方的比较优势，发挥主观能动性通过改革来发展地方。不过，在大部分时间里，地方竞争只是政策之间的竞争。

但十八大之前的地方竞争大大超越了简单的政策领域，而涉及“走什么道路”的问题。再者，因为过于分权，党内责任成为大问题，即造成了这样一个局面：集体领导变成无人领导，集体负责变成无人负责。这样，党内各方面就出现失控状态，尤其在腐败方面，十八大之后反腐败斗争中那么多大大小小的官员落马是有其背景的。

正因为十八大之前过于分权所造成的种种问题，十八大以来就出现集权趋势。无疑，集权并非领导人的个人选择，而具有必然性。不管谁当政，只要具有国家整体利益和执政党整体利益观念，就会通过集权来解决这些问题。当然，是否能够集权又是另一件事情。历史上，分权出现了大问题，中央政府已经没有能力再集权的例子也比比皆是。

集权也出现了问题，主要表现在几个方面。第一，集权成为大趋势，中央一集权，各级官僚机构、各级政府也跟着纷纷集权，并且一些地方出现集权竞争，导致一些领域出现了过度集权。这种集权趋势需要在出现问题和遇到反弹之后才能得到纠正。但很显然，从出现问题到反弹再到纠正，需要很长一段时间，这期间就会出现很多问题。第二，一些新设立的意在防止腐败的制度（主要是监察体系）确立了，但因为很多细节不到位，也是因为新制度的运作需要一个试错过程，也呈现为集权现象，因为一般来说，在起始的一段时间里一些执行者不能领会新制度的精神，其执行过于机械，导致新制度对官僚和地方官员产生过度的、不必要的压力。第三，在集权大趋势下，官僚和地方官员产生自我的恐惧感，自我放弃权力，应当行使的权力也不敢行使。这就造成了前面所讨论的只对上负责，对下则缺少积极能动性的现象。

今天，中国的官僚和地方官员出现了两极分化的现象。对一些官员来说，现在是做事情最难的时候，因为集权，他们一方面感到没有足够的权力来做事情，另一方面一旦要做些事情，尤其是比较难的改革，就会面临各方面的压力。但对另一些官员来说，现在也是最好混日子的时候，那就是不作为，平平庸庸，准时上班，准时下班。而还有一些官员则唱唱赞歌，说些上级领导喜欢听的话，这要比推进真正的改革容易得多。

正如分权状态所出现的现象，集权状态下所出现的这些现象也是可以理解的。不过，很显然，这种现象既不符合国家的整体利益，也不符合局部和地方利益。从历史经验看，如果这种现象长期继续下去，就会造成更多问题的积累，甚至导致大的危机。

这种情况就是上面所讨论的官僚和官员必须承担的两种责任失衡

的产物，而两种责任失衡的背后就是集权和分权的失衡。因此，要达到两种责任的平衡，首先就必须在集权和分权之间寻找到新的均衡点。历史地看，分权之后必然要进行适当的集权，集权之后必然要进行适当的分权，这都是常态，即所谓的“矫枉过正”。

对中央政府和上级来说，必须要为中央官僚和地方官员履行这两种责任创造制度环境。尽管中央政府要根据实际情况的变化来调整分权和集权，但分权和集权之间需要相对稳定的边界，没有边界，政策执行者就会无所适从。再者，无论是两者的边界还是这两种责任的履行，都必须引入法治，用法治来规范中央和地方关系，用法治来保障这两种责任的到位和落实。

中国官民关系的现状及其未来[①]

在今天的中国社会科学研究概念中，国家与社会的关系可以说是核心中的核心。人们可以问，如果去除了这对关系，还有其他哪些概念能够支撑中国社会科学的研究呢？事实上，这对关系被张扬是因为其在现实生活中的重要性，人们不得不深究其所面临的问题、探索其未来。但同时，从研究的角度来看，很多问题也产生了。

如果要研究国家与社会的关系，首先就得假定国家和社会的存在。近代以来，包括国家与社会在内的大多数社会科学概念是从西方引入的，直接用于分析中国社会。问题在于，在人们把这些概念用于分析中国现象时，往往忘记提问，用于分析西方社会的这些概念适合中国吗？或者说，西方概念所指称的这些社会现象在中国存在吗？

就“社会”这一概念来说，中国传统中有“社”的概念，也有“会”的概念，但没有“社会”的概念。“社会”这个概念是从日本传进来的。在亚洲，日本最早接受西方的思想和社会科学，在翻译

① 本文写于 2018 年 7 月 24 日。

society 时，就把中国传统的“社”和“会”两字结合起来了。不过，这里已经出现了问题。在西方，无论是国家还是社会，都是建制或者制度，两者之间存在着边界及其各自内部的自主性。但一到中国，无论是国家还是社会，“自主性”就很难理解。

在中国，国家无所不在，用现代的概念来说，国家就是广义政府。在“普天之下，莫非王土”哲学中，政府一方面可以深入到社会的各个角落（至少从理论上说），另一方面也被视为负有无限的责任。在没有任何制度制约的情况下，自主性的概念和国家毫不相关。同样，社会的自主性在中国很难理解。因为国家的无所不在，社会的自主性至少在现实生活中是不存在的，而只是作为近代以来人们追求的一种理想。因此，在研究分析中，充其量人们只能假定其存在。

在西方，国家存在的理性就是其普遍适用性。在近代国家产生以来，这种普遍适用性表现在法律、就业、福利、社会政策等方面。如果说法律是国家的基础，人人在法律面前平等，也就是人人在国家面前平等。西方国家从抽象原则（例如“一神教”和“自然法”）发展而来，代表的是一些抽象原则。

但正因为抽象，现实中的人们才假定各种权利的平等，近代以来各种与公民权有关的概念都是来自抽象概念。这种假设反过来又对现实发展产生巨大的影响。西方近代以来的所有发展，几乎就是这些抽象原则假设的产物。

西方和中国国家概念的变化

从现实来说，西方国家的这种普遍适用性也是一种“不得不”的结果。在漫长的中世纪，教会是西方的主体组织，教会声称其具有普遍适用性。此外，在罗马帝国解体之后，西方发展出诸多城市，而城市的主体便是商人。所谓的国家就是在众多其他组织（教会、商业组织、城市）中竞争产生的，也就是说，国家只是其中一个组织。为了和其他组织竞争，国家也不得不声称其普遍适用性。在这种组织格局中，也很容易理解社会的自主性，所谓的社会便是除了国家之外的其他组织。

和西方国家的普遍适用性不同，在中国，国家表现出来的更多的是特殊性。中国在春秋战国时代结束了从前权力高度分散的封建体系，开始了从“家”到“国”的转型。秦始皇统一中国可以说是完成了这一转型，但这一转型并没有使得国家体现出普遍适用性。即使被视为最具有普遍适用性的科举制度，也仅仅是从“家”到“国”转型的一部分。也就是说，皇权不想过多地受制于其家庭和家族，而转向向全社会录用官员。从这一角度说，较之西方长期的政治家族传统，中国的国家更具有社会性。

但问题在于，“国”的中心依然是皇帝个人。尽管历史上皇帝和官僚体制之间也形成了分权状态，但这种分权更多是在操作层面，而非权力来源。官僚体制所有的权力根源依然是皇权，或者说，官僚体制是依附于皇权的，君臣关系就是这样一种体现。尽管存在着规范君与臣各自的制度（即“礼”），即君臣关系并非是简单的两个个体之间的关系，但在实际运作过程中，只能表现为作为皇帝和作为臣子的个体关系。从理论上说，“礼”也是要约束皇帝的行为的，但在实践层面，“礼”被简化为大臣对皇帝的忠诚。

这种依附关系也自然地延伸到官民关系。实际上，中国历史上从来就只有官民关系，而没有西方的国家社会关系。如上所说，在西方，无论是国家还是社会都具有自主组织性，而在中国，社会从来就没有这种自主组织性。传统上，无论是“社”还是“会”都是极其边缘的群体，无足轻重。只有到了改朝换代的时候，这些边缘群体才开始发挥作用。

在日常生活中，主导中国的是所谓的四民，即士、农、工、商。在四民中，士被皇权吸纳，是依附皇权的，农处于高度分散状态，工的大部分也是直接为皇族服务的，而最具有组织能力的商则被安置在社会的最底层，没有意识形态的合法性。西方的自主性概念和四民毫不相关。

这种关系维持了数千年，到近代也没有改变。梁启超的观察是对的，他认为中国人只有皇帝观念，而没有国家概念，只有对皇帝个体的忠诚，而没有对国家的忠诚。的确，对大多数中国人来说，国家实在太抽象了，而皇帝则是实实在在的。孙中山先生说得更直接，他说中国人是一盘散沙。

大多数中国人对政府的概念

到了今天，中国出现了国家和社会关系了吗？从研究文献上来说，这些早已经存在了。这么多年来，西方用什么概念，中国的学者也使用什么概念，步步紧跟。但从实践层面来说，传统的官民关系已经被改变了吗？答案并不是很清楚。

大多数中国人并没有把政府视为一种制度，他们所看到的仅仅只是一个个政府官员。而对政府来说，他们心目中也没有作为一种制度的社会，所看到的仅仅只是一个个民。例如，就政商关系来说，两者的关系并非是两个实体组织之间的关系，即政府和企业，而是两个个体之间的关系，即政府官员和商人。即使在最能体现普遍适用性的法律领域，尽管和西方一样，中国也确立了无数的法律法规，但这并没有体现在各个社会群体的行为上。一旦出现事情，中国人依然没有多少法律概念，不会首先求助于法律，而是求助于人际关系，法律可能是最后“不得不”的一种方法。在这样的情况下，无论是政府权力的边界还是社会群体的权利概念都很难确立起来。

不过，在实际社会运作过程中，尤其是在社会治理方面，则已经体现出这种需求。理由很简单，那就是，在物质层面，现代社会已经来临。近代以来，众多的西方思想传入中国，但中国社会并没有深厚的土壤或者物质基础，因此思想仅仅停留在思想层面。但改革开放以来的实践已经改变了这种情况。工业化、人口流动、互联网等因素的出现，传统社会已经解体，社会发展不可避免地表现出普遍适用性，也就是说，西方社会曾经发生过的诸多现象也在中国发生了。

在此情形下，改革以往官民关系成为必然。尽管如其他所有东亚社会变化所显示的，怎样的改革也不会促成中国官民关系完全演变为西方那样的国家社会关系，但传统的官民关系难以为继，必须转型了，即从两个个体之间的关系转型为两个实体之间的关系。

这里的核心问题是边界。尽管中国还是无限责任政府，但这并不意味着政府和社会两者之间没有了边界，没有各自的领域。今天中国和西方的社会发展呈现出相反的趋势。在西方，这种发展表现为国家的社会化。随着“一人一票”制度的确立，社会力量大肆侵入政治领域，既不能产生有效政府，也难出现政府的自主性。在正常的情况下，民主成为最为保守的政体。尽管各种社会力量都希望变化，也能有效地把自己的意见表述在政治过程中，但最终的结果是相反的，即什么变化都不会发生。

相反，在中国则呈现出社会力量国家化的趋向。在客观层面，随着传统社会结构的解体，具有自治性的社会力量也在自然产生，并且速度很快。不过，就政府而言，并没有准备好接受这样的自治社会组织；相反，政府仍然使用传统方式来吸纳社会组织，并把社会组织变成体制的依附品。随着经济和科技的发展，政府吸纳社会力量的能力在迅速强化，尤其在阻止社会自组织化方面。因此，社会没有自治空间，产生不了制度化的社会。

但社会力量的国家化并不能等同于国家力量的强大。结果恰恰相反，不仅社会非常脆弱，国家也同样脆弱，导致了“弱国家弱社会”的现象。就国家来说，无限政府，边界无限，什么都管。一个什么都管的政府一定是最弱的政府，什么都管，但什么都管理不好，这个政府就是弱政府。就社会来说，没有自治空间，不能组织自己，不能自己管理自己，一切都求助于政府，这便是弱社会。

从长远看，“弱国家弱社会”治理成本越来越高，就是说这种局面不可持续，难以为继。要改变这种局面，就是要把传统的官民关系转型成为现代的国家社会关系。如何转型？人们可以把中共十八届三中全会处理政府和市场关系的原则应用到国家社会关系中。如果处理政府和市场关系的原则是“使市场在资源配置中起决定性作用和更好地发挥政府作用”，那么处理国家和社会关系的原则，可以表述为“使社会在社会治理过程中起决定性作用和更好地发挥政府作用”。

如果这样，政府就不仅应当容许更应当鼓励自治社会的出现和发展。只有这样，社会才能自己组织自己，自己管理自己。而政府的“更好作用”则体现在对社会实行监管，以避免“坏社会”的出现。而这个监管方式就是中共十八届四中全会所说的法治。可以预见，在这个过程中，国家本身也会变得更为强大，因为当国家不再依靠传统方法来治理现代社会的时候，就必须创新和发展新的具有普遍适用性的、更为有效的方法来治理现代社会。

20世纪80年代到“新时代”的中国政改逻辑[①]

中国改革开放40年的历史，可以说是整部世界近代史高度浓缩之后，在短暂的时间里突然在中国大地放大呈现出来。今天和未来的人们可以在这40年的中国历史中，或多或少找到近代以来的大多数历史变革主题，无论是物质的还是非物质的。经济、社会、政治、技术、文化、生活方式等方面的急剧变化，使人眼花缭乱，在没有理解甚至意识到一项变化的时候，另一项就发生了。

在意识层面，所有近代以来的“主义”或者意识形态都可以在中国找到发展空间和相当的支持力量，正如在城市空间不断冒出来的各种奇形怪状的建筑物那样。不过，很多变化很可能仅仅只是假象，有乌托邦，也有善意和良愿。

然而，不管发生怎样的变化，中国还是中国，并且越来越中国。在开放状态下，各种变革都成为可能，但各种变革必须得到中国实践的检验。实践是检验真理的唯一标准。人们可以追求各种自己以为是

① 本文写于2018年5月8日。

真理的东西，但是否能够成为中国的真理，就需要被中国的实践检验。各种表象掩盖不了真实的中国，更不用说替代了。

变革并非只是这40年的主题。无论是客观环境对变革所构成的压力，还是变革者的主观意愿，这40年远远比不上近代中国。那个时代，中国传统国家不仅被遥远的西方国家侵略，更被昔日的学生日本侵略。因此，那个时代的人们发出了“中国三千年未有之大变局”的感叹。人们也找到了被那个时代视为必然的变革方向，那就是从小农经济到工业经济、从帝制到共和、从经学到科学。

不过，所有这些变革并没有成功，中国陷入了长期的战争、革命与“继续革命”。等到下一次变革便是20世纪80年代的事情了。不过，也正因为近代变革没有成功，浓缩了的历史和变革动力最终在80年代爆发出来，造就了今天的中国。

变化的是中国，不变的也是中国。变化什么？变化多少？如何变化？如何在变化中维持不变？如何在不变中求得必要的变化？这些问题谁都可以试着回答，谁都可以有自己的答案，但最终决定这些答案的是政治。谁都想参与政治，谁都可以凭自己的能力来影响政治，但政治必须有一个主体，没有了这个主体，不管什么样的变化最终都会归于失败。

近代中国方方面面变革的失败并没有必然性，但从帝制到共和的失败，就决定了其他方面失败的必然性。没有了变革的主体，谁来掌控变革呢？自80年代以来的变革是有主体的。有了这个主体，中国重新出发进行变革，拾起了近代留下的变革主题，一路走到今天。

也就是说，在所有的变革中，政治变革不仅不可或缺，而且必须是主体。今天的中国进入了一个新时代，或者说处在一个转折点，政治变革的重要性是显而易见的。当人们说今天进入了新时代，就假定了过去的一个旧时代的存在。所以，人们必须理解如何从旧时代走到新时代。新时代“新”在哪里？在理解这个转型的时候，人们不仅要理解学术上所说的“宏大真理”（“主义”和意识形态），更要理解“小真相”（即实际所发生的）。

如果光看“宏大真理”，就容易把自己的主观意志强加在客观的变革之上，就很难理解和评价客观的变化。在理解中国政治变革逻辑的时候，“小真相”甚至要比“宏大真理”更为重要。“小真相”发生在实践领域，正是众多的“小真相”才把“宏大真理”转化为现实。

不同时代政改的认知不同

的确，学术界关于政治改革的“宏大真理”，并不能解释中国这40年的政治变革逻辑。大多数西方学者认为中国没有政治改革，因为他们倾向于把中国的政治改革定义为西方式民主化。抱持这种认知的学者在中国本身也不在少数，他们希望中国走上西方式民主化道路，并且在每一个发展阶段都是以“是否民主化”来评价中国的实际政治变革的。

不过，具体的政治实践则反映出全然不同的情况。在过去40年里，政治变革实际上是主体性变革。不承认政治变革就很难解释所有其他方面的变革和转型。中国政治不仅适应了由其他变革所带来的新环境和新挑战，而且还通过自身的变革来引领其他方面的变革。很显然，政治主体的这种领导能力，把当代变革和近代变革区分开来。

在下一个层面，在不同时代，人们对政治改革的认知的确是不同的，不同的领导层和不同的环境导致了不同的认知，不同的认知又导向不同的改革。这样，人们便可以区分出三个时代，即 20 世纪 80 年代、90 年代和 2012 年之后的新时代。这三个时代呈现出不同的政治思维和不同的政治变革逻辑。

其中，80 年代和 90 年代尽管也有不同的政治变化，但都属于同一个变革范式，可以称为旧时代。中共十九大提出“新时代”的概念，但从十八大到十九大是一个大背景，没有这五年的变化，很难出现新时代，因此这个新时代要从 2012 年的十八大算起。

80 年代的政治变革逻辑是什么呢？政治变革首先取决于一个时代的政治思维。要理解一个时代的政治思维，首先就要理解政治思维者或者政治思考者。80 年代的政治思考者是邓小平、陈云、彭真这一代。尽管邓小平称这个群体为第二代领导人，但这个群体很难和以毛泽东为代表的第一代领导人区分开来。他们同样积累了革命的经验和党内政治生活的经验。有了共同的经验，他们之间就可以有共识；有了共识，就有改革的集体努力。

就国内环境而言，这一代人所面临的主要问题是发展经济。共产党闹革命的目的也是近代以来所有政治精英的目的，那就是富国强兵。当这一代人走上政治舞台的时候，他们的共识便是要彻底改变当时仍然面临的贫穷局面。

就国际背景而言，美苏两大阵营仍然对峙，但英美开始了以新自由主义经济学为核心的经济变革，国际局势相对和平。新一波全球化开始，欧美呈现出很强的发展势头。邓小平的判断是：“和平和发展是当代世界的两大主题。”中国领导层把这种国际格局视为自己的发展机遇。无论是关于“球籍”的讨论还是走向海洋文明的讨论，都是当时改革动力的直接反映。

计划经济如何改革？市场经济是改革方向吗？发展什么样的市场经济？所有这些问题都没有现成的答案。邓小平因此形象地把改革称为“摸着石头过河”。从1978年仍然流行的计划经济概念，到改革初期的商品经济概念，再到1992年中共十四大社会主义市场经济概念的确立，中国足足花了14年的时间。

在实践层面，中国参照的主要是苏联和东欧国家的改革经验，尤其是匈牙利的改革经验和日本、亚洲“四小龙”的经验。尽管经济意识形态的变革十分缓慢，但现实层面的变革方向是明确的，即走向市场经济，体现在从农村改革、经济分权改革再到城市体制改革的过程中。国家部委从1981年的100个（大多是主管国有企业的机构）减少到1988年41个，更体现了市场化的大方向。

邓小平政改要解决的实际问题

在进行经济改革的同时，领导层也在探索政治上的改革。从20世纪80年代初到80年代末，邓小平对政治改革发表了一系列的看法，可以视为当时领导群体的共识。总体来看，这些改革并没有受当时关于政治民主化的“宏大真理”的影响，而是为了解决当时中国政治实践所面临的问题。也就是说，改革不是为了实现政治民主化的理念，而是为了解决实际问题（“小真相”）。改革主要包括几个方面。

第一，法制。法制一方面是针对社会而言，另一方面是针对党内政治生活而言。改革开放前的“继续革命”，导致所有这些方面的法制大破坏，尤其是党内斗争毫无规则，大量的干部惨死于政治斗争。

第二，干部类型和干部录用制度的变革，主要表现在干部的“四化”（革命化、年轻化、知识化和专业化）标准，以适应上述经济建设和发展的需要。

第三，党和国家领导体制的改革。这项包括几个方面。首先要解决领导人个人和体制之间的关系，“文革”前个别领导人破坏体制的现象不能再继续下去了。其次，选拔中青年干部，解决接班人问题。再次，和接班人问题相关，也需要解决老干部的退休问题，例如设立顾问委员会作为废除领导终身制的过渡办法。

到 20 世纪 80 年代中后期，政治改革聚集了相当的力量。这不仅因为中国社会有了民主化的要求，处于一线的年青一代领导层，也在不同程度上认为民主化是可以接受的政治改革。80 年代中期之后，政治改革加速。

再者，政治改革不仅是为了保护已有的经济改革成果，而且也是克服改革的阻力和推进改革的动力。

如果人们深入细节就会发现，20 世纪 80 年代早期和 80 年代中后期的政治改革是不一样的。早期是为了解决具体问题（“小真相”），而中后期则滑向“宏大真理”（追求民主的价值）。总体来看，“小真相”的改革相当成功，党内政治生活正常化、干部录用制度和领导人退休制度都得以确立。但“党政分开”的改革不仅没有成功，而且很快就出现致命性问题。“党政分开”的改革促成“党”“政”成为两张皮。

此后很长时间的机构改革，基本上都是政府机构的改革，而党的领域并没有进行任何形式的改革。政府不断改革，党的领域没有改革，这就是一个大问题。尽管党的领导不能动摇，但现实中，因为没有进行党的任何改革，党的领导一直被弱化。在 20 世纪 80 年代后期，当党本身要通过民主化的改革来改变自己的时候，危机的爆发变得不可避免。

90 年代的中国政改逻辑

中国 90 年代的政改逻辑适用时间较 80 年代长。如果说把 1978 年开始的、由邓小平主导的改革开放称为邓小平时代，这 23 年可以说仍然属于邓小平时代。或者说，邓小平时代可以分为两个小时代，即 80 年代的第一小时代和从 80 年代末起到 2012 年的第二小时代。

江泽民和朱镕基主政时期可以说是第二小时代的高峰期，而胡锦涛和温家宝主政时期则在延续这个小时代，同时开始纠正这一改革思路所出现的弊端。不过，胡锦涛和温家宝主政时期还没有形成改革的新思路，这个新思路直到中共十八大之后才开始形成。

苏联的解体和东欧的剧变，很快促成了邓小平一代新的改革思路。新的改革思路把经济改革和政治改革分开，并且把重点置于经济改革。苏联戈尔巴乔夫因为经济改革受既得利益集团的阻碍不能实施，因此求助于政治改革（即《改革与新思维》），但政治改革很快就演变成西方式民主化。西方式的民主化不仅导致了苏联解体，更导致了整个苏东集团解体。

苏东集团解体对中共的冲击、影响和教训至少有二。第一，经济改革和政治改革不能同时进行，尤其不能期望用政治改革来促进经济改革。第二，政治改革的方向不是西方式民主化，而是强化作为政治主体的执政党自身的建设，也就是巩固执政党、提高执政党的执政能力。

邓小平的判断是：苏联、东欧共产主义政权的解体，并不仅仅是因为民主化，更重要的是因为那里的共产党政权缺少能力发展经济，不能使人民满意。或者说，因为那里的共产党缺少统治合法性，被人民推翻了。

经过邓小平南方谈话及其背后的政治较量，1992年召开的中共十四大充分体现了邓小平在南方谈话过程中所形成的新改革思路。多年争论不休的市场经济概念被正式确立为社会主义市场经济。这个新概念的确立为经济改革提供了新的意识形态。

90年代后期，中国也努力加入世界贸易组织。为了和国际经济体系及国际组织接轨，中国修正了一系列内部法律、法规和政策，以符合市场经济的国际要求。内部改革和外部开放给中国的经济发展注入了强大的动力。在1992年之后的近20年时间里，中国实现了平均每年近两位数的经济增长。

90年代“小真相”的改革

在政治领域，90年代开始一直没有出现类似80年代那样的“宏大真理”，而是侧重于细节（“小真相”）的改革，而这些改革的意义并不亚于“宏大真理”，构成了邓小平遗产的重要（甚至最重要）组成部分。这些“小真相”的改革包括几个方面。

第一，1992年十四大解散了顾问委员会，在正式制度层面解决了老人政治问题。（当然，退休政治人物通过非制度渠道施加的政治影响力继续存在。）第二，限任制度的确立，即国家主席、副主席、总理、全国人大常委会委员长、政协主席等领导职位的任职期限的规定。第三，年龄限制。公务员系统包括部级干部的退休年龄制度牢固建立起来，更为重要的是在政治局常委这一级，也非正式地形成了“七上八下”的默契，即年龄低于67岁的可以担任或者继续担任常委，而超过67岁的必须退休。第四，集体领导和党内民主。尽管邓小平确立了

“核心”的概念，但同时也强调集体领导和党内民主。

最重要的莫过于“三合一”体制的确立，即党的总书记、党的军委主席和国家主席由同一人担任，以保障最高权力的集中和政治责任的明确化。在 80 年代，这三个职位分别由三个不同的人担任，并且国家主席和副主席的职位只具有象征性意义。

这种“三驾马车”的体制造成了权力行使的很多问题。应当说明的是，“三合一”体制的形成本身是对 80 年代“党政分开”制度的直接否定，而在局部领域开始走上了党政一体化的改革道路。党政一体化作为总体改革思路的形成，要等到 25 年之后 2017 年的中共十九大。

在江泽民和朱镕基主政时期，有一项改革可以算得上在“宏大真理”层面，即 1997 年中共十五大提出的法治改革。之前，官方用语一直是“法制”。十五大之前，时任全国人大常委会委员长的乔石力推法治改革。在中国的政治语境里，“法制”和“法治”尽管只一字之差，但含义非常不同。前者表明法律是执政党及其政府的工具，党政干部经常凌驾于法律之上，而后者则表明即使是执政党及其政府也都必须服从法律，无论作为组织还是个人。

但是，法治在今后相当长的时间里，仅仅作为一个概念或者理念而存在着，在实际政治生活中，法治并没有提到执政党政治改革的议事日程上来。只是到 2014 年的十八届四中全会，执政党才形成了以法治改革为核心的总体改革方案。

还有一项改革尽管是为了解决具体问题，但也对执政党产生了深远的影响，那就是“三个代表”重要思想的提出。尽管这个重要思想的提出是为了解决新兴阶层的政治身份问题，但容许新兴阶层进入政治过程（加入执政党）则大大扩展了执政党的社会基础。

从2002年到2012年这十年为胡锦涛和温家宝主政时期。这个时期，在政治上的新探索很多，但问题也越来越多，预示着旧的改革思路需要告一段落了。

在社会经济层面，之前的经济优先发展政策很快演变成了单向的唯GDP论，即过度强调经济增长而忽视社会环境问题。到这个阶段，各种问题一一爆发出来。领导层开始质疑之前的发展观，提出了中国要追求什么样的发展这一重要问题，并试图通过科学发展观来缓解和解决问题。

就机构改革来说，这个时期基本承继了80年代以来的思路。“党政分开”不再提及，党政在实践上开始一体化，表现在上述“三合一”体制，也表现在省一级省委书记兼人大常委会主任的制度。不过，从1992年到2012年，每一次的机构改革都是政府（国家）机构改革，党的机构改革从来没有真正地提到议事日程上来。

这种两张皮的现象使得党政机关的发展很不协调，即使在“三合一”体制内部也如此。这种内在的冲突可能引发问题。

党内民主改革

在这10年中间，最重要的探索莫过于党内民主了。2007年党的十七大提出了“党内民主带动人民民主”的改革思路。应当说，这是对以往改革思路的改进。以往的思路并没有解释民主的发展路径，但十七大说清楚了。这个时期，党内民主最重要的试验就是党内票决制，尤其是在选拔领导干部时采用票决制。

这个方向也不能说错，因为当时人们对民主的普遍理解就是票决，或者选票制。不过，因为执政党并没有票决传统，不存在明文的票决规则，因此潜规则太多，一些政治人物开始操纵这一制度，导致了滥用与不公。这也是十九大不再使用票决制选拔干部的主要原因。

在实践层面，对党内民主的探索也导向了另一些甚至更为深刻的问题和矛盾。主要表现在两个大的方面。首先，为了体现党内民主，原先的“核心”概念被去掉。邓小平在确立“核心”概念时说得相当清楚，中共体制的运作需要一个核心，如第一代的毛泽东和第二代的邓小平，因为核心意味着政治责任。但 2002 年之后不再使用“核心”的概念。这里的原因可能很复杂，但其中一个主要原因就是为了体现集体领导和党内民主。

其次，领导顶层实行分工制度，一人管一块。这种顶层分工制的确比较民主，至少在表面看如此，但实际上很快就产生了很多恶果，其中最重要的便是在中国被称为“团团伙伙”的小圈子的形成。一人管一块，又因为党的领导层不存在“核心”，那么每个常委便具有了管辖领域实际上的最终决策权。

十八大之后被清查出来的周永康、令计划和军中的徐才厚、郭伯雄等，就是典型的政治寡头或者军中寡头，大搞“团团伙伙”，进而形成了服务和忠诚于自己的权力网络，往往从中央到地方，横跨几个部委。经验地看，领导层的“团团伙伙”或许有可能发展成为类似西方的多党政治，但这无疑是一种劣质民主，是人们必须避免的。叶利钦时代的俄罗斯就是这样的领导层的“团团伙伙”。乌克兰自独立之后也一直是领导层的“团团伙伙”。

这 10 年党内民主的探索，也涉及一个外在政治压力问题。在民主问题上，自改革开放以来，外在的压力始终存在。西方自由主义是一种具有使命感的主义，具有很强的扩张性。和资本一样，自由民主如果得不到扩张，就会趋于死亡。20 世纪 80 年代，中国刚刚改革开放的时候，自由主义力图在中国寻找发展空间。

20 世纪 90 年代，苏联和东欧共产主义政权解体之后，西方自由主义在俄国和东欧寻找到了空间。中国因为内部改革和外部开放的一系列重大举措，在民主方面所面临的压力实际上并不大。但在跨入新世纪之后，在胡锦涛和温家宝主政时期，中国在民主方面面临的压力再次加大。这个时期，民主在东欧的版图已经确立，这些国家或多或少都实现了民主，这样，西方自由主义再次转向中国。

改革开放以来，中国领导层尽管都竭力反对在中国搞西方式民主，但他们也没有忽视探索中国本身的民主政治发展。这种探索在一定程度上缓解了西方对中国的压力。很显然，在西方成功地把中国经济融入以西方为主导的世界体系之后，很难容忍中国的非西方式民主政治，甚至把此视为政治威胁。这种情况近年来随着西方民主出现问题变得越来越甚。

总体上说，从 1992 年到 2012 年的 20 年间，在政治领域，邓小平的思想得以延续，在一些方面得到了加强。党内民主方面的探索加快，但问题也越来越严重。所有重要的问题似乎随着十八大的到来，都处于随时爆发出来的边缘，而有些甚至开始爆发出来。所有这一切都预示着需要改变旧的改革思维，另外寻求一条新的改革思维。这便是十八大以后的事情了。

新时代的政改逻辑

尽管“新时代”这个概念在中共十九大正式提出，但十八大应当被视为这个概念的起点。或者说，这一概念是在十八大之后五年的改革实践基础上提出来的，而十八大之后的改革实践，是对之前所发生的情况的反应。

十八大之后，鉴于执政党党内越来越甚的腐败现象，尤其是团团伙伙现象，领导层开始进行有效集权。当然，有效集权不仅仅是大规模反腐败的需要，更是进一步改革的需要。十八大之后的改革强调“全面”和“深化”。改革因此需要顶层设计。再者，改革越深化，所遇到的来自既得利益的阻力也就越大；要克服既得利益的阻力，也需要集权。所有这些方面的因素，有效强化了集权的动力。

对执政党来说，首要的改革是政治改革。十八大以后，中国经济发展进入新常态。高增长不仅不可能，也不需要。而政治改革则紧迫起来，因为十八大之前所出现的种种政治状况，表明执政党面临着党内治理危机。这就决定了十八大之后的改革重点，就是党内治理制度的改革。

而党内治理制度的改革，正是 20 世纪 80 年代以来“党政分开”概念下所一直忽视的。十八大之后提出了“四个全面”，即全面建成小康社会、全面深化改革、全面依法治国、全面从严治党。很显然，在“四个全面”中，全面从严治党是最为关键的。在中国，中共是唯一的执政党和政治主体，一旦执政党出现了问题，其他所有方面的发展必然会出现问题，甚至酿成危机。

接下来的党内改革合乎逻辑。高层首先进行了权力重组，主要是成立了 4 个领导小组（十九大之后改为“委员会”）。领导小组尽管十八大就已经存在，但新设立的领导小组和旧式领导小组，至少在两个方面是不同的。首先，旧式领导小组是非正式的，其组成人员和活动是不公开的。但新设领导小组是正式的，其组成人员和进行的活动是公开的。其次，新设立的领导小组（除了军事方面）的组长是习近平，副组长是李克强，其他几个常委被分配在不同的小组。这样，就改变了从前常委一人分管一块的局面，使得顶层权力协调性大大提高，运作更为有效。当然，权力的重组也避免了之前“团团伙伙”的现象。

顶层权力集中很快至少在两个方面显出成效，即大规模的反腐败斗争和政策的顶层设计。尽管自改革开放以来，反腐败一直在进行，但顶层的反腐败往往是最困难的。十八大之后那么多的高级别政治人物（包括政治局前常委和现任政治局委员）被查处，无疑是权力集中的结果。

在整个政治过程中，高层也重新确立了权力“核心”的概念。为了更多的党内民主等因素，自 2002 年中共十六大开始不再使用“核心”概念，使得顶层权力扁平化。但扁平化带来了政治责任问题，即谁承担政治责任。“核心”概念的重新使用，不仅仅是权力集中的制度体现，更重要的是强调政治责任问题。很显然，在任何政治体系中，无论是总统制还是内阁制或者其他制度，政治责任是最重要的。

不过，这个政治过程最重要的就是导致了新的改革思路的出现和形成，那就是中共十九大正式推出的党政一体化改革思路，正式改变了自 20 世纪 80 年代以来的“党政分开”的改革思路。这一改变无疑是一个漫长的过程。

中共十四大已经在实践层面开始进行局部的党政一体化改革。最显著的就是最高层“三合一”体制的形成，即党的总书记、党的军委主席和国家主席由同一人兼任，同时国家主席的职位从 20 世纪 80 年代的“虚位”转型成为“实位”。在省一级，省委书记兼任省人大常委会主任也是党政一体化的制度体现。不过，从理论上，执政党从未宣示从“党政分开”转变到党政一体化。实际上，尽管实践上行不通，并且已经发生变化，但在很多人那里，“党政分开”仍然是政治改革的理想。

十八大之后的改革理论

在这方面，十八大之后最大的变化就是从理论上得到转变，正式提出党政一体化的改革理论。王岐山在这一理论形成过程中扮演了主要角色，其在主导反腐败斗争过程中发现了腐败的深刻原因，腐败导致了党的衰败，党的衰败又导致更深刻的腐败。党建因此成为十八大以后中共改革的重中之重。党政一体化首先包含在王岐山的广义政府概念中间。

第一，广义政府确立了“以党领政”的思路。党政一体是一个现实主义的概念，承认在中国的现实政治生活中，“党”与“政”根本不可分开的现实。既然现实分不开，就要走现实主义路线，另寻思路，那就是党政一体。这一新思路很快就体现在 2018 年全国人大通过的党和国家机构改革方案中。把党和国家的机构整合在一起改革，这是改革开放以来的第一次。

此前的改革都是政府部门的机构改革，党的机构改革从未提到议事日程。政府结构改革到了大部制改革已经走到顶点，并且因为没有党的机构改革，也很难再走下去了。从这个视角来看，党政一体化的改革为真正的大部制改革提供了可能性。接下去的改革有两个目标，一是实现“以党领政”原则，二是通过机构的整合提高治理效率。

第二，“内部三权分工合作”体制。党政一体化的改革思路对那些接受了西方多党制概念的人来说很难理解，更难接受。自近代以来，包括孙中山先生在内的很多政治和知识精英，希望确立西方式的“三权分立”制度。孙中山本人确立的“五权宪法”就是把西方的三权和中国传统两权（考试权和监察权）整合在一起。

从中国台湾的经验来看，一旦实行了西方“三权分立”制度，中国传统两权会边缘化，起不了任何有意义的作用。中国的现实是，因为中共是唯一的执政党，并且不存在任何反对党，因此一个国家只能出现一个政治过程。在西方多党制下，同时存在几个政治过程，执政党有自己的政治过程，反对党也有自己的政治过程，政治就是以一个政治过程替代另一个政治过程。

在中国，随着监察权的正式到位，已经形成了“内部三权分工合作”的制度，即决策权、执行权和监察权。这意味着，尽管国家只有一个政治过程，但这个政治过程分成三段，或者说把一个权力行使过程根据时间先后分成三个阶段。

就中国机构来说，决策权包括中央委员会、全国人大、政协、社会组织等，执行权包括国务院、公检法等，而监察委履行监察权。“内部三权”也存在着一定程度的制衡，但不会导致西方三权那样的制衡，出现权力瘫痪现象。同时，“内部三权”也可有效防止腐败，建立清廉政府。

制度建设的巨大挑战

政改的制度建设任重道远，面临很多巨大的挑战。至少需要探讨如下几个方面的大问题。

第一，“内部三权分工合作”体制如何适用新的大环境，即今天的社交媒体时代？在今天，人民不仅已经具有了民主意识，而且也获得了参与政治的手段和工具。如果不能充分考量到社会的民主意识和参与要求，“内部三权分工合作”建设会非常困难。

第二,三权之间的分工与协调如何进行？尽管三权是党权下的三权，但因为是三权，它们之间必须确立边界，没有边界，各权就没有办法正常行使。

第三，决策权的民主性和科学性如何保障？现在决策权体现在决策的顶层设计上，强调的是集权。但如何保障集权下的决策的科学性呢？这就需要引入民主要素。没有民主过程的集中很难实现决策的科学性。在这方面，决策权如何融合开放、民主、分权、集中等要素呢？

第四，执行权的有效性如何保障？执行权被决策权和监察权夹在中间，往往导致很难干活甚至不能干活的局面。要解决这个问题，就需要试错的制度设计，也需要行政责任承担的制度设计。

第五，监察权的边界问题。监察权是一个新权，需要很多时间探索其权力范围和行使方法。如果监察权泛滥，就会演变成内部反对派，形成为了反对而反对的局面，执行权必然不能运作。

此外，广义政府概念下的党政一体化还面临如何确立政府和经济、政府和市场、政府和社会的边界问题。如果不能确立边界和处理两者关系的有效方法，就会出现政经不分、政社不分的情况，同样会出现问题。因为广义政府并不是说整个社会都是政府了。

可以预见，如果这些关键问题解决了，“以党领政”基础之上的“内部三权分工合作”制度会得以确立，并且具有持久的生命力；但如果不能解决，体制的变革仍然有可能回到 20 世纪 80 年代的模式。

第五章

中国与世界秩序

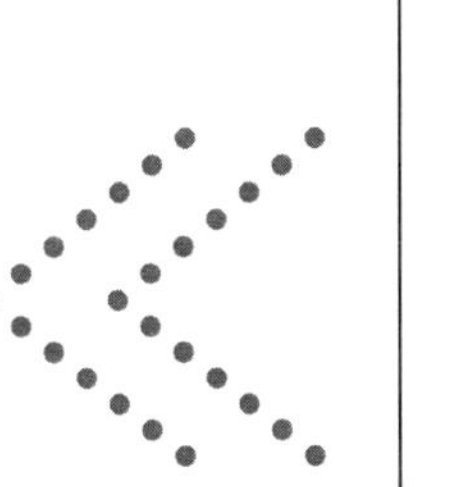

亚洲的困局[①]

曾任新加坡外交官的马凯硕（Kishore Mahbubani）出版了一本题为《亚洲人会思考吗？》的著作。在作者看来，亚洲是世界上最大的洲，从日本、印度尼西亚到阿拉伯世界，涵盖了伊斯兰教、佛教、儒家和印度教等几大文明，人口占了全球的60%。（当时的）经济总量即将在未来15年内超过欧洲和北美。但是，西方人对此无动于衷，他们对亚洲人的态度依然如故。作为外交官的马凯硕因此有感而发，希望促成西方对亚洲的新思考。

今天，中国已经是世界上第二大经济体和最大的贸易国，日本是第三大经济体，印度也正在快速崛起，但“亚洲人会思考吗”这个问题仍然存在。如果说亚洲人不会思考，很多人必然会感觉到被“侮辱”，并且这样说也不公平，因为如果说亚洲人不会思考，亚洲的变化又如何解释？亚洲书写了二战以来世界上最成功的故事。

二战之后，日本从战争的废墟中崛起，之后是亚洲“四小龙”创

① 本文写于2019年1月8日。

造了公认的“东亚奇迹”，之后便是中国的经济奇迹，现在全世界的目光又落到了印度的崛起上。但问题在于，即使亚洲人有思考，也必须面对这样一个残酷的现实，即亚洲人直到今天仍然没有自己的话语权；即使越来越多的人对西方话语感到不满意，但在行为上一切依然以西方话语为依归。

马凯硕的《亚洲人会思考吗？》想向西方读者传达出“亚洲人会思考”这样一个信息，希望西方重新思考亚洲事务。如果这样，这本书的书名应当为《西方人会思考吗？》，而不应当是《亚洲人会思考吗？》。但从现实来看，这本书的书名最恰当不过了，因为现实的情形是：不会思考的不是西方人，而是亚洲人本身。

这本著作在西方所产生的影响远远大于其在亚洲所产生的影响。这个事实本身就很能说明问题。西方人对亚洲不是不会思考，而是经常做错误的思考。当代亚洲的崛起是西方人最为关心的事情，无论是日本的现代化还是亚洲“四小龙”的发展经验，都在西方得到相当充分的研究，更不用说对当代中国崛起的研究了。

同时，对亚洲事务的关切也充分反映在西方诸国对亚洲政策的变化上。相比之下，亚洲人本身除了照抄照搬西方话语之外，对亚洲经验的知识化可以说没有什么实质性的贡献。正因为如此，直到今天，有关亚洲的话语仍然为西方人所掌握。

所以，问题的本质不在于西方人对亚洲事务的不当思考，而在于为什么亚洲人有丰富的实践但不会思考。

一句话，亚洲还没有脱离西方的“殖民”，或者说西方仍然在“殖民”亚洲。

亚洲的两个殖民阶段

就殖民来说，亚洲可以分为两个阶段。第一阶段即近代以来的“被殖民”阶段，即西方强权的殖民主义阶段。在这一阶段，大多数亚洲国家被西方国家入侵，沦为西方的殖民地。即使中国也成为毛泽东所说的“半封建半殖民地国家”。所要强调的是，这个阶段是“被动”的殖民。

第二阶段即二战之后的“主动”的思想殖民阶段。在这个阶段，通过亚洲各国的反殖民运动，物质意义上的殖民地消失了，但思想上的殖民主义根深蒂固，不仅无意识地存在下来，而且变本加厉。在“被动殖民”阶段还存在着各种形式的抵抗，但在“主动殖民”阶段，不仅毫无抵抗的迹象，反而有自我“摧残”现象的发生。

为什么会出现这种情况？这种情况存在已久，产生的原因也很复杂，但如下几个方面的原因是可以观察到的。

第一，近代以来的很长时间里，亚洲国家力量弱小，无法改变西方持有的亚洲话语权。日本是亚洲第一个实现现代化的国家，也是第一个打败欧洲国家（俄国）的亚洲国家。日本曾经试图通过把欧洲列强赶出亚洲的方法，确立自己的亚洲霸权，即建立由日本主导的“大东亚共荣圈”。但日本帝国主义的做法不仅没有帮助日本确立亚洲霸权，其对亚洲各国的侵略更是给亚洲国家带来了战争。

二战之后，作为战败国的日本被“吸收”进西方阵营。尽管日本战后很快成为世界上第二大经济体，但日本从来没有成为一个完全的主权国家，无论内政还是外交深受西方（尤其是美国）的制约。日本之后崛起的亚洲“四小龙”也基本上属于西方阵营，无法改变现状。

进而，为了让西方接受它们，这些经济体往往采用“投降”政策，把自己伪装成西方，即尽量强调其和西方的雷同之处，而不敢张扬其和西方的不同。

当然，其中也有“持不同意见者”，主要是新加坡的李光耀先生。李光耀在20世纪80年代提出的“亚洲价值观”，可以视为亚洲“异见者”的政治宣言。这些“异见者”还包括当时马来西亚首相马哈迪和日本的一些政治人物。

在学术界，也有不少学者做过努力，把“亚洲价值观”学术化，试图解释和叙述亚洲的成功。不过，“亚洲价值观”不仅遭到西方围堵，也遭到亚洲那些追求西方式民主的政治人物的批评，主要来自韩国和中国台湾，因为这些社会当时正经历所谓的“第三波民主浪潮”。1997—1998年亚洲金融危机之后，“亚洲价值观”便在大众媒体上消失了。

第二，亚洲一些政治人物和知识分子，对西方式民主自由的信仰和追求。他们简单地把西方国家近代以来的强大和亚洲国家的落后归结为民主与自由，即前者实现了民主自由，而后者没有民主自由。亚洲很多追求西方民主的自由主义者，实际上并不知道西方民主是如何产生、如何运作的，但一旦民主自由成为他们的信仰，他们无论如何也不会对西方产生一点点怀疑，他们的选择是全盘接受。

这也很容易理解，只有那些理解西方民主的政治人物（例如李光耀），才会对西方制度持批评态度。不管是什么原因，的确有一些亚洲国家和社会建立了民主体制。不过，尽管无论从哪个角度来说，这些亚洲民主并非西方式民主，这些社会也要伪装成西方民主，尽量不站在西方的对立面。

日本是一个典型的例子。因为自民党长期一党执政，并不符合西方政党轮替的民主概念。西方学术界对日本民主一直持批评态度，但这种情况并没有出现在西方政界，这个事实也说明日本伪装的成功。

第三，利益和话语之间的冲突。亚洲这些成功的国家和地区在整个冷战期间属于西方阵营，它们各自从西方阵营获得了巨大的利益，它们的发展更离不开西方阵营。在这样的情况下，亚洲社会出于对实际利益的考量，不想塑造自己的话语权。很显然，一旦具有了和西方不一样的话语，就很容易主动地或者被动地被西方视为对立面。一旦这种对立面形成，必然会影响这些社会在西方主导的体制内追求自身的利益。

第四，各种冲突阻碍着亚洲国家之间的共识，没有共识，自然就没有亚洲话语权。亚洲是一个多文明、多文化的地区，并且各国之间、不同区域之间经济社会发展水平也相差甚远。多文明和文化使得它们之间轻则缺失共识，重则导致冲突。这种情况既反映在中国、印度和日本等大国之间，也存在于东南亚各国之间，或者东北亚和东南亚之间。

即使同属儒家文化圈的东北亚国家之间，也因为历史和战争的原因而无法达成有效的共识。亚洲国家之间的冲突往往赋权西方，使得西方总能找到亚洲国家之间的“矛盾”，从而在殖民地结束之后继续主导亚洲事务。同时，也是因为亚洲国家之间的冲突，使得一些亚洲国家主动寻求西方的帮助来对付另一些亚洲国家。这种现象自近代以来一直很普遍，存在于整个东亚（东北亚和东南亚），更不用说包括印度和阿拉伯世界在内的亚洲了。

第五，更为重要的是亚洲教育市场的殖民主义。近代以来，亚洲精英人物分为两部分，一部分是接受西方教育的，另一部分是从内部成长起来的。但无论起源如何，他们当中大部分都接受了西方价值观。二战之后，亚洲国家独立了，但很多国家和地区的教育系统并没有独立。一些国家进行了去殖民主义运动（例如新加坡），但教育系统的独立性也是有限的。更多的国家则是主动接受了西方的教育系统。

这种情况的存在不仅仅在于西方教育系统在客观上较亚洲先进（无论是自然科学还是社会科学），更在于亚洲国家没有自己的信心和能力，把自己的发展经验提升为以亚洲为经验基础的社会科学。尽管亚洲国家的学者也提出了“东方主义”的命题，并且一度盛行，但无论是“东方主义”还是后来的“后殖民主义”“后现代主义”等理论都是解构型的，而非建设型的。

也就是说，这些理论仅仅抱怨西方话语霸权，但并不能成为建立亚洲话语的理论基础。这种情况直到今天仍然不能改变。亚洲国家还没有能力发展出自己的评估系统，一些以西方为标准，甚至比西方更为西方。自然科学还说得过去，但社会科学则令人担忧。例如，较之西方，亚洲的教育市场大多由官僚主导，官僚主导的教育市场为了在国际竞争中取胜（主要是排名），对本国的教育系统进行“主动殖民化”，一切以能够在西方学术杂志上发表文章、能够发表西方式的文章为最终依归。这都使得亚洲教育市场俨然是西方市场的内在一部分，没有看到任何独立的迹象。

西方教育市场的强大在于其思想，而非思想的学术表述方式。而亚洲社会则以极端机械的方式接受了西方的学术表述方式，在这个接受过程中，亚洲的思想也不知不觉地被西方“社会化”了。

这种局面也使得亚洲国家处于一种极其难堪的状态：尽管西方的

概念和理论不能解释亚洲经验，但人们仍然不得不用西方概念和理论来解释自己。今天中国的状况更加令人担忧。中国实在太大了，不能像早些时候的日本和亚洲“四小龙”那样伪装自己。更为重要的是，中国一点也不想伪装自己。

中国和其他亚洲国家的做法刚好相反，其他亚洲国家强调的是自己和西方的雷同，而中国主张的是自己和西方的不同。不过，中国并没有能够让西方（甚至亚洲国家）理解和接受的“故事”。这使得今天的中国和西方（及那些接受西方话语的非西方国家）处于意识形态的对立。

当然，未来印度也有可能会面临同样的情况。尽管印度到目前为止，仍然被西方视为最大的民主国家，但随着其发展，印度和西方的冲突也只是时间问题，而非可能性问题。如同中国，一个庞大的印度也很难伪装自己。

“亚洲”的概念本来就是西方殖民地的产物，很多亚洲国家也沦为西方的殖民地。但如果亚洲不能从思想上独立出来，如果继续没有自己的思考和思想，一切以西方为依归，前途很难说是光明的。搞不好，亚洲很难避免“中东悲剧”，即被西方“分而治之”。今天，当亚洲成为世界地缘政治中心的时候，这种危险性也是史无前例的。

亚洲秩序出现了什么问题？[①]

近代至今，我们所经历的亚洲秩序，与其说是亚洲秩序，倒不如说是西方（先是欧洲，后是美国）秩序在亚洲的延伸。近代以来，相比先步入工业化阶段的西方国家，大多数亚洲国家显得贫弱，纷纷沦为欧美国家的殖民地，包括印度大陆和大多数东南亚国家，中国则沦为了毛泽东所称的“半封建半殖民地”国家。

19 世纪中叶，面对欧美对亚洲的军事扩张，日本以宫崎滔天、胜海舟等为首的知识分子，开始提出“亚洲主义”的观点，主张唤醒亚洲、共同抵抗西方列强侵略的“亚洲同盟论”。这个观点在后来也深刻影响了孙中山。孙中山在 20 世纪 20 年代提出的“大亚洲主义”中的很多观点，出自日本早期的“亚洲主义”观点。早期的“亚洲主义”观点主张亚洲各国家的平等和合作，但这种平等合作的“亚洲主义”观点，很快被更具民族主义色彩的福泽谕吉所倡导的“脱亚入欧论”导向赞赏西方弱肉强食的殖民主义式做法，以及提倡建立以日本

① 本文写于 2018 年 6 月 5 日。

为主导的“大亚洲主义”的错误主张。

这样，日本早期“亚洲主义”迅速异化，从“联亚”“兴亚”走向了“脱亚”“侵亚”，并最终演变为企图用西方帝国主义和殖民主义方式，来建立亚洲秩序的“大东亚共荣圈”战略，给亚洲国家带来战争和灾难。在这个过程中，日本也从一个亚洲国家的骄傲者（亚洲第一个实现现代化的国家。在日俄战争中，日本打败俄国，这是亚洲国家第一次打败了欧洲国家。当时，亚洲国家包括中国和印度都感到欢欣鼓舞），成为亚洲多数国家的侵略者。

二战期间，日本被打败，西方顺利地确立了西方秩序。尽管中国也参与了战后亚洲秩序的重建，但无可否认的是，战后亚洲秩序的重建是以美国为主导的。二战之后相当长的一段时间，亚洲秩序受战后所形成的冷战秩序主导，亚洲国家分属两个敌对阵营。冷战结束以后，尽管亚洲国家间的关系发生了很多变化，但是冷战所形成的亚洲秩序并没有从根本上解体，冷战时期的各种同盟关系，特别以美国为主导所建立的各种反社会主义阵营的同盟关系依然持续。

可以说，今天亚洲秩序所面临的各种问题，也是冷战框架之下的亚洲秩序的“遗产”，是西方干预的产物，包括朝鲜和韩国分裂、中国大陆与台湾分裂、中国和印度边界（西藏）问题、中日间的领土争端、中国南海领土争端等。

亚洲秩序是以美国为核心、以美国与其同盟为支撑点的。美国的同盟有双边的，也有多边的，包括美日同盟、美韩同盟、美澳同盟等，美国也与其他一些国家结成了准联盟。美国联盟体系内所有国家的安全，是美国安全体系的延伸。

在中国崛起之前，日本很长时间里是世界上第二大经济体，但日本并不是一个完全独立的主权国家，至少在外交层面没有完全的主权，而深受美国的制约。中国尽管在崛起，但迄今中国主要还是接受、适应的过程，是一个比较被动的角色。今天，随着中国和印度等亚洲国家国力的增长，这些大国是时候应该也可以在亚洲秩序重建过程中发挥主导作用。

亚洲秩序发生大变化

也就是说，目前，二战之后所形成的以西方为主导的亚洲秩序，正在发生巨大的变化。对亚洲国家来说，巨变既是挑战，也是机会。变化的根源是多元的，至少包括如下几个方面。

第一，美国的相对衰落。美国仍然是世界上最强大的国家，尤其在军事方面，但较之其辉煌的过去，美国的确衰落了。美国的衰落主要源于美帝国的过度扩张，这是自克林顿以来美国历任总统所公开承认的，过度扩张导致美国力不从心。此外，苏联解体之后，美国没有明显的敌人。在整个冷战期间，以美国为核心的西方集团面临一个公开的敌人，那就是苏联。

为了应付一个扩张性的苏联，美国的盟友愿意为美国买单，减少美国做世界警察的成本费用。苏联解体之后，尽管美国继续寻找新的敌人，即中国，也努力想把中国塑造成为其敌人，但中国迄今有效回避了成为美国的敌人。在中国没有成为美国及其盟友的敌人的情况下，美国盟友没有意愿为美国买单，这使得美国维持其亚洲霸权的成本很高。

美国实际能力的相对衰退，影响着美国统治集团继续做世界警察的意愿。特朗普一上台，很快就退出了跨太平洋伙伴关系协定，这并非没有充足的理由。尽管美国不会放弃亚洲，未来美国甚至有可能再强化其在亚洲的存在，但其影响力很难维持在一成不变的水平，总体来说是下行的。

第二，中国的崛起。中国的崛起，尤其在亚洲的崛起，是一个更为重要的因素。在西方列强到达亚洲之前，中国在亚洲形成了以自己为核心，被称为“朝贡体系”的亚洲秩序。这个体系并不像西方的盟友体系，没有进攻和侵略性，意在维护中国和亚洲国家之间的“最低秩序”，并且只侧重于贸易。西方的到来很快导致这个传统秩序的解体，中国本身也成为西方的受害者。中国改革开放 40 年完全改变了这个局面。中国已经成为世界第二大经济体、最大的货物贸易国、最大的外汇储备国。光是中国的经济崛起，已经对亚洲国家产生巨大的影响。

简单地说，至少在经济领域，亚洲在很大程度上已经形成了一个以中国为中心的经济秩序。中国和东北亚、东南亚各国的经济互相依赖程度非常之高，并不比欧盟国家之间或者北美国家之间低。在今后相当长的一段时间里，中国经济可持续增长（例如年增长率达到 5 % 至 6 %），那么一个自然的以中国为中心的亚洲经济秩序的形成变得不可避免，军事崛起也是显然的。这些年，亚洲国家对中国的军事崛起感到忧虑，这从一个侧面反映了中国军事现代化的外在影响力。

第三，东南亚国家联盟（东盟）的局限性。东盟形成于冷战期间，是一个松散的组织。冷战结束之后，东盟大扩张，从原来的 6 国扩张到 10 国。同时，东盟努力成为所有大国都能在此互动的区域平台。不过，这个平台内部的整合已经遇到严重的瓶颈。从理论上说，各国都非常愿意走向更紧密的整合，但在实践层面则困难重重。在和其他大国互动的过程中，东盟更感觉到其弱势，那就是东盟很难对其他大国产生具有实质性的影响，主要是中美两国，未来还有印度。近年来，中美两国都已经证明各自都有能力分裂东盟，但从各自的利益出发，无论美国还是中国，都决定让东盟维持整合状态。

第四，经济和安全这“两条腿”的不协调。随着中国的经济崛起，几乎所有亚洲国家都和中国发展出了深度的经贸关系。不过，由于历史的原因，大多数亚洲国家的安全依赖于美国，甚至是美国安全体系的一部分，这就产生了“两条腿”现象，即经济和安全。在早期，当中国国家发展的重点在经济的时候，这些亚洲国家的“两条腿”分离并不严重，也就是说，它们在获得美国的安全保障的同时，从中国获取经济利益。

不过，现在这些国家的“两条腿”走路策略开始比较吃力。有两个原因，一个来自中国，一个来自美国。中国随着经济的发展，国防现代化也在进行。尽管中国并没有要和哪一个国家进行军事竞赛，但因为经济体量，其正常的现代化也足以在亚洲产生巨大的外部影响。中国的军事崛起使亚洲国家产生安全方面的忧虑，因为这些国家的安全是依赖美国的。同时，中国的军事崛起也要求这些国家在安全方面，至少不能利用美国的力量对中国产生威胁，否则其和中国的经济关系，就会受到不同程度的影响。

就美国来说，当美国不以中国为敌的时候，也就是中美关系稳定的时候，这些国家的“两条腿”走路策略不会有重大的问题。问题在于，美国不时地想把中国塑造成其敌人。如果中美关系转坏，这些国家不得不在中美之间做出选择的时候，“两条腿”走路的条件就消失了。近年来的中国南海问题和今天中美之间有可能爆发的贸易战，都给这些国家带来了莫大的压力。

第五，区域秩序的出现。到目前为止，区域秩序主要出现在经济领域，包括三个“10+1”机制（即中国－东盟、日本－东盟、韩国－东盟），及其“10+1”基础之上“10+3”。在中亚还存在以反恐为核心的“上海合作组织”。不过，其他一些涉及区域外大国的组织，包括“东亚峰会”和“亚太经合组织”的运作，并没有实现当初人们对它们抱有的高期望。这些组织是各国领袖互动的平台，但并没有促成区域的进一步整合；在很多时候，反而阻碍了区域整合。

所有这些发展趋势，都为建立一个自主开放的亚洲秩序，创造了良好的经济和制度条件。一个自主开放的亚洲秩序对亚洲国家的重要性，尤其是大国的重要性，是不言而喻的。一个自主开放的亚洲秩序可以定义为：这个秩序以亚洲国家为主体而构造，但不排挤其他国家。无论是欧洲还是美国，在亚洲都有重大的利益。同时亚洲国家包括中国本身，都和西方有重大的利益交往。因此，不仅很难排挤西方的利益，也没有任何必要去排挤。

也就是说，亚洲秩序必须是一个开放的秩序。前面所讨论的日本的历史经验需要汲取。尤其在全球化时代，讨论谁排挤谁已经变得没有多少意义。尽管这些年来，全球化产生了一系列负面影响，但不管反全球化力量如何强大，未来的社会不可能倒退回从前主权国家之间很少往来，或者不交往的时代。

不过，美国和西方利益在亚洲的存在，或者说不排挤美国和西方的利益，并不是说亚洲国家不能做亚洲自主秩序建设的努力。新出现的机会不能浪费，否则永远不会有一个自主的亚洲秩序。对中国、印度等大国来说尤其如此。今天，亚洲的大国包括中国、日本、印度和印度尼西亚等的努力决定了亚洲是否能够形成一个自主的亚洲秩序。尽管这些国家并不是要建立一个以自己为中心和主导的亚洲秩序，但大国必须在倡议这样一个亚洲秩序过程中扮演主要角色。大国不倡议、不努力，小国即使有强烈的意图，也很难有能力去做。

海盗、航海家与亚洲秩序[①]

今年是莱佛士开埠新加坡200周年，各方进行着一些非常有意义的纪念活动。对新加坡来说，其意义在于认识过去、了解今天和知晓未来。

不过，历史地看，莱佛士开埠新加坡的意义则大大超越了新加坡本身。人们完全可以说，莱佛士开埠不仅仅是近代新加坡的开端，而且也是近代亚洲秩序形成和发展的里程碑。这个历史遗产到今天不仅仍然影响着新加坡，而且也影响着整个亚洲秩序。

近代亚洲秩序是从欧洲的海盗活动开始的。这倒不是说近代之前亚洲不存在自己的区域秩序，而是说今天人们所看到的亚洲秩序，是从欧洲人来到亚洲之后才开始的。或者说，欧洲人来到亚洲之后，就彻底改变了原来的亚洲秩序。这个新亚洲秩序的形成就是两“海”——地中海和中国南海互动的结果，而印度洋则是作为两“海”之间的连接线。

---

① 本文写于2019年1月8日。

最初是葡萄牙人和西班牙人通过印度洋到达东南亚，之后是荷兰人、英国人和法国人。今天被人们称为欧洲航海家的欧洲人其实都有海盗背景，但这些人的航海活动一旦有了国家（国王）的承认和支持，具有了国家（国王）的目标，他们的身份就从海盗转型成为航海家。无疑，这些航海家的活动便是欧洲人海外拓展殖民地的开端。

欧洲人的航海活动造就了近代最初的全球化，带动了全球层面（欧洲和亚洲之间）的贸易和经济交往。更为重要的是，洲际的贸易带来了诸多经济和贸易制度的创新。荷兰东印度公司、英国东印度公司和法国东印度公司等之间既有雷同，也有差异，但每一种形式都是制度创新的产物，很多近代制度包括股份、保险和政府企业关联等都与此有关。

进而，后来人们所看到的国际法，也和欧洲人到东南亚的贸易密不可分。被誉为国际法之父的近代荷兰思想家胡果·格劳秀斯（Hugo Grotius，1583—1645），就是根据欧洲诸国在东南亚的商贸经验发展出的其国际法思想，今天人们仍然强调的公海航行自由的思想就是来自格劳秀斯。

尽管近代亚洲秩序和这么多的欧洲国家都有关系，但英国在这方面的地位非常特殊。英国是典型的海洋国家，尽管其所建立的大英帝国是一个全球帝国，但在欧洲本身，英国从来就没有确立起其领导权。历史地看，英国人似乎对欧洲大陆没有多大兴趣，总是向欧洲之外的地方扩展。不过，这也是因为英国没有足够的能力向欧洲大陆发展，向欧洲之外的地方发展较之向欧洲大陆发展更为容易。

海洋时代开始之后，英吉利海峡的存在使得英国避免了来自大陆的影响和征服。二战期间，英国首相丘吉尔甚至想到，如果英国本土被德国征服，英国也可以动用其海外领土和德国进行斗争。从这个角度看，今天英国的脱欧运动并不难理解——英国是欧洲国家，但其心态从来就不是典型的欧洲国家。

欧洲殖民者和亚洲的接触不仅造就了早期的全球化，更影响了亚洲国家的内部制度模式。在这方面，英国也占有主导地位。葡萄牙、西班牙、荷兰、法国等殖民者几乎没有留下什么，甚至后来的美国人也没有留下什么，现在人们所见的大都是负面的“遗产”。唯独英国不同，李光耀先生在其回忆录中，就英国留下的遗产列了很长的一个单子。不过，笔者认为英国人有两项遗产迄今对国家治理来说仍极其重要，即法治和植物园。

英国人所到之处，都会发展这两个“项目”。从今天看，法治是为统治者所需要，而植物园则为老百姓所需要。当然，这不是说英国殖民地的所有遗产都是正面的，有很多方面是极其负面的，例如亚洲国家的很多“边界问题”（包括今天造成中国和印度边界纠纷的“麦克马洪线”）都是英国人造成的；再如，英国殖民者对各民族进行的“分而治之”，严重地恶化了亚洲国家内部的种族问题，即使是印度传统的种姓制度，也是因为英国人的“分而治之”政策（法律）而得到强化。

中国之于近代亚洲秩序

与欧洲殖民者相比，中国的情况则大不相同。尽管中国一直是一个大国，拥有强大的影响力，但并没有能力建立类似欧洲人那样的近代亚洲秩序。今天人们认为，在欧洲人到来之前中国有自己的亚洲秩序，那就是朝贡体系。不过，经验地看，朝贡体系的历史和经验被夸大了，因为很难说它是一个秩序。

至少可以从两方面来说。首先，当时的朝贡体系不仅中国有，日本也有，越南也有，其他在次区域内稍大一些的国家都具有自己不同版本的朝贡体系。从这个意义上说，朝贡体系与其说是区域秩序，倒不如说是中国处理周边较小国家关系的方便安排（如果不是无奈之举）。

其次，至少就中国而言，朝贡体系仅仅是中国的单边开放政策，其他国家向中国皇帝叩头，要求和中国贸易，中国皇帝基本上都会同意。但中国皇帝显然没有要求这些国家也向中国开放市场，不仅不要求，中国皇帝一直是禁止中国商人“走出去”的。近代以来一些西方学者认为，中国的朝贡体系表明中国历史上的扩张主义，但这是西方人把自身的扩张逻辑加于中国之上而已，因为事实上刚好相反，朝贡体系表明中国是一个内陆国家，具有内敛倾向，毫无向外扩张的取向和文化。

但如果说中国的“国家”没有能力造就近代国家秩序，华人却一直是亚洲秩序的一部分。移民在中国国家内部形成和扩张过程中扮演了重要角色，移民同样在亚洲秩序形成和扩张过程中起到了不可或缺的作用。从已经发现的史料来看，中国早在唐宋期间，就和东南亚国家有紧密的商贸关系。元朝蒙古人出征东南亚，但以失败告终。

明清实行闭关锁国政策，但朝廷还是没有能够完全禁止中国商人的商贸活动，形成了王赓武教授所说的“没有帝国的商人群”（merchants without empires）的情况。在很大程度上，欧洲殖民者到东南亚之后，华人和华商仍然是地方商贸的主体，欧洲人往往寻求华人和华商的帮助和支持进行商贸活动；没有后者，前者在东南亚的商贸拓展会困难得多。

在很大程度上说，近代国际秩序是海洋国家造就的。这一点直到今天对中国仍然具有历史和现实的借鉴意义。中国沿海的海盗现象较欧洲至少早两个世纪，到了明朝更是达到顶点。在明朝，中国的海上力量无论从政府层面还是民间层面，都达到了当时世界的顶峰。当时，东南沿海的海盗猖獗，这些海盗中有日本人（即所谓的“倭寇”），但实际上海盗的主体是浙江、福建的民间海商。因为政府禁止他们的海上活动，他们永远都是海盗，没有像欧洲的海盗那样得到机会成为航海家。只有郑和是官方认可的航海家，因此才有今天人们津津乐道的郑和下西洋的故事。

但郑和多次如此大规模的航海活动，并没有带来一个区域秩序，因为其航海的目的并不在商贸，而在于政治。官方主导的航海活动无论对中国本身的商贸活动，还是对东南亚诸国的商贸活动，并无任何实质性的贡献。而且，身为穆斯林的郑和似乎有其自身的目的，因为他帮助当地的穆斯林打败了非穆斯林人口，促成了穆斯林在东南亚的扩张。中国朝廷的海禁政策使得中国失去了海洋时代。

实际上，中国既是陆地国家也是海洋国家。就海洋商贸来说，唐宋不可说不发达。就技术来说，无论是造船技术、指南针还是火药，中国在很长历史时间里都是最强大的。在西方，正是这三者的结合造就了西方强大的航海能力，后来演变成近代海上霸权。

但在发明指南针和火药的中国本身，火药被用来放鞭炮，指南针被用来看风水，完全被日常生活化了。也就是说，最终，陆地文化战胜了海洋文化。统治阶层以农业社会为主体的意识形态、既得利益、朝廷政治斗争等因素，排挤和打败了原本可以兴盛起来的海洋文化。

海洋国家和陆地国家的不同

一种内陆文化是很难构建起一个国际秩序的。更具有讽刺意义的是，近代以来，陆地文化往往被海洋文化轻易地打败。经验地看，海洋国家和陆地国家具有不同心态、文化和发展取向。统治陆地更多的是依靠权力与等级。拓展陆地并不容易，每一寸土地上都有人的存在；依靠强力拓展出来的陆地需要一个等级秩序，才能得到治理和获取安全感。海洋文化则不一样。拓展海洋比较容易，在拥有航海技术条件的情况下，没有多大的阻力；同时，海洋国家也比较容易抵御外敌。较之陆地国家之间的关系，海洋国家之间具有更多的平等精神；在统治其他国家的时候，也更多地利用当地的秩序，而不是强行地把自己的秩序加于其他国家之上（例如英国的“分而治之”）。

自改革开放以来，无论是政府层面还是民间层面，中国都表现出要向海洋文化发展的心态。这无疑是正确的，因为随着中国经济的发展，中国已经成为世界上最大的贸易国家，而大部分贸易都是通过海洋进行的。今天中国的海洋战略也迎合了中国作为商贸国家的需要。

不过，毫无疑问，直到今天，传统的陆地国家心态仍然影响着中国的国际战略和外交关系。在向海洋发展的过程中，一旦遇到瓶颈，就很容易转向陆地。如果说海洋文化是新近的事情，那么陆地文化则有很长的历史了，根深蒂固。并且就地理来说，陆地仍然对中国的稳定至关重要，甚至较之海洋更为重要；海洋的重要性更多地体现在未来发展方面。

也就是说，如果继续用陆地文化来应付海洋上所出现的问题，就会显得非常吃力，甚至没有效率。这些年来，中国在东海、中国南海和印度洋上都遇到了不同程度的困难和麻烦。这里的因素很复杂，但如何把握处理这些问题的方式则极其重要。例如如何有效处理中国南海问题？很显然，如果采用陆地主权概念来解决海洋问题，不仅解决不了海洋问题，反而会为解决海洋问题增加阻力。

实际上的情况刚好如此。包括中国在内的相关亚洲国家，都仍然在秉持西方近代主权国家原则来处理海洋问题。例如在中国南海问题上，无论是13海里[①]的安全线还是200海里的经济区域概念，无一不是西方的遗产。但很显然，如果把这些西方概念机械地应用到中国南海问题，没有人可以说，能够解决海洋问题。

今天，美国等国又提出了一个新的“印太”概念。这一方面具有对中国的海洋国家梦进行围堵的味道，同时又企图把中国滞留在陆地国家或者打回到陆地国家的状态。如何有效解决东海、中国南海和印度洋问题？如何在美国等国的“印太战略”过程中不被排挤？如何真正成为一个海洋国家？无论历史还是现实都表明，这不仅仅是实际能力问题，更是海洋文化发展问题。

一句话，如果没有海洋精神，就很难成为一个海洋国家。中国如何复兴其传统中的海洋精神、如何根据现实的需要来发展新的海洋文化？这是一个不得不回答的问题。

---

① 1海里为1.852千米。——编者注

中国新时期的外部风险[①]

中国新时期的外部风险指的是修昔底德陷阱，就是如何避免中美之间的冲突乃至战争。简单地说，修昔底德陷阱指的是新兴大国和守成大国之间的关系，无论是新兴大国挑战守成大国，还是守成大国惧怕新兴大国，最终都有可能导致两者之间的冲突和战争。

根据哈佛大学一个研究团队的统计，自 1500 年以来，全球已经经历了 16 次权力在新兴大国和守成大国之间的转移，结果 12 次发生了战争，只有 4 次可以说是和平转移。中美两国是否会陷入修昔底德陷阱，这些年来成为中美乃至世界讨论的热点问题，中国国家主席习近平本人也多次公开表示中国要避免这个陷阱。

如何避免大国之间的冲突和战争，是改革开放以来中国领导层最为关心的问题。改革开放如何成为可能？最重要的外部条件就是国际和平。和平的国际环境为中国的内部改革开放提供了条件，中国本身也要为国际和平做出贡献。这几乎成为改革开放以来中国和外在世界

---

① 本文写于 2018 年 8 月 7 日。

互动的最高原则。从邓小平到今天，中国对外政策的原则表面上有变化，但实质上具有内在的一致性。邓小平时代提“韬光养晦、有所作为”，江泽民和胡锦涛时代提“和平崛起”，中共十八大以来习近平提“新型大国关系”，这些政策目标的实质就是要处理好外部关系，尤其是大国关系。

但是，随着近来中美两大经济体贸易战的开始，人们突然感觉到修昔底德陷阱的临近。实际上，西方已经有人认为，中美两国已经至少在经济上踏入了这个陷阱。问题在于，为什么中国在这方面做了那么多努力，但步入修昔底德陷阱的危险还是会存在呢？很多人把原因指向中国，认为是中国改变了往日邓小平“韬光养晦”策略的缘故。或许主观层面的政策是一个原因，但主要因素还是客观要素的变化。这可从中国和世界关系的演变来理解。

简单地说，中国和美国、西方主导的世界体系的关系经历了三个主要阶段。20 世纪 80 年代，中国刚刚改革开放，因为资本短缺，中国实行“请进来”政策，把自己的国门打开，欢迎外国资本到中国。90 年代，中国为了加入世界贸易组织而实行接轨政策。接轨就是改变中国自身的制度体系来符合国际规则。

不难理解，在这两个阶段，中国客观上不会和外部世界发生严重冲突；不仅如此，无论是开放还是接轨，中国都得到外部世界的欢迎。但现在到了第三阶段，即“走出去”。“走出去”在 21 世纪初已经开始，但早期规模很小，很难对外部世界产生实质性影响。十八大以后，中国开始比较系统地“走出去”，并且成为国家政策，尤其表现在“一带一路”倡议、亚洲基础设施投资银行和金砖国家新开发银行等方面。过剩的资本、多余的产能和成熟的基础设施建设技术等要素组合在一起，构成了“走出去”的巨大动力。

在这个过程中，在西方看来，中国对外在世界的态度发生了改变。西方认为，中国和世界体系的关系已经从之前的“学习”“接轨”“维持”转向了“修正主义”；在内部，无论是官方还是民间，中国的外交话语也越来越具有民族主义色彩，中国开始要充当西方的“老师”，教训西方并且开始输出自己的模式了，无论是经济发展模式还是政治制度模式。

对西方来说，这个转折点发生在2008年，西方发生大规模的金融危机，之后大部分西方经济体一蹶不振，处于长期的结构调整阶段。而互相否决的政党制度，也使得西方国家很难有有效的国家政策，来促成经济走出危机。

贸易战的表现形式

很显然，中国和西方之间的这种反差既有主观的认知成分，又有客观环境的变化所致。从这个角度来说，贸易战并不难理解。人们甚至可以说，贸易战只是中美关系到了这个阶段的一种表现形式；如果不是贸易战，也会通过其他形式表现出来。

中美两国关系的本质通过贸易战表现出来，这表明贸易战的本质并不仅仅是经济，而是两国的总体关系。两国的总体关系意味着什么？简单地说，美国作为世界霸权，其目的还是维持世界霸权的位置；要维持其霸权的位置，就要阻止中国对其构成的挑战，无论是事实上的还是想象中的。

这里需要一个判断，中美之间会不会发生军事冲突甚至大规模的战争？因为中美都是核大国，热战的可能性极小。局部的冲突有可能，例如在中国南海和台湾问题上，但两国间的全面战争很难想象。并且从美国的角度来看，从军事上征服中国不仅不可能，也没有必要。但两国之间从局部冲突发展到军事政治冷战是有可能的，也是美国强硬冷战派的期望。冷战派希望无论是通过贸易战还是其他方面的局部冲突，把中美关系引向军事冷战；一旦发生军事冷战，美国就会像往日对付苏联那样对付中国了。

贸易战是否会演变为军事冷战？这取决于中美两国下一阶段的互动。就中国来说，所要考量的就是如何在和美国进行贸易战的时候，努力避免贸易战演变为军事冷战。要达到这一目标，就要认真考虑特朗普为什么发动贸易战这一问题。

对中国，特朗普到底害怕什么呢？对特朗普来说，中国的核心力量在于其日渐成长的“消费社会”。中国成为“消费社会”对美国意味着什么？这意味着中国的“大市场”，也就是经济力量。真正可以促成中国改变整个世界格局的是其庞大的“消费市场”，而非其他因素。这些年来，中国开始加速成为区域乃至可以和美国竞争的世界经济重心，其主要原因就是中国的消费水平。

因此，不难理解，这次贸易战的核心就是技术冷战，就是针对“中国制造 2025”的。说到底，通过这场技术冷战，美国希望延缓中国在技术层面往上爬，至少可以拖延中国的现代化进程。也可以说，促使中国陷入中等收入陷阱或者促使中国回到贫穷阶段是美国所需要的。只要中国停留在“内部贫穷”状态，就不会有外在的影响力。从美国的角度来说，中国的中等收入陷阱是避免两国陷入修昔底德陷阱的最有效方法。

显然，如果中国以美国期待的方式陷入中等收入陷阱，而避免修昔底德陷阱，并不符合中国的利益，是中国国家利益的最小化。中国该如何避免这种情况发生呢？一句话，还是需要通过进一步的改革开放来化解中美之间的矛盾，同时避免陷入中等收入陷阱和修昔底德陷阱。

中国应清楚本身的技术发展水平

中国首先需要摸清楚自己的家底。比如说，现在的技术发展到哪一步了？如果把工业 1.0 版定义为机械化，2.0 版为自动化，3.0 版为信息化，4.0 版为智能化，中国究竟处于哪个位置？与国际最高水平的差距究竟在哪里？有多大？

现实地看，中国大部分的企业处于机械化和自动化之间。信息化和智能化也在发展，但在这两个层面究竟有多少是属于中国自己的原创？有多少是对外国技术的应用？中国高度依赖哪些核心技术甚至受制于包括美国在内的其他国家？如果万一与美国的技术脱钩，这些核心技术的缺失，将会对中国的经济发展和国家安全等带来什么问题？中国是否能在短时间内有办法解决这些问题？

这一系列问题对于如何处理中美贸易战非常重要。尽管改革开放 40 年中国的经济建设确实取得了重大的成就，但在技术层面，基本上还是西方技术的应用。二战以后，德国和日本等国家的经济起飞，的确是建立在德国制造和日本制造上，而在中国，“中国加工”和“中国组装”占很大比例。中国弄清楚了自己的家底之后，才能理性评估中国与美国的关系。

在一定程度上，贸易战不可避免，但必须是非常有限的贸易战。

中国可以在农产品或者汽车等一些可以找到替代进口的领域打贸易战，在很多技术领域则没办法打，因为中国自主研发能力还比较弱。农业产品的替代进口比较容易找。汽车方面，日本和德国等拥有技术，中国可以转而向这些国家进口。

美国页岩油技术的飞速发展，意味着美国能源出口能力的增加。中国可以加大对美国能源的采购与投资，因为在美国不愿意向中国出口高科技产品，而其他商品不足以平衡中美两国的贸易赤字的情况下，目前看只有大宗能源能平衡赤字。而贸易赤字恰恰正是特朗普在中美关系中最看重的东西。

在贸易战中必须注意发挥多边主义的作用。这次美国正式启动贸易战后，中国第一时间把美国告到世界贸易组织，起诉美国的征税措施，这个方向是有建设意义的。习近平最近也多次强调多边主义，中国会变得更加开放。中国接下来会加快汽车、金融方面的开放。此外，中国可能需要考虑互联网行业的对外开放，让更多的技术和资本进入中国市场。

中国互联网仅仅是美国技术的应用，没有太多原创性的技术。中国加快开放互联网市场，哪怕在最初阶段，西方在国内互联网市场占领多一点，但至少中国自己还会有份额，并且通过真正的竞争来发展自己的原创性技术。如果继续按照目前的趋势发展下去，中国互联网市场原创性技术都会掌握在美国手里，五年或十年以后中国的互联网就更加困难了。中国对互联网保护了那么多年，并没有导致原创性技术的出现。其实，汽车业的发展也说明了这一点。起初时期需要保护，但成长一段时间以后需要开放和竞争，否则就不会有进步。

更重要的是要加快建设中国内部的开放平台，例如粤港澳大湾区和海南自贸区都应该是重点建设对象。在这些内部平台上一定要有有力度、有深度的改革政策，由中央政府来统筹。与其他国家和地区建立自由贸易区需要时间，并且不在中国的掌控之下，但这些内部自由贸易平台完全在中国自己的掌控之下。一定要使得这几个内部开放平台对国际优质资本具有强大的吸引力。

内部改革也要加快，尤其在知识产权方面。知识产权的保护不仅仅是为了应付西方的压力，更是要为中国企业本身提供技术创新的有效机制。没有知识产权的保护，企业就不会有创新的动力。同时，既然中国从国际市场获得技术，就要教育企业接受国际规则。中兴事件的经验教训要认真总结。

总体上说，虽然中国市场对于美国非常重要，但一旦冷战开始，对安全的考量就会占据美国对华关系的主导地位，美国会为了安全而不得不放弃中国市场。美国可以去开发其他市场，但如果中国被排挤出美国主导的世界经济体系，或者中美之间经贸脱钩，就会是修昔底德陷阱的开端。

中国与世界秩序[1]

今天中美关系的变化，并非简单的双边关系的变化，就其实质来说，种种变化折射出了中国和现代国际体系关系的变化。因此，一个首要的问题是，今天的世界秩序是如何形成的？

毋庸置疑，在近代以来的国际政治舞台上，西方一直是主角，国际秩序也是西方诸国确立起来的。尽管其他国家也参与了，但最多只是配角。二战以来人们称之为“战后秩序”的国际秩序，也是美国主导下的西方所确立起来的。虽然苏联和中国也参与了这个秩序的建设，但不是主体。在冷战期间，苏联另起炉灶，形成了自己的小集团，这使得其为世界秩序所排斥。

尽管中国也参与了这个秩序的确立过程，但因为在冷战期间中国不在美国阵营，所以很长时间被排斥在外。中美建交和进入联合国之后，中国开始扮演一个积极角色，但很难说起到了主导性作用。

就体制而言，国际秩序表现为一系列国际组织机构包括联合国、

---

① 本文写于 2018 年 5 月 1 日。

世界银行、国际货币基金组织、世界卫生组织等。在这些机构内部，领导职务长期以来牢牢被西方国家掌控，议程也被西方所掌控。

改革开放以来的40年里，中国与国际秩序的关系发生了巨大的变化。驱动变化发生的是中国的改革和外部，尤其是外部开放。在开放方面，概括地说，中国迄今走过了三个阶段。

第一阶段是“请进来”，主要发生在20世纪80年代到90年代初。改革初期，中国处于贫穷阶段，经济体量在整个世界经济体中微不足道，人均GDP不到300美元，资本高度短缺。为了发展，中国主动向外资开放，即“请进来”。最先进入中国的不是西方资本，而是海外华人资本。西方资本在90年代开始才进入中国市场。应当强调的是，在这个阶段，中国实行的实际上是“单边开放”政策，即不管其他国家是否向中国开放，中国都向这些国家敞开大门。

第二阶段是接轨，发生在中国加入世界贸易组织的过程，即90年代后期。为了加入世界贸易组织，中国花大力气对内部的各种法律、制度和政策进行了大规模的改革，以符合国际规范。这一步非常关键。如果没有这一步，中国的法律体系（至少在经济层面）、经济制度和政策就缺少改革的动力。因为世界贸易组织是一个多边组织，中国接轨的过程也是学会多边主义操作手段的过程。

第三阶段是“走出去”，这是21世纪初以来的一个过程。加入世界贸易组织可以说是中国大规模“走出去”的始点。“走出去”可以分为两个阶段。首先是中国制造品的“走出去”。加入世界贸易组织之后，中国很快成为世界制造工厂，中国制造的产品源源不断走向世界的各个角落，主要是西方世界。其次是资本的“走出去”。在短短的几十年时间里，中国很快从一个资本高度短缺的经济体，转化为资本过剩的经济体。就资本而言，中国的资本和西方的资本一样，需要走到可以获利多的地方。

“走出去”开始改变中国和西方（国际社会）关系的性质。无论是“请进来”还是接轨，中国和外在世界不存在实质性的冲突。一到“走出去”阶段，关系就发生了变化。当中国“走出去”的时候，马上发现这个世界的地缘政治是西方主导的，西方已经占据了地缘政治的要点，中国因此只好走向那些西方利益薄弱，但风险极高的地区。一旦中国走向已经有西方力量存在的地方，冲突马上就出现了。

开放后与国际社会的关系改变

和中国开放政策相适应，中国和国际社会尤其是国际组织的关系也大体上经历了三个阶段。

第一阶段是“加入”。与苏联另起炉灶的方法不同，中国选择的是和国际社会接轨。在这一战略选择指导下，中国积极加入现有国际组织。我们今天所经历的被称为“地球村”的国际体系，和中国的选择分不开。如果中国做了早先苏联式的选择，这个“地球村”就很难形成。

第二阶段是“改革”。正是因为近代以来西方国家是国际秩序构建的主体，对像中国这样的发展中国家来说，这个国际秩序并非公平和正义，且体现国际秩序的国际组织内部的权力分配也是不公平的。中国一直在呼吁国际秩序的民主化和公平正义。中国在加入这些组织以后，一直力主内部改革。中国代表发展中国家，希望这些组织能够通过改革来更充分地反映发展中国家的利益。

近 20 年来，发展中国家的新兴经济体在全球经济体的份额越来越大，但这并没有反映在国际组织内部的权力分配上。中国的改革呼吁也得到了广大发展中国家的支持。中国在各个国际组织中的地位逐步上升。不过，中国地位的上升也意味着其责任的增加。今天，中国在国际秩序中承担着越来越大的责任。

第三阶段是“创新补充”。“创新补充”是近几年来的新趋势。维护和改善现行体制仍然不足以应付新出现的挑战，例如随着全球化，世界各国之间并没有变得更公平，而是相反。发达国家和发展中国家、富国与穷国、南方与北方之间的收入差异越来越大，世界变得越来越不公平。作为世界第二大经济体和最大的贸易国，中国也承担着发展现有国际体系的责任。

中国近年来确立了亚洲基础设施投资银行和金砖国家新开发银行等区域组织，并推出“一带一路”倡议，意在推动区域和全球经济发展，引领新一波全球化。不过，中国领导人明确并且再三强调，中国这样做并非要取代现有的区域和国际组织，而是作为补充，使得现在的秩序更强大。实际上，不难发现，中国在引入制度创新的同时，也是战后秩序最强有力的支持者和维持者。

在这些基础上，中国更进一步提出了建设“人类命运共同体”的概念。这是中国和国际秩序互动的自然结果。如果没有中国和世界秩序的接轨，就不会有这个概念的产生。在这个概念指引下，中国不仅加大了内部改革开放力度，而且在西方盛行贸易保护主义和经济民族主义的时候，接过自由贸易的大旗，引领经济全球化。

当中国经历着崛起和扮演越来越重要的国际角色时，美国则感觉到自身相对衰落。尽管在物质意义上美国仍然是世界最强国，例如美国还是世界上最大的经济体和最大的军事强国，美国的科技创新能力仍然为世界上最强，但美国的自信心一直处于下滑状态。这主要还是内外部因素所致。在外部，美国一直解决不了帝国过度扩张的问题。在第一次世界大战期间进入国际体系以来，美国一直处于扩张之中。

在美苏冷战期间，世界一分为二，以美国为核心的西方体系同以苏联为核心的东方体系对抗，美国的扩张行为实际上得到一定程度的遏止。但在苏联解体之后，美国（包括整个西方）的地缘政治势力范围扩张，一霸独大，造成了过度扩张的问题。美国要支撑这么一个庞大的帝国，越来越感到力不从心。

从克林顿到奥巴马，历届美国政府都意识到要解决这个问题，但同时美国很难从世界各地区真正收缩，因为收缩意味着美国霸权地位的动摇。直到今天，美国仍然处于这种两难境地之中。在内部，美国受党派政治的制约，很难产生一个有效政府。党派政治异常对立，民主党和共和党两党之间为了反对而反对，互相否决。没有一个有效政府，就难以应付越来越多的内部问题，例如收入分化、种族分化、枪支泛滥、内外的恐怖主义等问题。

美国衰落产生的巨大影响

美国的相对衰落不仅对中美关系产生了影响，也对全球地缘政治产生了巨大影响。就地缘政治而言，今天的世界俨然是一个群雄逐鹿的局面。俄罗斯、土耳其、德国、法国、印度、日本等国，都在全球范围内竞争影响力。而在地区层面，中东的中等国家、亚洲的中等国家也都在竞争区域大国地位。这种竞争不仅表现在经济和军事领域，也表现在各国民族主义的崛起上。今天，民族主义再一次成为这些国家的外交主题。

无论是世界体系还是国际秩序，大国在其中所扮演的角色并非小国所能比。随着美国的衰落，美国必须处理好与其他大国的关系，同时其他大国又是美国的竞争者或者说可能的竞争者。如此，美国对其他大国的定位和关系是很不相同的。很显然，日本一直是美国的盟友，两者在安全方面是高度整合的，尽管在其他领域也会发生冲突。

美国对印度的定位是潜在的盟友，这不仅仅是因为印度是美国认为的民主国家，而且更是因为印度可以成为中国潜在的敌人。这么多年来，印度一直是美国和日本拉拢的对象。尽管美日要整合印度的安全并不容易，但这个方向是很明确的。土耳其也想恢复其过去的帝国梦，但这个国家主要是北约和俄罗斯的关系，美国可以通过北约处理和土耳其的关系。

尽管有其他竞争者，但在今天新的地缘政治格局里，美国主要要处理的就是与中国和俄罗斯的关系。尽管 2017 年年底美国《国家安全战略报告》把中国和俄罗斯并列为“最大的威胁”，但实际上，美国所界定的主要威胁是中国。苏联解体和冷战结束之后，美国对俄罗斯的判断是这个国家会一直衰落，至少半个世纪之内很难崛起；尽管普京上台执政时宣称，“给我 20 年，还给你一个强大的俄罗斯”。

但是 20 年过去了，俄罗斯不仅没有强大，反而更脆弱了。今天俄罗斯的经济体量比加拿大还小，并且内部仍然是领导层的“团团伙伙”和经济。尤其是，俄罗斯的人口减少很快，严重制约着其长远发展。中国和西方的一些人认为，美国和俄罗斯会进行一场新冷战。美国前国务卿希拉里最近针对俄罗斯网络操纵美国总统选举发表意见，也使用了“新冷战”这一概念。

但美国和俄罗斯的新冷战实在是过高地估计了俄罗斯的力量。对美国和西方来说，俄罗斯主要是一个麻烦制造者，例如干预西方的选举政治、克里米亚问题等。尽管俄罗斯的军事力量仍然强大，但其军费只是美国军费的一个零头，俄罗斯的军事实力仅仅是苏联的遗产。如果俄罗斯的经济基础继续薄弱，其军事实力也会继续受到严重制约。西方媒体出于对俄罗斯的仇视，过度炒作俄罗斯。但在西方战略家看来，对美国西方地缘政治的主要威胁仍然是中国。

正是因为中美关系的变化反映了两国各自在国际体系地位的变化，中美之间的竞争或者冲突也具有了国际性。中美关系的未来也基本上决定了世界体系的未来。

中国如何回应国际的期待？[①]

由中国主办的“一带一路”国际合作高峰论坛召开在即（5月14日）。尽管只有一天的会议议程，但海内外已开始高度关注。今年年初，中国国家主席习近平出席瑞士达沃斯世界经济论坛，并做了题为《共担时代责任，共促全球发展》的主旨演讲，立刻在世界范围内引起巨大反响，其影响远远超出人们的预期。今天，人们再一次关注中国会借这个重要国际场合，发出一种什么样的声音。

习近平的达沃斯演讲能够引起如此积极正面的国际回应，既有演讲本身所表达的观点的原因，也有今天深刻的国际背景。从演讲内容来看，有几个重要观点引起国际社会，尤其是西方的共鸣和高度关注。

第一，演讲既肯定了全球化所带来的巨大好处，也指出全球化所造成的诸多问题。演讲也强调，并非今天各国所有的问题都是全球化造成的，很多问题都是全球治理不善所导致的。第二，要解决今天各

① 本文写于2017年5月2日。

国所面临的问题，可持续的发展仍然是要务，而发展仍然需要通过进一步推动全球化来达成。第三，演讲提出了中国方案。承诺中国在致力于内部包容式发展与社会公平的同时，继续推进全球化，为世界经济发展做出贡献。

从国际背景来说，今天正处于全球化最不确定的时刻。自 2008 年全球金融危机爆发以来，世界经济仍然处于不平衡状态。全球化和技术进步所造成的巨大收入差异、社会分化、就业流失等，导致西方贸易保护主义的迅速抬头。美国是上一波全球化的领头羊，但特朗普的当选表明右派民粹主义和经济民族主义战胜了以往的自由主义，美国不仅不再扮演全球化领头羊的角色，反而开始扮演起逆全球化的角色。

这不仅直接影响已经全球化了的国际企业，而且也势必影响全球经济。欧洲一些主要国家都在进行选举，包括法国和德国，而英国则进入正式脱欧程序。如果欧盟继续弱化，甚至解体，那么不仅会促成欧洲内部的巨变，更会促成全球地缘政治和经济的巨变。

因此，世界期待着一个新的全球化的领导者或者领头羊。中国是世界第二大经济体、最大的贸易国，并且经济发展势头仍然良好；很自然的，无论是西方国家还是发展中国家，都希望中国扮演领头羊的角色。对西方来说，更重要的是习近平的演讲体现了西方广为接受的传统自由贸易和全球化的价值观。

在这样的国际形势下，国际社会再次给予中国很高的期待。对中国来说，如果把握好西方和美国所面临的困难而出现的国际空间，就是一个在国际舞台上提升自己的好机会。理性地说，这个机会也必须把握好。

西方和美国今天出现内向发展趋势，是因为之前没能有效地消化前一波全球化所产生的内部问题。内向发展可能只是短暂现象，等内部调整好了，西方会再次走向全球化。道理很简单，全球化历来都是资本主导的，政府起辅导作用，全球化今天所出现的问题，并不能改变资本扩张的本质。也就是说，中国要善于抓住这个机遇，提升自己在世界经济体系中的制度地位和作用。

那么，中国能否抓住这个机遇呢？这既是一个能力问题，即中国是否有实际能力去抓住这个机遇，更是一个认识论问题，即中国是否把此视为一个机遇，要不要这个机遇。就能力而言，中国现在是第二大经济体，最大的贸易国，如果中国没有能力，其他国家就更不用说了。人们有理由认为，对中国来说，主要是认识论问题。要抓住机遇，中国的决策者们首先必须解决好几个有关中国和国际自由经济秩序之间的关系认识论的问题。

中国到了必须“走出去”的时候

第一，中国下一步的可持续发展，需要其进一步融入现有世界经济秩序。中国是全球化的主要参与者，也从全球化过程中获得发展机会。如果没有对全球化的参与，很难理解以往中国经济的高速发展。在下一阶段，没有其他国家像中国这样更需要全球化。历史地看，无论是发达的西方还是亚洲的日本和“四小龙”，经济发展到一定阶段，就迫切需要全球化。因为国内市场趋于饱和的时候，中国就必须寻求开拓海外市场。

今天的中国，尽管仍然需要吸引大量外来资本进行产业升级，尤其是技术含量高的资本，但同时在很多领域中也出现资本过剩的现象。也就是说，在一些领域资本已经饱和，需要走出去寻找新的投资空间。除了资本，中国也拥有过量的产能。

尽管去产能主要还是要通过国内的改革来达成，但“走出去”也是其中一个有效途径。再者，中国拥有诸多技术，尤其在基础设施建设领域和中小企业发展方面。中国的技术是辅助资本和产能“走出去”的有效手段。这里的关键是通过什么样的方式“走出去”。如果把这个问题置于中国和世界自由经济秩序的关系中来理解，人们可能会找到更为有效的答案。

第二，国际自由经济秩序符合中国的国家利益。对国际自由经济秩序要有实事求是地认识，而不能过于意识形态化。简单地说，到现在为止的世界自由经济秩序的形成和发展并不容易，它是西方进步力量尤其是左派力量长期推动的结果。一些人对西方的看法经常过于意识形态化，不经意地把整个西方建立的制度置于中国的对立面。

实际上，西方尽管总体上都是资本主义体系，但在这个体系内部也有进步力量和保守力量之分。毛泽东当年在划分“三个世界”时，就充分考虑到这一点，强调中国必须和西方的进步力量走在一起、站在一起，联合反对保守的力量。毛泽东的这个客观分析及其相应的政策，在当时对开展中国的外交和提升中国的国际地位起到了关键作用。

经验地看，现有国际自由经济秩序的确立是用血的教训换来的。西方国家在发展时，也经历了从资本短缺到资本过剩的过程。在早期很长的时间里，西方资本“走出去”实行的是赤裸裸的帝国主义，用坚船利炮打开其他国家的大门掠夺资源。后来更发展成殖民主义，在全世界瓜分市场。

但是，这些做法后来慢慢不行了，一方面是因为西方国家内部进步力量的反对，另一方面是因为非西方国家民族意识的觉醒。因此，随着二战后反殖民地运动的展开，西方资本不得不寻找新的办法实现资本的全球化。很显然，二战后的国际经济秩序较从前的国际秩序有很大的进步，更具有文明性。

二战后国际经济秩序的几个变化引人注目

二战之后的国际经济秩序有几个变化引人注目。

第一，二战前，西方国家动不动就诉诸武力来解决经济问题，二战后法治或者基于规则之上的国际经济行为成为人们的共识，表现在包括联合国、世界银行、世界贸易组织、国际货币基金组织等主要国际组织方面。尽管一些西方国家也经常诉诸法律之外的手段，但越来越多的国家接受了法治和规则。

第二，国际组织表现为多边化或者多边主义。多边主义主要是想解决西方国家之间的矛盾。尽管这方面和二战之前的一些西方列强主导的多边组织没有多少差别，但二战之后的多边组织更具包容性，即向发展中国家开放。所以，尽管西方国家还是主导着这些多边组织，但发展中国家在这些多边组织的作用也在提升。

最后，这些多边组织也有助于发展中国家分享国际发展的成果。这不仅仅是因为这些国际组织有帮助发展中国家发展经济的使命，更是因为它们有助于发达国家的市场向发展中国家开放。

中国已是这些国际组织的成员，并在其中起着越来越重要的作用。自改革开放以来，中国就选择了和国际接轨，并没有另起炉灶。这也是中国成功的地方。无论如何，中国并没有任何可能性和这个秩序脱离，中国的唯一选择是如何在这个秩序内发挥更大的作用。现在所面临的问题是如何更深地和这个秩序对接。有一点非常明确，继续深度融入这个体系，“为我所用”，对中国来说是一个成本非常低的理性选择。道理很简单，因为这套体系已经广为接受。

第三，中国和国际自由经济秩序接轨更是世界经济发展的客观要求。全球化必须有大国的大力推动。全球化的主体尽管是资本，但如果没有政府配合，全球化便会困难重重。近代以来的每一波全球化都和政府的作用分不开。二战前的全球化主要由英国推动。历史地看，英国既是自由主义经济贸易原则的发源地，也是这个世界秩序的主要建设者。

在其崛起的过程中，英国在很长一段时间里实行单边开放，即英国单边向其他国家开放，即使对方不向英国开放。这种方式促使英国快速崛起，成为当时最强大的国家，即大英帝国。当然，英国之所以能够实行单边开放政策，主要是把握了其经济上的比较优势，因为英国是世界上第一个近代化国家。

二战后美国扮演了推动全球化的主要角色。欧洲国家因为战争元气大伤，所以邀请美国扮演国际领导角色。美国也通过马歇尔计划等帮助欧洲复苏经济。之后，美国以多边主义方式构建了整个世界经济的制度体系，这个体系一直有助于维持美国的领导作用。

今天的情况已经大为不同。自 2008 年世界金融危机以来，没有西方国家有能力助力世界经济复苏，直到今天世界经济仍处于失衡状态，发展缺乏持续的动力。因为处于危机状态，西方现在开始搞贸易保护主义，自顾不暇，不仅很难再推进全球化，还开始成为全球化的阻力。世界经济需要通过开拓新兴市场和发展中国家的市场，达到新的平衡。也就是说，世界仍然需要全球化。

当西方不再能够扮演全球化推进者的角色，人们的目光很自然地转移到中国。实际上，自 2008 年以来，中国一直对世界经济的增长提供最大份额的贡献。尽管近年来中国本身经济下行，但因经济基数已经很大，中国仍保持最大的贡献份额。

今天，在西方社会越来越不确定的情况下，越来越多的国家希望中国扮演继续全球化的领头羊角色。对中国来说，看来已很难推脱国际社会的这个期待了，因为这既是中国本身发展所需，也是国际发展所需。中国是否能够满足国际社会的这个期待，当拭目以待。

中国为什么要躲避大国命运？[①]

毫不夸张地说，今天的世界处于一个不确定性（或者通俗地说是“乱世”）状态。地缘政治面临急剧的变动。英国脱欧、中国南海、朝鲜半岛、中东和叙利亚、印度和巴基斯坦、中国与美国、美国与俄罗斯、中国与俄罗斯等所有重要的方面都在发生变化。这些变化是地缘政治变化的产物，也反过来重塑了新的地缘政治格局。世界经济也是如此。

西方引导的全球化开始出现逆转，尽管这并不在任何意义上意味着全球化的终结，但也表明西方和美国在领导全球化方面，已显得力不从心，世界经济的发展需要新的领头羊。对崛起中的中国来说，所有这些变化应当被视为正面和积极的；如果中国能够抓住机遇，便是崛起的好机会，在不确定性中崛起，重塑区域甚至是国际秩序。

意大利古典政治哲学家马基雅维利在论述政治人物的政治作为时，专门讨论了运气或命运的作用。其实，在国际舞台上，一个国家的作为也是如此。从这个意义上来说，不确定性可以解读为中国崛起

① 本文写于 2017 年 4 月 18 日。

的运气或命运。因此，人们首先不应当悲观地把不确定性视为负面的。

所谓的不确定性只是一个客观的局面，是时势变化所致。任何国家都要根据时势的变化，来调整自己的国际角色。不管怎么说，中国崛起也是当今世界不确定性的一个重要根源。

中国是否可以抓住自己崛起的运气和命运呢？这些年来，中国的确在努力这样做。在中国南海问题上，因为涉及中国所明确规定的核心利益问题，中国冒了很大的风险，有所进步。今天中国南海局势基本稳定，而且中国掌握了主动权。在国际经济上，中国也在努力继续推动自由贸易，通过“一带一路”等方式方法扮演世界经济发展的领头羊角色。

但是，人们不难观察到，中国也在竭尽全力、非常算计和理性地规避风险。然而，规避短期风险反而会招致长期的更大风险。这尤其表现在处理朝鲜半岛问题上。中国努力不少，但直到今天，朝韩双方都不太考虑中国的利益。

尽管外界认为中国对朝鲜半岛有影响力，但实际上朝韩并不受中国影响。这并不是说中国缺少能力，而是中国选择不去使用可以产生影响的能力。

在国际经济方面也有类似的情形。中国加入国际经济秩序，也有能力引导国际经济发展，但同时对现存国际经济体制（明确地说是自由主义的国际经济体系）持有怀疑态度，总觉得这个体系是一个阴谋或陷阱。很多人因此认为，中国在国际体系里面是个“半心半意”的角色。

中国在放弃促成崛起的机会

中国的作为和俄罗斯的作为形成了极其鲜明的对比。苏联解体之后，俄罗斯一蹶不振，直到总统普京执政之后，俄罗斯才稳定了政局。不管从哪个角度看，俄罗斯都已失去往日的辉煌。尽管俄罗斯到今天为止仍是军事强国，但主要还是苏联的功劳。经济力量远不如以前，经济结构单一，看不到明确的前途。政治上主要是围绕着普京一人的政治，尽管目前强势，但未来仍然很不确定。

不过，俄罗斯不愧为一个战斗民族，明明没有能力做大国了，但不仅在苦苦支撑着其所认为的大国地位，而且时刻寻找机会复兴俄罗斯的辉煌。如果得到机会，俄罗斯一个也不会放弃。在这一点上，俄罗斯人还是很骄傲的，认为当今世上能够和美国争取平等地位的仍然只有俄罗斯。中国则不一样，明明出现了很多能够促成其崛起的机会，但一次又一次地放弃机会，中国并不想称霸全球。

这个现象使得人们担心，今天中国的崛起是否会陷入"明朝陷阱"，即在没有真正崛起之前开始衰落。这里指的是明朝失去了中国成为海洋国家的机遇。明朝时期是世界海洋时代的开始，当时，中国政府和民间海洋力量皆为世界第一。如果郑和下西洋代表政府力量，东南沿海一带猖獗的"倭寇"海洋活动，则反映了民间力量。

不过，正如人们日后所看到的，仅仅因为朝廷的意识形态和一些既得利益的阻碍，中国在此后数百年时间里把自己封锁起来，变成了一个地地道道的陆地国家，最终成为西方海洋国家的"阶下囚"。

今天的中国是否会再次像明朝那样，主动放弃真正崛起的机遇呢？提出这个问题是有意义的，因为中国面临着诸多促成自己放弃机遇的因素。至少可以从以下四个方面来讨论。

第一，近代中国已经没有大国的记忆。中国从秦朝统一国家到汉唐，不仅在地域上扩张，而且建立起当时最强大的政治体制，所建立的国家制度被西方称为“开放的帝国”。之后的王朝（主要是蒙古人和满族人所建立的王朝）尽管在疆域方面有扩张，但在制度建设方面没有什么创新。

明清之后，中国王朝变得越来越封闭，最终被近代西方所产生和发展起来的主权国家打败。近代以来，中国人受苦受难，到今天为止，中国人有太多的弱国记忆、苦难记忆和受害者记忆。从这个角度来看，不难理解今天的中国人祈祷国际和平与国际公正。不过，一些人（尤其是精英阶层）的受害者心态过于强烈，缺少自信，不仅认识不到机遇，有了机遇也抓不住。没有人会怀疑中国人对和平与正义的诉求，但国际和平与国际正义等诸多价值绝对不会从天上掉下来，而是要斗争出来。

第二，今天的中国有太多的意识形态束缚。对叙利亚、朝鲜、美国、俄罗斯等的看法都深受意识形态影响。意识形态化表明人们已经不能实事求是地去看一个问题或事物，而只能从一个特定的意识形态角度去看它们，结果看到的不是事实真相，而只是基于偏见之上的幻影。

这里仅以美国为例。在很多中国人的眼中，美国已经成为一种意识形态，即敌人。很多人不满于美国把中国视为敌人，但忘记了自己也把美国视为敌人。一旦把美国视为敌人，自然就不能对美国做科学理性的分析。

两国国家利益不同，分歧不可避免，但这些分歧不能简单地用意识形态来看待。对美国的态度，中国本该支持的就支持，该反对的就反对，但因为美国被视为一种意识形态，结果中国既看不到一个真实的美国，也看不到自己在处理和美国关系中的真实利益，处处陷于被动。

第三，错误理解毛泽东。毛泽东时代中国是弱国，针对美国和西方列强的围堵和遏制，中国发展出强大的民族主义。（实际上，这种民族主义至少自孙中山先生开始就已经在塑造。）不过，毛泽东更是一个现实主义者。毛泽东提出“三个世界”理论，为很多国家所接受。这主要是因为“三个世界”的理论不是建立在意识形态上，而是建立在实事求是的原则上。例如毛泽东把美国和苏联这两个拥有对立意识形态的国家列为“第一世界”，而把很多西方国家列为“第二世界”。

这种实事求是的分类，使得毛泽东正确和精确地看到西方国家之间的矛盾，从而为中国外交找到巨大的空间。在和美国打交道上，毛泽东的现实主义表现得更加充分。在意识形态上，毛泽东痛恨右派，但在和美国打交道时，他明确表示喜欢美国的右派，因为右派比较接近实际，讲利益。

他不喜欢和美国“左”派打交道，因为“左”派讲意识形态，讲价值观。在代表美国的右派（即共和党）总统尼克松执政期间，中国和美国顺利恢复邦交，这和毛泽东的实事求是精神分不开。客观上说，毛泽东是有意识形态的，但这种意识形态并没有妨碍他的实事求是精神。

第四，错误理解邓小平。和毛泽东一样，邓小平也是现实主义者。在外交上，他提倡“韬光养晦，有所作为”。人们只关切“韬光养晦”，忘记了“有所作为”。正是因为“有所作为”，邓小平时代的中国抓住了所有机遇，既避免了国家危机，也实现了高速发展。20 世纪 80 年代开始的改革开放、90 年代初的南方谈话和后期加入世界贸易组织等，背后都是邓小平实事求是精神的体现。

在对美国的态度上，邓小平永远旗帜鲜明，尤其表现在其对美国干预中国内部事务方面所表现出来的愤怒；同时，邓小平也把美国看成中国学习的对象。在内部发展上，他更是把人们高度意识形态化的市场经济，视为一种发展的工具，一种资本主义和社会主义都可以使用的工具。没有邓小平的实事求是精神，很难想象中国能在 20 世纪 70 年代后期走出“文革”困境，在 80 年代末走出内外部因素所造成的政治困境，以及 90 年代的与世界接轨。

“韬光养晦”和“永不称霸”应当是永恒的原则，但这并不是说中国不要作为，不要斗争，更不是用各种方式来论证变相的“不作为”。现在有一些人把“韬光养晦”解读成“不用作为”，这是完全错误的，这仅仅是对自己不作为的低劣辩护。

在国际关系上，经验告诉人们，如果一个国家抗拒自己的命运，最终会受到命运的惩罚。正如内部改革的前提是思想解放一样，外部崛起也要思想解放。只有思想解放才会把自己从眼前的利益格局中解放出来，才会在更高的格局中找到自己的新利益。

大国的命运在召唤中国，但如果中国继续受制于意识形态、受制于眼前的局部利益，将很难看到已经降临的命运，也很难实现真正的崛起。

中国可以越过金德尔伯格陷阱吗？[①]

今天全球化本身已经成为世界性公共产品，而大国负有独特责任来维持足够的公共产品的提供。尽管各国都可以从全球化过程获得不同程度的利益，但并不是每一个国家都有能力维持全球化这一进程。

一般说来，小国很少有意愿为全球公共产品付费，因为它们贡献太小，是否贡献对全球体制运作来说关系不大，小国因此更多是选择“搭便车”。大国则不一样，大国可以从全球化过程中获得明显的好处，因此也需要对维持这个过程做出更多的贡献。如果大国不承担领导责任，就会导致全球公共产品供应的短缺。

当英国在第一次世界大战后衰落到无法承担这一责任时，奉行孤立主义的美国却继续搭便车，由此产生了灾难性的后果。今天，因为美国的相对衰落，不能够再继续扮演领导者的角色，对全球化而言，就缺少全球公共产品的提供者。这种情况使得越来越多的人开始担忧世界会不会再次陷入金德尔伯格陷阱（The Kindleberger Trap）。

---

① 本文写于 2017 年 5 月 9 日。

查尔斯·金德尔伯格是美国战后马歇尔计划的思想构建者之一，后来在麻省理工学院任教授。他认为20世纪30年代世界经济大萧条的根本原因在于世界性公共产品的缺失。尽管美国取代了英国成为世界上最强大的国家，但美国未能接替英国扮演的角色，结果导致了全球经济体系陷入衰退、种族灭绝和世界大战。

在美国出现巨大困难的时候，人们的目光很自然转移到中国。随着中国的不断崛起，它是否有意愿为提供全球公共产品贡献自己的力量？在很长一段时间里，美国和美国所领导的西方，被视为全球公共产品的主要提供者，如稳定的气候、稳定的金融或航行自由。

不过，对中国来说，尽管继续引领全球化符合中国的国家利益，但要担负起提供全球公共产品的责任并非易事，因为维持这个体系既有助于实现中国内部的可持续发展，也有助于中国国际地位的提升。问题并非在于中国是否有意愿，而在于要回答一系列问题：中国是否有足够的能力提供国际公共产品？如果不能单独提供，中国如何可以和其他国家一起提供？即使中国既有意愿也有能力，那么其他国家会很容易接受中国的角色吗？

中国要帮助避免落入金德尔伯格陷阱，一个有效的方法就是实现和国际自由经济秩序的深度融合。如果能够顺利融合，并且让其他国家确信，那么中国会比较容易担负全球化领头羊的责任，不仅自己可以，也可以和其他国家一起共同提供全球公共产品。如果不能，那么中国的外部崛起就会变得非常困难，甚至会和西方处于一个对立的状态。

原因很简单，今天中国和美国之间的关系远非当时英国和美国之间的关系。有两个客观条件使得美国当年能够顺利从英国手中接过国际体系的领导权。第一，当时的美国已经是世界第一大国，到19世纪 90 年代，在经历了长期的孤立主义之后，美国已经是世界第一大经济体，并且也已经通过各种方式解决了周边外交问题。第二，欧洲国家近代以来经历了反复的战事，尤其是第一次世界大战，尽管它们之间具有共同的价值观、意识形态和类似的政治制度，但各国之间因为战争互不信任，也没有任何一个国家有能力充当领袖。

中国面临的情况

这个时候，它们需要邀请另外一个国家来担任领袖，而美国和欧洲之间所具有的共同价值观、意识形态和政治制度，使得美国具有了天然的条件来领导欧洲。可以说，美国是被欧洲“邀请”成为世界领袖的。尽管一战之后美国从英国手中接过了国际领导责任，但没有充分的准备提供公共产品，从而没有能力避免 20 世纪 30 年代的大萧条。不过，二战之后，美国接受了教训，及时推出马歇尔计划，在最短的时间内复兴欧洲被战争破坏了的经济，有效巩固了西方盟主的地位。

那么今天的情况又如何呢？有几个要素很确定。第一，尽管美国已经没有足够的能力来单独维持世界体系，但它仍然是世界第一大经济体和军事强国。更重要的是美国要继续维持其霸权，千方百计地遏止中国崛起。或者说，美国不愿意与中国分享更多的国际空间。第二，尽管已经是世界上第二大经济体，并且也是最大的贸易国，但中国本身仍然是发展中国家。中国没有足够的能力来提供全球公共产品，其未来主要的精力仍然要放在国内的发展上。第三，中国和美国具有不同的价值观、意识形态和政治体系。不仅美国，很多西方国家对中国没有足够的信任。

因此，中国所面临的情况是，尽管客观上世界经济需要中国扮演新的领头羊和提供公共产品的领导者，但很多（西方）国家对中国仍然不够信任。今天西方世界对中国的看法主要有以下四种。

第一，因为中国不同的价值体系、意识形态和政治制度，中国是当前国际自由经济秩序所面对的主要威胁。第二，即使不会破坏现存国际秩序，但中国把这个国际秩序视为一种外部强加的东西，并不符合中国的最大利益。一旦在国力方面超越美国，中国就不会维护这个秩序。第三，中国现在接受这个秩序，主要是因为中国可以从这个秩序中获得巨大利益。中国一直在免费享受好处，而没有担负足够的责任来提供公共产品，因为没有认识到强大的国力所附带的重大国际责任。第四，美国和自由主义世界不必担心中国的崛起，因为中国永远不会超过美国。美国的衰落只是相对的，现在的困难也是暂时的。美国和西方的制度具有强大的修复功能，对世界的主导是可以持续的。

在回应西方的各种错误认知上，中国本身直到今天仍然处于一个被动的地位。中国最常用的一种简单解释是：中国没有领导世界的野心。不过，这种解释已经远远不足以减少人们对中国和现存国际秩序之间的关系的担忧。其他国家很难相信一个不断崛起的中国，会一直是现状的接受者和维护者。在世界经济面临困境的今天，更多的国家也不容许中国和现存秩序之间的关系只停留在今天的水准。

的确，今天西方面临巨大危机，是中国提升自己国际话语权的一个机会。既然中国已经是世界经济体的有机组成部分，也没有任何可能性与世界经济体分离，那么中国不能坐等他国的“邀请”，而要主动出击，和国际自由经济秩序对接，不仅容纳现存话语，而且进一步发展话语，抢占国际话语权的制高点。

中国和国际自由经济秩序进一步对接的话语和实践，至少要包括如下几个部分。

第一，接轨。这是中国的选择。改革开放以来，中国选择和西方主导的国际秩序接轨，并且获益于这个秩序。中国得益于联合国、世界银行、国际货币基金组织等西方视为体现自由主义经济秩序的国际机构。

第二，承担国际责任。中国是联合国安理会中拥有否决权的五个国家之一，在各个国际机构内发挥越来越重要的作用，承担越来越大的责任。中国现在是联合国维和部队的第二大出资者，并积极参与联合国有关埃博拉和气候变化的行动计划。

第三，改革和发展。中国意识到全球治理体系出现的很多问题，需要解决。不过，解决不是要通过革命，而是要通过改革。例如世界经济不平衡是因为发达国家和发展中国家在全球治理体系中的权力配置上的不公平所致。新兴经济体和发展中国家对世界经济增长的贡献率达到 80% 以上，但并没有反映到全球治理体制上。

中国这样做并非为了一己之私利，也不是为了对付西方，而是为了实现可持续的全球治理。改革是为了发展。全球化仍然是促进发展的有效途径，而发展是解决今天各国所面临的问题的有效途径。国际自由经济秩序仍然有效，但需要通过改革而得以改善。

第四，创新与补充。中国不仅要改革现存国际治理体系，使之更可持续和合理，而且要以自己的力量来继续发展和补充这个体系。例如，2015 年，中国发起成立了亚洲基础设施投资银行，并不是如有些人认为的要取代世界银行或者其他国际的和区域的组织，而是对现存体系的补充。中国倡议设立的多边组织并非是中国一国的事情，更是大家（各国）的事情；并且新设立的组织依然遵守国际法，并与现存组织和体系展开合作。

第五，中国也要在自己的方案里面，表明自己不会做什么。中国接受国际自由经济秩序的合理部分，但不会接受和重复不合理的部分，主要表现在政治经济两大方面。在政治上，中国不会像美国那样，把自己的政治体制强加给其他国家。西方在全世界到处推行西方式民主，今天世界一些地区的无序状态是接受了不合理的政治体系所致，是西方一些国家到处推行民主的结果。中国一方面会继续推进全球化，但另一方面也会继续强调主权国家的重要性。主权国家仍然是国际社会最有效的治理单元，一旦这个治理单元被破坏，世界会变得更难以治理。在内政方面，中国会致力于内部治理体系的改善，但不会把自己的治理体系强加给其他国家，对其他国家的内政，中国继续实行不干预政策。

在经济上，中国会致力于建设一个更具有包容性的经济秩序。中国不会建立像跨太平洋伙伴关系协定那样的区域或者国际性经济组织，把一些国家排挤在外，而是要建立类似区域全面经济伙伴关系（RCEP）这样的具有广泛性的经济组织。

中国的这些主张很重要，因为很多国家都深受西方的干预主义和排他主义之苦。但这些并不是国际自由经济秩序的主体，更多的是和西方个别国家的自私政策具有相关性。中国要意识到，这些是可以加以改革的，而不能因为这些而去否定整个国际自由经济体系。

这些年来，中国在和国际自由经济秩序接轨方面取得了实质性的进步。在经济方面，国际社会对中国的话语和行为越来越有信心。和国际自由经济秩序的深度融合，不仅有助于中国本身的可持续发展与和平崛起，也有助于避免世界落入金德尔伯格陷阱和维护世界经济的稳定发展。这是一件利己利人的事情。

“一带一路”与国际经济规则的书写[①]

中国如何书写规则？这一问题近来成为学术界和政策界的一个热点话题。在很大程度上，这主要受美国书写规则影响。很多年来，无论是在中美双边关系上，还是在区域或国际舞台上，美国所关心的是如何通过继续书写国际规则来制约中国（或者其他国家）。美国并不掩饰其意图。

这首先表现在美国总统奥巴马力推的跨太平洋伙伴关系协定上。奥巴马明确表示，美国力推跨太平洋伙伴关系协定主要是为了书写规则，并警告如果美国不书写规则，中国就会这么做。其次也表现在中国南海等战略问题领域，在2016年的香格里拉对话上，美国国防部长有一个很长的演说，对“规则”阐述得非常清楚，强调美国就是要在本区域确立“基于规则之上”的国际秩序。

美国的意图也非常明确，就是针对中国。当然，美国这里所说的“规则”是美国写好的规则。更具体一点，就是美国通过强化冷战期

① 本文写于2017年5月16日。

间书写好的规则（例如通过同盟关系），再直接施加于中国头上。

现在中国一些人把书写规则提高到中国对外关系的议事日程，主张由中国来书写规则。这无疑是受美国的影响。尤其是在特朗普签署美国退出跨太平洋伙伴关系协定的总统行政命令之后，一些人就认为美国的退出对中国来说是一个绝好的机会，中国应该通过加入跨太平洋伙伴关系协定来取代美国书写规则。这也是最近一段时间以来，很多人主张中国加入跨太平洋伙伴关系协定的主要原因。

同时，还有一些人更主张通过中国倡议的“一带一路”来书写规则。“一带一路”现在已经有数十个国家加入。这些人认为，这是中国书写规则的好机会。有人甚至把“一带一路”称为中国书写规则的过程。

人们可以把书写规则视为美国霸权式的思维。不过，如果这种思维占据一个国家外交的主导地位，无论是跨太平洋伙伴关系协定还是“一带一路”都会遇到意想不到的困难。

就跨太平洋伙伴关系协定而言，稍加思考不难发现，中国加入跨太平洋伙伴关系协定既不现实，也不符合中国的利益。这有几方面的原因。就中国的利益来说，跨太平洋伙伴关系协定的高标准并不是中国现在这个阶段所能接受的。在跨太平洋伙伴关系协定谈判过程中，一些国家例如越南、马来西亚等加入跨太平洋伙伴关系协定，并不是为了单纯的经济利益，更多的是为它们的政治和战略考量。

首先，中国如果加入跨太平洋伙伴关系协定谈判，它的标准不断下降，中国在国际社会得不了分，反而被视为“低标准”的样本，或者被视为促成国际贸易组织“下行”的因素。其次，如果中国取代美国成为跨太平洋伙伴关系协定内部的最大的成员国，美国势必把中国视为直接威胁，因为“美国一走，中国就进入”是这种直接威胁的最直接证据。美国的“左”派和右派都会这么认为。再次，特朗普已经决定退出跨太平洋伙伴关系协定，中国如果加入，也会很难与特朗普政府打交道。

“一带一路”和跨太平洋伙伴关系协定最大的不同在于“一带一路”是发展导向，而非规则导向。“一带一路”的实施当然需要规则，也必然会产生规则，但这里的规则书写方式与美国所说的“规则”完全不同，最重要的是涉及一个认识论问题，即如何书写规则。

从经验上来看，书写规则最重要的是书写者所拥有的实力。美国从前书写的规则有用有效，并不是说这些规则具有多大的理性和合乎逻辑，而是因为美国所拥有的实力。在跨太平洋伙伴关系协定问题上也是如此。其他国家能够接受美国书写的规则，主要是因为这些国家可以从美国内部庞大的市场获取巨大的利益。如果美国没有这样一个庞大的市场，这些国家不会那么积极加入跨太平洋伙伴关系协定。

美国退出跨太平洋伙伴关系协定的理由

同样，特朗普退出跨太平洋伙伴关系协定并非毫无道理。特朗普不是不想美国继续书写规则，而是认为跨太平洋伙伴关系协定如此这般的规则，只能促使美国进一步衰落。在过去的全球化中，美国的极少数既得利益获得了巨大的利益，但美国的民众没有获利，甚至成为牺牲品。

特朗普不是不要规则，而是要以不同的方式来书写规则。因此，他力主双边谈判。双边谈判也是书写规则的有效方式。在经济学意义上，双边谈判较之多边更有利于贸易国之间的公平贸易。等美国国内问题解决好和拥有了足够的实力之后，美国会重返国际舞台书写规则。

从历史来看，美国的内部实力使得其他国家接受美国书写的规则，更是赋权美国具有“被朝贡”的地位。美国之所以能够维持霸权，不仅仅是因为内部市场的强大，也是因为美国能够让其他国家分担负担。美国尽管批评甚至妖魔化中国传统的朝贡体系，但美国本身实行的却是不折不扣的现代版朝贡体系，只是美国的包装方式不同。

美国保护盟友，盟友则向美国“纳税”。这种方式在冷战期间很有效，因为美国和其盟友面临着共同的敌人，较小的盟友愿意向美国缴纳“税金”或“保护费”。冷战之后，这种方式变得困难起来，因为现在美国及其盟友并没有明显的共同敌人。特朗普说得更直接，直接要求其盟友购买美国的军事保护服务。

从这个角度来看，中国今后很长一段时间的任务并非书写规则，而是注重发展，无论是国内层面还是国际层面。在没有得到足够发展或内部实力不足的情况下，即使书写了规则，也不会有用有效。同时，也要意识到，注重发展并不是说不要规则，而是说中国要通过发展来书写规则，发展的过程也是书写规则的过程。

“一带一路”是通过发展来书写规则

中国必须考量如何与国际社会继续对接的问题。自邓小平以来，中国已经走了三步。第一步，加入国际体系并接轨。第二步，在国际体制内部对现行体制进行改革，促成其更合理。第三步，创新和补充，即根据自己的实力对现有体制进行创新和补充，这一步主要表现在“一带一路”和亚洲基础设施投资银行等方面。

去年的二十国集团（G20）杭州峰会和今年年初习近平在瑞士达沃斯的演讲，中国已经显示了积极倡导多边合作的意愿。现在的问题是如何进一步对接。

就发展导向而言，中国接受现行体制成本最低。中国要引领全球化，是中国本身的需要，也是国际社会的需要。在这个过程中，中国最主要的目标是要引导国际发展，推动全球经济的发展，而不是简单地书写规则，或者把美国西方书写规则的权力竞争过来。

从这个角度看，“一带一路”的目标是发展，并非书写规则，是通过发展来书写规则，而不是通过书写规则来实现发展。正是在推动发展的角度，很多人把“一带一路”理解为区域和国际公共产品。正因为是公共产品，大国要多提供，而小国家一般会选择“搭便车”。

不过，中国已经意识到，较小国家也要通过参与“一带一路”来做出相应的贡献，否则“一带一路”就会像朝贡体系那样（无论是中国传统版还是美国现代版）不可持续。因此，“一带一路”表现出开放性、包容性和参与性等特点，尽管这是中国的倡议，但这是所有参与国的项目。

当然，在一些方面，中国并不要求参与国的对等开放，中国甚至可以单边开放。在一些领域如贸易，中国已经开始践行单边开放，例如“早期收获”。“一带一路”是中国的倡议，但其规则是中国在和所有这些国家互动过程中形成（书写）的，而不是中国先书写好了，再加于这些国家之上的。这种参与式书写的规则更能体现公平公正性。

在经济层面是这样，在战略层面也是如此。尽管战略层面因为涉及安全问题情况比较复杂一些，但道理是一样的。战略层面涉及两个重要问题：第一，中国是否有意愿提供更多的公共产品，这些公共产品包括区域传统安全、非传统安全、航海自由等；第二，其他国家是否愿意接受中国所提供的公共产品。

现在面临的情况有两个特点：第一，中国还没有成长到有足够的能力提供这些公共产品；第二，区域国家因为过去习惯了接受美国所提供的公共产品，而对中国所提供的公共产品抱怀疑态度，甚至抱拒绝态度。不过，从动态角度来看，这不是一个可不可能的问题，而是一个时间问题，因为这是一个互相调适的过程。《南海各方行为宣言》的落实就是一个很好的案例。

当然，如果把经济面的“一带一路”和战略面的《南海各方行为宣言》放在一起来考量，这个过程就会进行得更快一些。“一带一路”是做大饼的项目，就是把各国的共同利益做大。共同利益做大了，各国在战略上的分歧就会缩小，也能增进互信。

从长远来看，中国和美国的竞争不是简单地谁来书写规则，而是制定规则的方式的竞争。美国在经济贸易上退出跨太平洋伙伴关系协定，表明美国自觉这种方式出现了很多问题；在中国南海问题上，美国试图把自己的规则强加给中国，遭到中国的强力抵制，这也表明单边书写的规则出现了问题。

现在美国处于一个调整时期，等美国调整好了，就会再出发。从这个视角来看，对中国来说，这的确是一个机遇。不过，正如这里所强调的，这不是一个简单地接收美国退缩而出现的规则空间的机遇，而是一个探索不同于美国的规则书写确立过程。

和美国不同，中国一方面须更为积极主动，倡议国际经济的发展。中国现在是第二大经济体、最大的贸易国，中国有能力这么做。另一方面，中国须摒弃美国道路，即简单地把自己的规则强加给其他国家的霸权主义，而应当持开放包容的态度，通过其他国家的参与来形成规则和书写规则。

尽管这样做会缓慢一些，但会更有效。在这方面，中国倒可以向大英帝国学习到更多的经验，而非美国。大英帝国维持了数百年，其衰落之后仍然给国际社会留下很多正面的遗产。美国尽管强大，但其作为唯一霸权的时间并不长，现在已面临衰落状态。很显然，这是另外一个需要研究的课题。

塑造中国崛起的新国际战略[①]

自十八大以来，中共高层一直在讨论“两个百年”目标的问题，即中国共产党成立一百年和中华人民共和国成立一百年。从这些年的发展趋势来看，在今后的几年里，中国有足够的能力实现第一个百年的目标。第一个百年的目标早已经相当明确，具体体现在中国第十三个五年规划（十三五）上，即全面建成小康社会。

更具体地说，就是要在十三五结束时，中国的人均 GDP 从现在的 9 000 美元左右提升到 12 000 美元；只要实现年均 6.5% 的经济增长率，就能达到这个目标。同时，中国也正在进行一场全国性的精准扶贫，以控制绝对贫困人口的数量。

一般认为，鉴于中共强大的动员能力，实现这些具体目标没有大的悬念。这意味着，十九大之后中共高层会把重点放在实现第二个百年的目标。尽管这个目标仍然需要细化，但大方向已经有了，反映在“中国梦”“中华民族复兴”等概念中。

---

① 本文写于 2017 年 10 月 24 日。

内部的发展日标对中国外交也必然发生重大影响，甚至是决定性影响。改革开放以来，一个有利的国际环境帮助中国实现了第一个百年目标。无疑，要实现第二个百年目标，中国仍然需要有利的国际环境。

改革开放以来到今天，中国的外交取得了很大的成就。尤其和其他几个大国相比，中国的成就更是显著。无论是美国还是俄罗斯，都在不同程度上挑起和卷入了国际纷争甚至战争。但中国外交，用中国自己的话来说，则是“一心一意”谋求内部的发展和外部的和平崛起。

这一外交方针促使中国能够抓住国际机遇。今天的中国正在经历一个非常关键的转型，即从早期的抓住机遇到创造机遇。

在前面的数十年里，中国有效地抓住了有利的国际机遇。在 20 世纪 80 年代，邓小平做了一个伟大的判断，即认为国际大环境是和平的。在这一判断之下，中国才开始了改革开放政策。邓小平也定义了中国外交所应当有的方法，即“韬光养晦，有所作为”。

在 90 年代，中国进而提出了“和平崛起”的战略，一方面加入国际体系，与世界接轨，另一方面要在现有国际体系内部和平崛起。这些政策无疑有助于中国抓住机遇，而中国也的确抓住了当时的机遇。中国加入了包括世界贸易组织在内的所有重要国际组织，抓住了自 80 年代开始、90 年代加速的全球化进程。

尽管全球化也给中国带来了一些负面效应，例如收入差距的扩大和社会的分化，但中国总体上也借着这一波全球化，成为世界上第二大经济体和最大的贸易国。过去的实践表明，如果对国际形势没有正确判断，就很难制定正确的政策，抓住发展机遇。

探索本身的发展道路

经过这几十年的努力，现在中国已经有了足够的能力来为自己创造一个有利的国际环境，为自己创造有利于内部可持续发展的国际机遇。十八大以来，在总结前面的经验基础上，中共已经探索出自己的一条道路，不管是针对大国、中等国家的还是小国。笔者把自十八大以来的中国外交战略概括为“两条腿、一个圈”。

第一条腿即新型大国关系建设。新型大国关系尽管最先是针对美国提出，但这一概念的应用不仅针对美国，也针对俄罗斯和印度等其他大国。习近平本身多次强调，中国要避免历史上一而再，再而三出现的修昔底德陷阱，即守成大国和新崛起大国之间所发生的争霸战争。中国既不想和守成的美国发生冲突，也不想和紧随自己的新兴大国印度发生冲突。

因此，无论对美国还是印度，中国尽力保持克制，千方百计地寻求通过非战争的方式来解决冲突。最近中印洞朗对峙局面，在长达两个多月的对峙期间，用战争解决问题的声音在两个国家都很高涨，引发了第二次中印战争的疑虑。不过，两国以和平方式结束了洞朗对峙局面。就中国来说，这可以说是成功地把新型大国关系引用到处理印度关系的一个成功案例。

第二条腿即是针对广大发展中国家的“一带一路”。尽管“一带一路”涵盖发展中和发达国家，但其主要对象是发展中国家。沿边国家大都是发展中国家，有不少甚至是贫困国家。

一方面，中国要通过“一带一路”实现“走出去”的目标，服务于国内的可持续发展；另一方面，借此尽到大国的责任，为这些国家提供区域的和国家公共产品。用中国自己的话说，就是容许发展中国家搭中国经济发展的“便车”。这是一种包容式、开放式和参与式的区域和国际发展模式。

“一带一路”已经有很多国家加入。即使是从前持怀疑甚至是反对态度的美国和日本，也在改变它们的态度。这两个国家都派代表参加了今年5月在北京召开的“一带一路”国际合作高峰论坛。

一个圈即中国的周边外交。周边外交可以说是中国外交的核心，这是由中国特殊的地缘政治位置决定的。中国周边数十个国家，如果搞不好周边外交，中国崛起的难度可想而知。十八大以来，中国在早些年提出的“睦邻”、“安邻”和“富邻”的基础上，进一步提出了“亚洲命运共同体”的概念。

这些年来，尽管中国和一些邻近国家就中国南海问题面临紧张的关系，中国坚守自己的核心国家利益，但中国从来没有动用过西方惯用的经济制裁等手段；相反，尽管中国和有关国家政治和外交关系很冷，但经贸关系从未冷却。这也是这些国家之后能够快速改善和中国关系的基础。

在国际层面，今天的西方因为内部经济困难大搞民粹主义，导致经济民族主义和贸易保护主义盛行，使得现存国际经济体系岌岌可危。但中国领导层则清醒地意识到，无论是内部的民粹主义还是外部的经济民族主义，都不是解决内外部问题的有效方式，无论是反全球化还是逆全球化都会雪上加霜。

全球化既势不可当，也是创造财富的有效机制。中国领导人利用各种国际场合，无论是2016年的杭州二十国峰会，还是2017年年初的达沃斯论坛，或者2017年5月北京的“一带一路”国际合作高峰论坛，都相继释放出继续推进全球化的强大信号。今天中国是少数几个大力推进全球化的国家。同时，中国也在努力探索解决全球化所带来的社会问题，主要是财富分配不均和社会分化。例如，中国希望通过“一带一路”的基础设施建设，让当地社会的大多数受惠。

中国也要实现战略崛起

尽管一些西方人认为，今天的中国已经放弃了邓小平时代“韬光养晦”的国际战略，但实际上，世界上从来没有像今天的中国这样“韬光养晦”的。从前的大国，在其快速崛起的过程中，无论是成功的英国和美国，还是失败的德国和日本，大都发展出如何扩张，甚至如何称霸世界的战略；但今天的中国努力探索的则是如何和平崛起，如何为世界的和平做贡献。

不过，人们也要意识到，迄今为止，中国崛起的不同方面是很不平衡的。总体上说，中国在经济贸易方面进展很稳健，但在战略方面仍然面临巨大挑战。从以前大国崛起的经验来看，崛起包括经济上的崛起和战略上的崛起两个方面。

无论是大英帝国还是美国，它们是在这两方面同时崛起的。而苏联的崛起主要表现在军事上，因此不可持续。日本的崛起只表现在经济上，而非战略上。日本因为是美国的同盟，战略上也不可崛起。这也表明，日本从一开始就注定了不能成为世界大国。

中国既要实现经济崛起，也要实现战略崛起。而后者则显然是中国的短板。不过，在战略崛起方面，中国也取得了不小的成就，主要表现在东海、中国南海和处理同印度的关系中。在东海的钓鱼岛问题上，中国并没有对日本的挑衅退让，现在已经形成了稳定的互动模式。

在中国南海，几经艰苦的努力，中国已经改变了从前被动回应的局面，转为主动掌控局面。尽管中国南海问题还没有解决，但现在中国已经处于主动地位，无论是美国还是东南亚相关国家都在对中国进行“回应”。相信随着《南海各方行为宣言》的进展，各方可以找到更多稳定局势的机制和方法。

在与印度的边界问题上，中国在耐心和克制的前提下，也通过各种方式对印度施加压力，和平结束对峙。尽管未来和印度的关系并不容易，但如果中国能够继续把新型大国关系应用到和印度的关系，是可以找到一条有效途径的。

现在中国面临着一个前所未有的挑战，即朝鲜半岛核危机。在这个问题上，中国已经面临着双重的国家安全威胁，即来自朝鲜的核危机和来自美韩的萨德危机。更为严峻的是，如果朝鲜成为核国家，中国的未来安全问题完全没有了保障。

今天，中国周边已经有了三个核国家，即印度、巴基斯坦和俄罗斯。如果朝鲜变成核国家，一下子可能增加三个，即朝鲜、日本和韩国。日本已经是一个事实上的核国家，韩国发展核武器也不会有很大的困难。更为糟糕的是，如果中国处理不好朝鲜问题，台湾地区也必然有野心来发展核武器。如果那样，中国的国家统一问题就会面临更为严峻的考验。

历史地看，一个国家的大国地位，从来不会从天上自动掉下来，而是要经过很多次大考。改革开放以来，中国已经经历了很多次国际大考，通过了，并且考得也不错。但如果这次朝鲜问题，中国考不过，不仅很难成为大国，更难保障未来的国家安全。

因此，在很大程度上说，朝鲜半岛的这次考试甚于 1962 年美国的古巴导弹危机。如果美国当年不是冒着和苏联进行核战的风险，果断处理古巴导弹危机，美国很难崛起成为日后的美国。

无论是中国南海问题、和印度的对峙，还是目前的朝鲜核危机，无疑都是对中国的考验。不过，从另外一个角度看，这些也是中国崛起的国际机遇。处理成功了，就崛起一大步。每一次危机，如果都能认真对待，在正确判断的基础上，果断行动，就可以以更快的速度实现国家的真正崛起。

《日本第一》40 年及对中国的启示[①]

1979 年哈佛大学傅高义（Ezra Feivel Vogel）教授在美国出版了题为《日本第一：对美国的启示》（又译：《日本名列第 1：对美国的教训》）的著作。这本书马上被翻译成日文，于 1980 年出版。在日文版出版之后，这本书一直是由一位西方学者写日本的、日本最畅销著作。

不过，1986 年《广场协议》之后，日本在短短一段时间里便经历了从股市、房市经济的“腾飞”到经济泡沫破裂的全过程，惊心动魄。1991 年，另一位西方学者约恩·沃罗诺夫（Jon Woronoff）写了另一本书来回应傅高义的《日本第一》，书名叫《日本什么都是，但就不是第一》（*Japan as Anything but Number One*）。也就是说，日本是不是一个成功的故事，至少是否如傅高义所说的那样成功，在西方一直是有争议的。

傅高义在谈到为什么要在 20 世纪 70 年代末写《日本第一》时说，主要是“为了让美国人知道日本人很多事情做得非常好，至少比

---

① 本文写于 2019 年 1 月 29 日。

美国做得好，而当时美国人并不了解日本人取得了这么大的成绩”。他举了很多例子，如日本的普及教育很成功；社会治安很好，犯罪率较低；贫富差距不大；培养了非常能干的官员，而且官员腐败不那么严重；公司内部非常合作、团结，产品质量提高得很快等。傅高义认为，总结战后日本发展经验的真正目的是“对美国的启示”，让“美国人一看书名吓一跳，认真去了解日本，学习日本的长处”，“让那些为自己的文化感到骄傲的美国人警醒，亚洲文化也是可以创造奇迹的”。

《日本第一》出版后产生了很大反响，在日本成为一本家喻户晓的畅销书。在东亚，这本书也是一些国家的政府推荐给公务员的必读书。这本书带给日本人的“自傲感”是任何东西都难以取代的。日本的商界在 20 世纪 80 年代后半期变得骄傲起来，一些人借着日元升值势头狂妄地声称“要把美国买下来”。不过好景不长，随着经济泡沫的破裂，日本在 20 世纪 90 年代和 21 世纪前 10 年度过了“失去的二十年”。之后，与其说是经济稳定下来，不如说处于长期的滞胀阶段。

诚然，对日本“失去的二十年”也是可以讨论的。傅高义本人对此很不以为然。虽然他也认为日本亟须改革，但日本经济发展的水平、教育、知识、国民素质水平仍然很高，日本社会比美国人更节俭，日本很多公司仍很成功，很多产业仍是世界第一，在不少高科技领域，日本的出口仍然强劲，日本企业制度虽然有所改变或改进，但并没有被完全抛弃。

实际上，在 2000 年，傅高义还出版了另外一本书，不过没有引起人们更多的关注罢了。这本书叫《日本仍是第一吗？》（*Is Japan Still Number One*？）。这本书总结了美国人在哪些方面已经从日本学到了教训，同时也开始讨论日本本身可以接受的教训，提出了日本如何通过进一步改革自身而继续强大的建议。2016 年，日本的一个出版物出版了一期题为“2050 年日本会成为世界顶端强国吗？”的专刊。在专刊中，傅高义仍然表示乐观。

傅高义一直高度评价日本

一些人批评说傅高义“忽悠”了日本。不过，总体上，傅高义对日本的评价是客观的。日本是亚洲第一个实现现代化的国家，人们尤其是亚洲对日本总有过高的期望。很多对日本的批评就来自这种过高的期望。今天的日本的确面临很多问题，尤其是人口老龄化和社会欲望低下，但所有发达经济体都面临着严峻的问题，日本并不例外。实际上，较之其他发达资本主义国家，日本的问题并非那么严峻。对大多数人来说，日本仍然是一个非常适宜居住的“美好社会”。

傅高义本人也认为中国更应学习日本，特别是学习日本在发展过程中“做得比美国好的地方”，而不要“学美国不好的地方”。日本人总的来说富而不奢，不像美国人那样过度消费；日本在社会公平与和谐方面虽然不如过去，但仍然比美国做得好，特别是企业内部比较平等。在改革开放以后的很长一段时间里，中国的确是向日本学习的；或者说，日本是中国重点学习对象之一。

但随着国家的继续崛起，很多中国人变得自傲起来，觉得日本经验不值得一看了。在一些人眼中，甚至连美国都不需要重视了。直到近年来大批中国消费者蜂拥至日本购买各种日本制造品，直到这次中美贸易冲突加剧，他们才发现中国现代化过程中竟然缺失了这么多东西。傅高义有关中国向日本学习的这些观点，都是值得人们注意的。

傅高义非常谦虚，他并没有多说中国可以在日本的崛起过程中吸取怎样的教训。很多年来，他一直关注中、美、日之间的关系，论著不少。最近，他完成了一本中日关系的大作，从隋唐讲到现在。如果人们仔细阅读傅高义的诸多作品，不难从中得出中国可以从日本的崛起中学到怎样的教训。这些教训不仅仅是上述内部方方面面的发展，同样重要的是如何应付本身崛起的环境。

日本从二战的废墟中崛起，很快成为世界上第二大经济体（后来被中国超越）。日本的崛起可以说是和平崛起，这不仅因为日本二战之后没有和其他国家发生冲突，而且其他国家也是接受日本崛起的。崛起、和平、让其他国家接受等，这些都是人们在借鉴日本时需要思考的。

较之其他国家，战后日本人是谦卑的、低调的。1955 年到 1973 年，日本的国内生产总值年增长率达到 10%。在 1950 年到 1970 年的 20 年间，日本的国内生产总值增长了 20 倍。1968 年，日本便超越联邦德国成为世界上第三大经济体。同时，日本成为世界上最强大的工业国。20 世纪 50 年代，在世界的眼中，“日本制造”仍然是“廉价”的代名词，但很快日本成为制造业强国，在很多领域名副其实地赶上和超越了西方和美国。日本也成为西方学者眼中“发展主义型国家”的原型和典型。

日本是吸取了二战的深刻教训的。二战前，日本统治者被明治维新之后的快速崛起冲昏了头脑，试图建立以日本为中心的“大东亚共荣圈”，扬言要把西方赶出亚洲，确立日本的霸权地位。但日本帝国主义的做法不仅使本身成为牺牲品（战败），更给亚洲各国造成了巨大的灾难。二战后，或许是因为美国掌控了日本的外交环境，日本人埋头苦干。

在对外方面，日本往往把自己“伪装”成西方，和西方话语保持高度的一致性。尽管到20世纪80年代，民间也出现“日本可以说不”的声音，但整体精英界并没有出现这种声音，日本政府和主流社会的亲美立场始终没有变化过。同时，日本主动辅助美国，在提供国际公共产品方面也尽力而为。

日本崛起对中国的教训

当然，这也是日本“苦楚”的根源，因为即使日本想改变实际上也很难发生。日本毕竟不是一个全部主权国家，很多政策受制于美国。很显然，日本和美国的关系对日本的崛起来说，既有积极面，也有消极面。就积极面来说，最主要的就是日本是西方（美国）体系的一部分，西方（美国）容许日本崛起；就消极面来说，也正是因为同样的理由，日本的崛起是有限度的。人们经常把日本形容为亚洲国家崛起的天花板，这个天花板很大程度上受美国限制。以此反观今天的中国，日本的崛起对中国的教训是多方面的，人们至少可以从如下几个方面来讨论。

第一，中国和西方（美国）的贸易冲突不可避免。日本尽管是美国的盟友，但当日本在经济上的确对美国构成了挑战的时候，仍然会遭到美国的打压。傅高义的《日本第一》尽管本意是要美国学习日本，但并非所有美国人都这么看。相反，很多人看到了另一面，他们认为美国为日本提供了军事保护，并且向日本敞开市场，但日本并没有真正向美国开放，日本的成功是日本对美国不公平贸易的结果。

当时美国智库经济策略研究院院长克莱德·普雷斯托维茨（Clyde

Prestowitz）写了一本题为《交换场地：我们如何让日本领先了》的书，这本书第一章就是耸人听闻的“美国世纪的终结”。正如人们所看到的，《日本第一》之后，接下来很快就是贸易战、301 条款和《广场协议》等。

中国和美国不是盟友，当美国认为中国挑战它的时候，自然会向中国施加莫大的压力，并且这种压力不仅仅局限于经济贸易，还会扩展到包括技术、军事、政治等方方面面。

第二，针对西方和美国，尽管中国不想“伪装”自己，也“伪装”不了，但也没有必要过度张扬。日本当年的经济和技术的确对美国构成了竞争，美国因此打压日本。中国经济尽管量大，但在最具有实质性意义的技术方面离美国还很远。只不过是一些人在近年太高调了，唤醒了美国本来就潜在的“中国威胁”意识。其实，国家和个人是一样的，低调和谦虚总是促成进步，而自我膨胀、夸大意识会最终走向失败。这也是二战前日本的例子，这种心态是一个崛起中的中国所必须避免的。

第三，现在贸易战发生了，人们也不需要太惊慌失措。诸如此类的问题是任何一个国家崛起过程中必然要面对的，无法逃避；不过人们必须理性面对，任何民族主义的情绪都很难解决问题。较之日本，中国在这方面也具有优势，即中国不存在日本所面临的天花板。中国的发展是自主的，并且中国有市场、有人才、有其他各个方面的能力。只要中国本身坚持对内的改革和制度建设，对外更加开放，中国还是有希望实现崛起的。

第四，自我认同和普遍性之间要实现统一。中国尽管不能，也不想把自己“伪装”起来，但如果否定本身发展的普遍性也是不明智的。人们有足够的理由否认“西方的是普遍适用的”的观点，但这并不是说所有西方的东西都没有普遍适用性。任何事物都是普遍性和特殊性的结合，中国的也一样。

中国有自己的特色，但中国的很多方面也具有普遍适用性。尤其是今天当中国努力站在世界中心舞台的时候，就更加需要有普遍性。邓小平和西方求同存异的态度无疑是正确的。在国际舞台上，“同”要强调，“异”要承认。今天和西方之间的很多误解和近年来光强调“异”而避谈“同”，无疑是有关联的。

第五，民族主义和国际主义的统一性。作为大国，中国的民族主义不可避免。理性的民族主义也是中国所需要的，因为民族主义代表的是内聚力；没有民族主义，中国很难作为一个整体站在世界舞台上。但同样，作为大国，中国也需要国际主义。各种区域和国际秩序都可以被视为公共产品，大国必须出更多的力来提供这些公共产品。

随着中国的崛起，中国也在提供越来越多的这类公共产品。实际上，包括中国本身的开放也已经成为国际公共产品，而并非简单的内部事务了。简单地说，没有国际主义精神，中国也很难在国际社会有所作为。

第六章

当代中国人的处境和未来

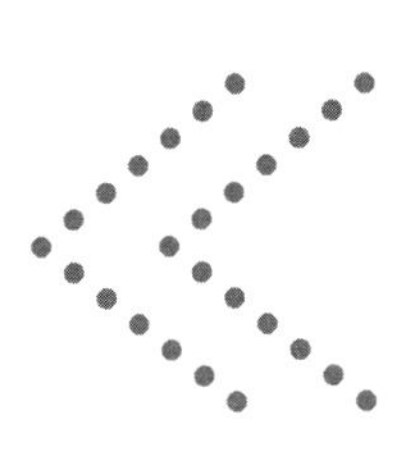

两场社会革命与中国的未来[①]

中国历史数千年，真正的革命少而又少。从政治结构变化来说，只有两场革命具有意义，即秦始皇的革命和现代毛泽东的革命，因为这两场革命造成了巨大的变化，带来了新型的政治架构。而传统所谓的“革命”只是改朝换代，换一个皇帝而已，没有任何实质性的变化。

从这个意义上说，社会革命则更少了。近代之前的数千年可以说没有发生任何有意义的社会革命。这并不难解释，一是因为经济结构没有发生任何变化，一直维持在农业社会的状态，二是因为政府的主要功能就在于管控社会，防止社会变化。

有意义的社会革命发生在近代以来。进入近代，中国社会不断引入新的思想，经济结构也发生了重大变化，社会革命的发生也变得不可避免。这里要讨论的便是近代以来两场以妇女为中心的社会革命，一场是近代以来的妇女解放运动，另一场是 20 世纪 80 年代开始的计划生育运动。

① 本文写于 2017 年 7 月 18 日。

两场社会运动都是以妇女为主，但性质全然不同。前一场是以妇女为主体，主动追求自身的解放和权利，而后一场妇女则是客体，变成了革命的对象。这两场社会革命造成了中国人口结构的巨大变化。在世界范围内，经验告诉人们，人口结构的变化，是任何一个社会最为深刻的社会变化。

中国近代以来所发生的妇女解放运动，其对妇女本身和中国社会的意义怎么也不会高估。在传统社会，妇女说到底只是生育和传宗接代的简单工具。在整个官方正统意识形态中，妇女是没有任何地位的，男人主要是士和商这两个阶层，在性方面具有完全的自由，但对女人实行严厉的管制，不仅体现在意识形态上，例如“贤妻良母”“贞节牌坊”“烈女”等话语的塑造，而且在社会实践中，例如对出轨妇女施予几乎惨无人道的惩罚。

再者，用今天的眼光来看，当时妇女基本上是男人的依附物，甚至玩物。例如，中国至少从北宋开始要求女人裹小脚，这完全是为了满足男人实际的性需要或者性想象。诸多接受儒家教育的文人墨客对缠足不断进行毫无羞耻的歌颂。

当代儒学研究大家哥伦比亚大学狄百瑞教授说：“缠足经常被当作显示儒学残忍、扭曲、男权至上的恶习标志。”不过，余英时先生似乎不赞同这种说法。余教授在其《民主、人权与儒家文化》一文中指出，这种侵犯女人人权的极端形式与儒学、佛教均毫无关系；例如理学的创立者程颐的所有后代，直到元代都忠实沿袭不缠足的家族传统。不过，余教授这里所举的像程颐那样的大儒，中国历史上有几个呢？历史上的儒生中，绝大多数都是腐儒。

近代以来，随着西方思想的进入，妇女本身逐渐具有了自身的认同，开始追求自己的意志，而接受西方思想的男人对女人的意识也开始出现变化。这两种变化的结合有效改变了妇女的社会角色。从一些沿海地区尤其是上海开始，妇女解放形成思潮和社会运动。这一社会运动一直发展到毛泽东时代，达到一个顶峰。

中华人民共和国成立之后，出台的第一部法律便是《婚姻法》，足见毛泽东对妇女的重视。不过，到后来，中国的男女平权运动走向了极端，“半边天”演变成男性式女权运动，“同工同酬”演变成妇女也必须干男人一样的活。这个极端也是改革开放之后，社会反弹，妇女趋向于回归原位的因素之一。但无论如何，共产党对女性的解放对妇女本身的主体思想意识的影响不可低估。

第二场革命即计划生育，则是自上而下施加于妇女的革命。这场革命之所以说是社会革命，不仅仅是因为它对中国妇女这个群体所产生的影响，更是因为其对中国的人口结构和社会结构所产生的深刻影响。除了像土改那样的消灭地主阶层的社会运动，没有任何其他社会运动能够和计划生育相比。

这场革命的思想源自当时领导人所持的基本判断。运动的出发点并不难理解，即为了促进国家的经济发展，改善民生。自近代马尔萨斯以来，人们一直在探讨人口和一个国家的贫困之间的关系。马尔萨斯认为，人类必须控制人口增长，否则难逃贫困命运。历史上，人口增长往往用瘟疫、战争等方式来解决。如果人类不想用这些传统方式，那么必须找到控制人口的方式。

计划生育政策彻底改变中国社会结构

马尔萨斯的人口理论（1798 年）受他那个时代的影响，他毕竟生活在 18 世纪后半期和 19 世纪前半期（1766 年至 1834 年）。中国实行计划生育政策距马尔萨斯人口理论几乎已经两个世纪，人类实际上已经有足够的经验证据证明马尔萨斯理论的错误，或者已经找到了控制人口增长的有效手段。传统社会生育率高是传统社会经济发展水平低下的结果，而不是相反；城镇化、经济发展水平的提高是生育率趋低的有效手段。

今天，人们还没有找到有效的证据，证明改革开放以来中国人口众多对社会经济的负面影响，但有大量的经验证据证明人口要素对经济增长的正面影响。无论如何，计划生育政策至少在如下三个方面彻底改变了中国的社会结构。

第一是家庭结构。历史数千年，中国一直是大家庭（即“四世同堂”）结构，在大家庭之上又形成了宗族结构。宗族结构本身是传统社会治理的有效单元。计划生育政策有效摧毁了大家庭基础。有鉴于下面讨论到的生育意愿的改变，人们也可以说，这一政策彻底改变了中国的生育文化。

第二是性别结构，即男多女少。中国传统上就是男尊女卑的国家，老百姓喜欢男孩甚于女孩。计划生育政策大大加剧了这一趋势。这一政策保证了“一对夫妇只生一个孩子”，但无法保证人们接受“男女都一样”的思想。

对多数家庭来说，为了保障有一个男孩，如果怀的是女孩，那么往往进行流产，无论是通过合法还是非法途径。这一做法尽管一直是被禁止的，但直到现在都没有办法改变。诸多研究发现实行计划生育政策以来，两性大比例失调。

考虑到中国的另一种文化，即女性一旦接受高等教育，就不愿“下嫁”（即嫁给文化程度比自己低的男性），那么会有更多的男性找不到配偶。有西方学者甚至认为，高达几千万中国男性找不到配偶，这会是中国社会动荡的一个重要因素。这种说法当然过于夸张，但并非一点道理也没有。

第三是新的生育文化的形成，即低生育甚至不生育。在这方面，中国基本上已经步入“东亚模式”，即低生育率。“东亚模式”指的是在东亚经济体（包括日本、韩国、新加坡、中国台湾、中国香港）在社会经济发展到一定水平时，家庭生育意愿发生很大的变化，人们的生育意愿弱化，生育率急剧下降，导致普遍的老龄化社会结构。

这种模式也流行于所有发达经济体，伴随着城镇化和工业化而来的是教育的普及，妇女得到真正的解放，无须依靠男人而能够得到自主的生存；而人口的流动则更进一步促使妇女从家庭和社会压力中解放出来。

从一些现象来看，中国的情况比其他东亚经济体更为严峻。尽管中国的人均 GDP 远较其他东亚经济体低，但生育意愿似乎更低。今天，中国的一些大城市尤其是一线城市，妇女的生育率比东亚其他经济体都要低。这里至少有两个因素。主观的因素是前面所说的自近代以来塑造的妇女主体意识。低生育甚至不生育已经形成了女性的一种新生育文化。生育不再是一种文化“律令”或者必需，而仅仅是一种自主的选择。

“一胎化”造成了女性的强势文化，今天的男性很难对配偶施加压力和影响。而政府可以通过类似计划生育那样的政策控制人口增长，但很难有同样有效的政策来鼓励人们生育。实际上，导致低生育的客观因素，是中国低度社会政策所造成的家庭不断趋高的经济压力。中国社会政策的方方面面，远远低于东亚其他经济体，这表明家庭所承受的经济压力也远甚于其他社会。即使不考虑新的生育文化，很多家庭也会因为经济压力而选择少生育，甚至不生育。

无疑，人口是影响中国历史进程的一个重要因素，经济发展、技术停滞不前、农民起义等，都可以和人口的变化联系起来。这些年，中国一直在讨论人口红利问题，即人口结构的变化对经济增长的影响。

为了使得人口不至于对经济发展产生致命的影响，国家也开始调整计划生育政策，主要是容许一对夫妻生育两个孩子。但基本上，人们很容易发现这种微小调整的致命弱点。第一，有关部门仍然一如既往地仅仅从经济发展的角度来看待生育问题，而没有看到长期的人口危机以及人口危机可能导致的社会危机。第二，这种调整对生育不会发生很大的效用，因为低生育已经成为一种新文化，不是政府的政策所能改变的。

西方社会也在经历低生育，但各国政府试图通过完善社会政策来提高生育率。有效的社会政策一方面可以减轻家庭的经济负担，另一方面为家庭提供正面的激励生育机制。在社会层面，宗教也是鼓励人们生育的一个有效机制。有些社会比较成功，而有些不那么成功，人口（尤其是劳动力）的减少，需要通过移民或者机器人来得到缓解。（应当指出的是，无论是移民还是机器人，都在产生另外一类社会政治问题。）

中国今天所实行的政策不仅不能改善生育情况，反而会使情况继续恶化。对国内生产总值的追求、对社会政策的忽视、对未来一代的“征税”、对计划生育政策的微调，这些对其他方面的发展或许有一定的作用，但对生育率则是恶化因素。

实际上，这些因素，加上独生子女一代及他们所处的社会环境（尤其是他们所受的教育），如果没有有效的政策和制度来逆转低生育趋势，人们不难预测未来中国必然面临的深刻社会危机。

金钱社会与文明不安全[①]

改革开放以来，中国在经济发展方面创造了一个世界奇迹，在短短数十年的时间里，从一个低度发展的贫穷经济体跃升为世界第二大经济体；从一个封闭经济体转型为世界上最大的贸易国。高铁、高速公路、机场、港口、城市高楼，无一不反映出这个社会所创造的财富。正是在这个意义上，人们预见中华文明的复兴或者再次崛起。

然而，物质财富崛起的同时，中国社会也在快速并且和平地演变成一个赤裸裸的金钱社会，人们在获得了前所未有财富的同时，也面临着前所未有的不确定性。面临不确定性的不仅仅是社会底层尤其是穷人，而且覆盖了社会的各个群体。实际上，较之穷人，富人、官员和知识界具有更大的不确定性，因为这些群体是这个社会最大的利益相关者。

不确定性说明了什么？财富的增加和积累，并没有导致中国社会这个共同体同样的发展；相反，越来越多的人感觉这个共同体在衰

① 本文写于 2017 年 8 月 22 日。

落。这个社会共同体在抽象层面可以称为“文明”。如果这个共同体衰落了，何来文明的复兴呢？

为什么财富的增加会导致不确定性？为什么财富的增加会导致社会共同体的衰落？为什么财富的增加会导致文明的不确定性？归根到底，所有这些问题的核心就是一个社会或者一个文明的根基问题。

财富对一个社会或者一个文明的重要性不言而喻。“贫穷就会挨打”仍然是硬道理。但除了财富，支撑一个社会或者文明还需要软力量，即道德体系。没有人会认为，简单的金钱关系就可以组织和支撑起一个社会或者文明。没有了道德体系，这个社会和文明就会是一袋松散的“土豆”，说解体就解体。不管怎么说，更多的人会认为，较之金钱，道德体系才是一个社会或者文明的主体。

从世界历史看，人们并不用过于担心旧的道德体系的衰落。道德体系并非固定不变的，而是随着时代的变化而变化。因此，世界各文明在一定的历史阶段都会面临道德体系重建的问题。中国的问题也并不在于财富的增加，不在于道德的衰落，而在于金钱变成了道德最重要的衡量器，或者金钱本身被视为道德。

金钱变成衡量一切的标准

为什么会造成这种局面呢？可以从如下几个方面来理解。

首先是政府方面的因素，即改革开放以来长盛不衰的 GDP 主义，或者毫无原则地追求经济的增长而忽视了社会建设。比较地看，改革开放以来所引入的市场经济是一种最为原始的资本主义。过去数十年的市场经济与英国作家狄更斯和法国作家雨果所描述的西方原始资本主义有过之而无不及。在西方工业化过程中，还有诸多的社会力量例如教会、公民社会、工会等来制衡资本的力量。

在中国，这些资本之外的力量都因为种种原因，得不到发展或者发挥不了作用，因而呈现出“一切为了资本”的现象，无论是民营资本还是国有资本。正因为这样，近年来随着经济下行，当政府转向经济结构调整时，很多政府官员表现出无所适从，不知道做些什么。除经济之外，中国的社会和政治建设有太多的事情可以做。政府官员无所事事就是 GDP 主义的精神残余。

其次，商业对社会的控制甚至远超政府，对社会道德的解体产生了政府产生不了的作用。政府对社会的控制往往是硬控制，很容易被人们感觉到，但商业对社会的控制往往是软性的、静悄悄的和和平的。

对大多数人尤其是年青一代来说，需要什么，不需要什么，再也不是自己所能决定的，而是商界决定的，因为人们能够获取什么信息，不能获取什么信息，并不取决于自己而是取决于商界，像阿里巴巴、腾讯和万达等。可以说，今天的中国已经形成了真正的“供给侧经济”，即供给产生需求，而非相反。

再次，社会也有一股金钱崇拜之风。法国社会学家勒庞曾在其作品《乌合之众》中写道：“群众相信一切不可能的事情，相信一切不合逻辑的事情，相信一切不合情理的事情，相信一切不存在的事情，但唯独不相信现实生活的日常逻辑。”就中国社会来说，还可以加一句，有些人一旦和钱发生关系，就没有了任何逻辑，什么都信。

这很容易解释一而再，再而三发生的各类“理财风波”。发财风流行全国，深入到社会的各个阶层和角落，就给了那些唯利是图、被称为“骗了”的人太多的机会到处招摇撞骗，用他们的演说能力为有关组织和商家站台，轻易地骗取“信众”的钱财。

这些年来，不知道发生了多少骗局，并且一旦发生一个骗局，这些骗子就广受指责。但问题在于，为什么这些骗子还不断被那么多的组织和商家一而再，再而三地邀请，为什么还有那么多的“信众”呢？要知道，这些骗子都是相关组织、商家、“信众”养着的。这些组织有些并非民营企业和商家，而是国有企业，例如电视台。

举这个例子只是想说明，社会如果要衰败，是全方位的，不仅仅是政府方面或者商界的原因。在今天的互联网时代，看看网络盛行的是什么。形形色色的网络行为不外乎两大类，一类是赚钱的产品或者能够产生巨大流量的话题，如游戏、网红和“国民老公”等；另一类则是为了慰劳或者慰藉人的心灵的性、“心灵鸡汤”，甚至各类邪说。

避免步入命系一“钱”的中国社会

如果社会精英和大众心灵腐败，就会导致社会处于一个最不安全的状态，即命系一“钱”。人们只认钱，不认人。为了钱，什么都可以做；但有了钱，就会感觉不安全。老百姓仇官，因为官经常是钱的工具。老百姓仇富，因为商界赚钱往往不讲任何道德。一旦有了钱，商人就感到不安全，开始到处奔走。

很显然，要改变这种不安全状态，各方都需要反思以改变自己的行为。首先，政府需要反思，因为政府在社会发展过程中所起的作用至为关键。政府必须厘清金钱和权力之间的关系。金钱在何种程度上能够维系社会和稳定。GDP 主义横行，尽管经济发展了，但官员腐败了，社会整体腐败了。

企业需要反思，搞清楚金钱和企业之间的关系。财富的最终目的是什么？企业如果毫无社会责任感，企业的发展必然是不可持续的。企业是社会的一部分，社会倒了，企业必然倒。今天，当钱的多少成为衡量一个企业成功的唯一标准的时候，企业的不安全感并不难理解。现实情况是，企业家不顾一切赚钱，但一赚到钱就需要马上跑路，为自己和钱寻找安全居所。

一般社会群体也推卸不了责任，需要反思自身和金钱的关系。权力和资本的横行是有社会基础的。人们说，有什么样的人民就会有什么样的政府；同样，有什么样的人民也会有什么样的资本（企业）。人们不应当光指责权力和资本，也应当反省自己的社会道德在哪里。

中国传统上有 5 种基本人际关系，即君臣、父子、夫妻、兄弟、朋友。除了君臣关系之外，其他 4 种现在都在。

传统上，中国文化是一个最讲究平衡的文化。在长达数千年的农业社会历史中，中国社会基本实现了各方面的平衡，包括经济和道德。今天，当中国社会进入一个真正商业文明的时代，文明的发展向何方去？这无疑是对文明的真正考验。从各种文明的演化来说，金钱构成不了文明。西方在从中世纪的宗教社会转向近代工业（商业）文明的过程中，金钱扮演了很重要的作用。

赫希曼在其名著《欲望与利益》中对这种作用做了充分的讨论。中世纪的西方社会过分道德化（宗教化），与商业革命相关联的经济理性刚好平衡了来自宗教的激情。当代的中国刚好相反，当商业革命导致了整个社会对金钱的激情的时候，这个文明就迫切需要引入道德来实现平衡了。

道德、文化、价值是任何一个文明的核心之所在，而金钱从来没有产生过这些，也产生不了这些。现实中国社会的逻辑是：社会越富裕，道德越堕落。当人们沉醉于中国新（商业）文明崛起的时候，很容易被假象迷惑。

高楼大厦仅仅是文明的表象，如果没有新的道德体系的出现，不管多么辉煌的大厦，也找不到其意义之所在。文明的崛起和文明的解体，这两者之间没有明确的边界；如果没有对崛起的深思熟虑，崛起就有可能意味着衰落。

商业化模式与教育的异化[①]

改革开放一开始，邓小平所说的两句话对日后中国产生了深远影响。第一句话是“科学技术是第一生产力”，第二句话是“教育要从娃娃抓起”。“文革”期间荒废教育多年之后，当时的中国人尤其是教育科研工作者的激动情绪可想而知，他们再次走上了近代以来梦寐以求的教育救国的轨道。

教育育人，培养人才，至少具有三层含义：其一，一个具有自然属性的人，以正常的轨迹成长；其二，通过传授已有的知识，掌握必要的技能，至少能够具有自我生存能力；其三，有能力创造新的知识为“人作为群体的一部分”（即社会）的发展做加法和贡献。

将近40年过去了，中国的教育已经发生了天翻地覆的变化。当人们沉醉于所取得的巨大成就的同时，头脑冷静和敏锐的人，则感觉到中国教育制度里面所隐含的巨大危机，他们已经从教育看到了未来的中国。如谚语“种瓜得瓜，种豆得豆”所说，任何国家，最不能欺

---

① 本文写于2017年10月31日。

骗的就是一个人所受的教育，什么样的教育，就产生什么样的人，就会有什么样的未来。

客观地说，即使从中国自己的近代史看，在很多方面，人才培养仍然没有达到历史的高度（如在贫穷和战乱中培养人才的西南联大）。或者引用已经过世的钱学森老先生的话说：“中国还没有培养出自己的大师来。”

“精致的利己主义”

更为悲观的是，在文化复兴和国家崛起需要大量智力支撑的时候，中国高等院校培养人才的状况却不够乐观。

近来高晓松怒批清华大学精英博士没有胸怀大志，和技校学生没有区别的言论，引出了社会的巨大反响。之前很多年里，钱理群教授也一直在批评今天中国大学培养的都是些精致的利己主义者。不过，这些批评实在是过于文质彬彬了。没有胸怀大志也好，利己主义者也好，如果从培养人才的角度来说，当然不能说是成功，但这些毕竟也是人们可以选择的一种生活方式。

如果是利己，人们应当能够理性地看到他们的利益在哪里、如何才能增进他们的利益。但实际上，人们认为这群人根本没有这样的能力，他们只是在追求他们以为的利益罢了。就实际效果来说，人们认为这个群体玩的既非双赢游戏（对大家都有好处），也非零和游戏（对自己有好处，对别人没有好处），而更可能是一种损人不利己的游戏。这个群体更不“精致”，而是奴性十足，他们根本就没有自我认同，没有独立精神，尤其是独立思考精神。

在人们看来，无能更是这些青年的集体特征。高晓松说他们像技工，实在是夸大了他们的能力。技工是技术，能够为社会提供必不可少的服务，是任何一个社会运作所需要的。但这些人没有任何技术，而只有假、大、空的本事。在很大程度上，习近平批评共青团的话，可以原原本本地应用到这个群体，而各级共青团主要干部，大多都是从这个精英群体吸纳进来的。

这些学子不是自然生存的，也不是从天上掉下来的；相反，他们是被培养出来的。正因为这样，人们对此没有必要感到惊讶。最近一则关于小学生用诸如大数据等方法研究苏轼的新闻，引起了中国人很大的关注。这个小事例表明，人们在培养的绝非是人才，而是愚蠢者。

中国人的基因并不差，智商也不差，但是从幼儿园到大学，人们却一直在制造着“废品”。制造“废品”的过程漫长，其中的因素和利益相关者有很多，牵涉政治、行政管理、社会文化、个人心理等等，这些都需要另文一一深入讨论。不过，商业化运行的教育模式是其中一个最主要的原因。商业化是如何废掉中国的人才的？至少可以从如下几个层面来讨论。

学校是教育的主体。就学校来说，通过商业化运行模式而赚钱。赚钱无可厚非。不过，钱的唯一目的是培养人才，而非其他，但如果在中国赚钱本身就成为目标——一个远较培养人才更高的目标，这就有效地改变了教育的性质。赚钱有供给方和需求方两方面的原因。

商业化教育模式下的供需方

从供给方来说，从幼儿园到高校，这个长长的环节并非是人才的培养基地，而是金钱生产线。改革开放以来的市场化浪潮，很快就把这个原本还比较清净的知识领地出让给了商业组织，同时学校本身也变成了商业组织。无论是学校还是商业组织，都提供着大量的培训、课外、补课等项目供家长选择。

这些项目的利润率远远高于教育本身。难怪很多教育工作者把真正的精力放在这些课外项目上，而课堂讲课则是敷衍了事。再者，各方精致地营销他们的项目，把每一个项目说得天花乱坠，似乎缺少任何一个项目，孩子少则缺少竞争力，多则废了。商业化的营销手段使得中国的某些教育机构简直就是一个“传销组织”，家长陷入其中不能自拔。

在这个商业模式驱动下，中国的孩子可能在娘胎里面就开始进行胎教了，因为在父母看来，这个阶段孩子实际上已经在和其他孩子进行激烈竞争了。出生之后，各种学前教育活动便令人眼花缭乱。进入学校之后，更是有数不清的课外活动。“不能让孩子输在起跑线上”，这是每一个中国父母对自己的日常警告。中国的家长有一个自以为是“品德”的东西，即“望子成龙”。很多家长，自己不努力，或者自己努力不成，就转而把所有希望都寄托在孩子身上。

农民不用说，往往自己文化水平低，上大学在很长时间里是农民子弟唯一的出路。今天，农民尽管也有了其他出路，例如外出打工和经商，但上大学仍然是农村家庭向上流动的最重要的路径。一般城市居民也有类似的情况。而那些受过教育甚至高等教育的人群也是如此，他们或许对自己的生活不满意，便把所有的希望寄托于自己的孩子身上。

实际上，大量的研究表明，通过这些途径学习到的东西绝大多数毫无价值，对以后没有什么正面影响。不过，负面的影响则是显著的，很多孩子对学习具有了厌恶感甚至恐惧感。道理很简单，孩子被剥夺了他们所具有的自然成长权利，消耗和浪费了正常的成长经历，越来越多的孩子还没有长大成人，就开始感到人生没有乐趣。在现实中，越来越多的人成为“小大人”，他们除了匪夷所思的“幽默”，根本见不到任何智慧。

这种现象其实早已经有了。在 20 世纪 80 年代出现了“少年大学生”这个群体，当时也被媒体吹嘘得厉害。但后来又怎样了呢？被退学的有之，出家当和尚的有之，自寻短见的有之，而更多的人则是庸庸碌碌之辈。原因也很简单，他们仅仅只是被制造成考试的机器，而被剥夺了人的权利。

人们可以算一下，从 80 年代到现在，上中外名校的人有多少，到底有多少人是成功的。作为商业教育模式的其中一个利益相关方，中国的媒体不时会搬出所谓的名校生，例如来自北大、清华、哈佛、普林斯顿等学校的学生，宣扬他们多么厉害，多么辉煌。但是，媒体则忘记过 5 年或者 10 年再去看看，这个群体怎么样了呢？经验地看，成功的寥寥无几，更多的人并不比其他没有进入这些名校的学生好多少，甚至比进入二流、三流学校的学生还差。

大多数成功人士并不出在中外名校，而是一般学校。从孩童到大学，教育的目的是育人。中国有一个传统智慧，就是“先做人，后做事”。现在的体制则是有效剥夺了孩子做人的权利，在没有成为人的情况下，如何要求他们做学问或者其他事业呢！

就需求方来说，商业化教育模式也有效迎合了中国父母的个人文化心理。中国历来就有“学而优则仕”的传统。在士农工商的等级社会，成为士无疑是理性的目标。这一社会心理看来并没有被近代以来的革命摧毁，而改革开放之后，这一心理不仅回来了，而且变本加厉。改革开放以来，中国父母又加上了一种新的文化心理，即“学而优则商”。

多年来，人们对商学趋之若鹜，并且不仅仅商学本身，其他的各个学科也在变相地“商科化”。中国有些商科不强调商业精神和责任，更不强调技术和工匠精神，而是培养人际网络、“勾肩搭背”和投机。尽管政府一直在强调工匠精神，但到现在为止，中国人仍然看不起工匠精神。

20世纪90年代以来中国的投机精神那么旺盛，和商学的旺盛密不可分；而势不可当的腐败则是“学而优则仕”和“学而优则商”两者融合的结果罢了。当然，如果没有当成官、经成商，大多就会走向另一个反面，那就是“学习无用论”。的确，学习的“含金量”越来越低了。

更为重要的是政府政策。政府政策不是去纠正社会趋势，而是投其所好。盛行不衰的GDP主义也在教育界横行，最显著地表现在20世纪90年代以来的教育大扩张上。教育的产业化让穷人的孩子上不起学，那些上了学的孩子则被注入了变态的金钱观。很多年来，越来越少的农村孩子能进入好一些的大学。社会的智力分化要比其他方面的分化严重得多，结果是难以想象的。

这些年，人们讲了中国面临的很多陷阱。今天，可能需要加上一个更严峻的陷阱，即愚昧陷阱。如何避免落入这个陷阱是各利益相关方的共同责任。不过，对父母来说，有几个简单的因素需要考量。

其一，如果要让孩子有一个未来，首先就要把孩子作为一个自然人，赋予其自然的成长空间和一个自然的成长过程。现在所做的都是与自然属性背道而驰的，剥夺了人的自然属性，人将不成为人。

其二，今天的知识和学习环境变了，和近代教育制度起始之时已经有了天壤之别。巨量的知识唾手可得，不需要那么多的时间来学习既有的知识。北欧已经有国家开始试验，完全没有课本，把学生从课本（及课本相关的东西）解放出来，而是走向实践。

其三，因为大数据等技术的出现，很多传统专业知识领域培养的人才例如医生、律师、会计等可以数量化的、合乎逻辑思维的工作职位大都可以被取代。

未来仅仅属于少数具有创造性思维的人才，而多数人不可避免地将陷入愚昧陷阱。创造性思维来自实践，也只能来自实践。

金钱原教旨主义社会的再生[①]

马克思当年刻画了一个金钱原教旨主义社会，即一个彻底由资本主导的社会。在马克思看来，这简直是一个无恶不作的社会。马克思因此不仅呼吁被资本统治和剥削的人们（无产阶级）联合起来推翻资本主义社会，而且其本人还投入了当时欧洲的社会主义运动。

马克思之后，由西欧发端的社会主义运动沿着两条不同的路径发展，一条是欧洲道路，一条是苏联道路。到今天，人们知道尽管这两条道路都避免了马克思所说的金钱原教旨主义社会，但结局是很不相同的。

在欧洲，社会主义运动促成了资本主义的转型，即从马克思所说的原始资本主义开始向福利资本主义转型，这个转型当然是长期的，即使到现在还在进行。总体上来说，福利资本主义就是要在资本和社会利益之间达成一个平衡。一方面，国家利用资本发展生产力，创造财富，国家再通过税收等政策为社会提供福利；另一方面，国家节制

① 本文写于2018年9月4日。

资本，防止资本作恶，尤其是在社会领域，包括医疗、教育和公共住房。福利社会因此也体现为规制型社会。自然，辅助欧洲资本转型的还有其他很多因素，包括传统宗教、公民社会、自称为“第四权力”的媒体等。

苏联道路则完全不一样。这个模式假定资本的本质就是恶的，因此彻底消灭了私有资本，而实行国家资本。今天所说的“国家资本主义”是苏联创造的概念。不过，正如历史所显示的，这条道路没有走通，它没有解决如何有效创造财富来满足人民需求的问题。

马克思批评西方政府只是资本的代理，即政府替资本管理国家事务。而在苏联模式下，尽管国家直接掌握了资本，但因为彻底消灭了市场，国家资本演变成计划经济。反观中国的情况，资本运作方式既非西方，也非苏联，而是在政府和资本之间形成了一种特殊关系，这种特殊关系造就了今天中国的金钱原教旨主义社会形态。

个体或者企业组织，其语言、其行为、其未来的愿景，多以金钱为准则。这可以说是典型的“金钱原教旨主义”。自 90 年代以来的很长时间里，似乎除了赚钱是唯一可以值得努力的，做其他所有事情都需要承担巨大的不确定性。

中国金钱原教旨主义的风险趋势

金钱原教旨主义社会的一个最显著的特点，就是所有一切包括生命的价值都可以体现和转化为金钱的数量。正因为这样，各个社会角色之间的关系、各个社会群体之间的关系、甚至家庭成员之间的关系主要体现为金钱关系，而社会各个层面的治理（企业和社会组织乃至国家）也体现为货币方法，是一种可以量化的数字管理。从这个角度来看，并不难追溯到上述频频发生的各种事件的根源。

无论是煤老板，还是疫苗厂家，他们都是精心计算过的。他们并不是不知道这样做会导致生命的损失；相反，他们已经理性地计算了如果这样做能够赚多少钱，如果发生人命案件，会赔多少钱。无论如何，如果减去赔的钱之后其利润还是极其丰厚的，他们就会无所顾忌地去做。

金钱原教旨主义社会的崛起不仅表明资本出了问题，也表明政府的监管存在漏洞，社会本身的道德体系出了问题。或者说，各方面的因素导致了资本的全面异化。这里首先涉及到政府监管权力的不作为。政府权力失去了其存在的本来目的，演变成为为了存在而存在。政府权力理论上说是公权力，就是为了大众而存在的权力。在最基本面，政府权力的存在就是为了提供法律与秩序。但实际上怎么样呢？政府的监管能力还是不那么有效。

这里更重要的是权力和资本的关联，或者说政商关系。在中国，政商关系是一对非常奇特的关系。一方面，在权力面前，资本似乎什么都不是。企业界的各种事件爆发之后，一旦政府介入，最庞大的资本也得败下阵来，资本是没有任何力量来对抗权力的。但另一方面，当权力需要资本的时候，或者权力成为资本的坚强后盾的时候，资本所能释放出来的巨大能量，往往超乎人们的想象。一旦权力纵容资本、为资本推波助澜，就必然会导致资本的为所欲为。这里，无论是国有资本还是民营资本，逻辑都是一样的。无论是奶粉事件还是疫苗事件，都体现了权力与资本的关联逻辑。

不难理解，一旦权力需要资本的时候，资本就对权力构成了制约。企业出了事情，资本就能借助权力，轻易把事情搞定，好像事情没有发生似的。在上述所举的所有案例中，危机最终爆发之前，都早已经出现了各种小危机，而资本都能在权力的保护伞下化解危机，但最终等待着的只是更大的危机。

更值得探讨的是资本具有了可以让受害者“愿意”二次受害的能力。每一次发生这样的危机，资本必然遭到深刻的谴责，而受害者得到最广泛的同情。这是人之常情，在任何社会都是一样的。问题在于，在谴责和同情过去之后，其他社会更有可能吸取教训，同样的历史场景不再重现，但在中国，在谴责和同情过去之后，好像没有发生过事情一样，等待着同样历史场景的重现。

在很大程度上，金钱原教旨主义所包括的资本的逻辑，已经深入人心。钱能够解决一切问题，用钱换生命，生命等于金钱，这是资本逻辑。而这一点也在浸染着社会逻辑——每一次事件之后往往是资本很顺利地“安抚”了被受害者。事件发生之后受害者是接受金钱，还是为了追求正义当然不仅仅是简单的个人选择问题，如果是个人选择，也是一种理性的“不得不”的选择。

但不管怎样，出现了那么多事情，资本都能轻易用钱把事情搞定。对很多中国人来说，很难理解西方社会能够花（那么多年）那么巨量的纳税人的钱来为个人追求正义。在很大程度上说，正义意识一旦缺失，资本便更易为所欲为。

这里就涉及资本、权力和社会三者的关系。理顺这三者之间的关系很不容易。发达的西方花了 200 多年的时间，而大多数发展中国家直到今天仍然面临无穷的问题。在西方，三者之间的关系的理顺尽管有宗教信仰、经济发展等因素，但主要和民主化分不开。在民主化之前，资本和权力基本上是一体的，资本是权力的基础，社会一直处于弱势。但随着民主化的进展，政治权力和资本开始分离开来，因为权力逐渐从资本的基础转移到社会的基础。

东亚社会在实现这三者之间的平衡方面有不同的经验。这不难理解，因为东亚社会不存在西方那样的宗教传统，文化传统上也与西方不同。东亚社会政府和资本之间也没有西方那样的关系，政府在东亚社会一直处于强势地位。不过，东亚社会这三者之间之所以能够实现平衡主要是政府的功劳。这主要是因为儒家传统的政治影响。

在儒家传统中，政治精英既是统治者，也是社会进步的责任承担者。在经济上，东亚社会政府的作用已经充分表现在“发展型政府”的概念上，就是说在推动经济发展方面，除了市场，政府发挥了较之西方大得多的作用。实际上，在社会权利的实现上，甚至民主权利的实现上，政治精英发挥了巨大的作用。因此，人们也发现，东亚社会那些成功的民主化，大多是通过自上而下的政治改革实现的。

日本在这方面很典型。自明治维新之后的很长一段时间里，日本精英们自问的最重要的一个问题是：我们够文明了吗？政治精英不仅自己求进步、求文明，而且以身作则，努力把文明推及普通老百姓。同时，外在世界（主要是西方）所问的也是同样一个问题：日本人够文明了吗？有资格成为西方的一员了吗？所以，尽管日本明治维新的目标和中国近代以来所有精英努力的目标是相同的，即富国强兵，但日本在富国强兵背后的则是文明性的提升和公民权利自上而下的实现。日本之后，其他东亚社会也基本上是沿着这个路径实现进步的。

反观今日中国，情况就出现了不确定性。精英阶层表现出精致的利己主义倾向，努力让自己的利益最大化。在任何社会，就其本质而言，所有问题都集中在精英的问题，当精英堕落了，这个社会就会变得极其无助。西方也一样。在精英民主阶段，精英之间能够达成共识，无论是经济发展、制度建设还是社会治理就很有效；但现在精英之间没有共识了，大家就走向民粹主义，精英毫无责任可言，把所有责任都推给民众。

如果中国社会的精英没有责任担当，不能奉献社会，还变本加厉地向社会攫取，社会对自身、财富、国家的安全感到巨大的不确定性。社会会体现出高度分化、隔离、互相仇恨、焦虑不安等特征。

如果精英继续我行我素，那么精英本身必然成为这种自私行为的牺牲品。这是为中国数千年历史一而再，再而三证明了的。

法治，是社会确定性的基础①

今天中国社会出现的一系列事件既令人担忧，也促使人思考“这个社会到底怎么了”这个一再被提出来的问题。疫苗问题几乎引发全社会的恐慌，江西强行推行新殡葬政策引发民众抢棺砸棺。诸如此类的问题一直在不断爆发出来，并在一段时间内没有消失的迹象。

尽管所有这些问题在其他国家也都会发生，但不会引发如此强烈的社会反应。在其他社会，一个领域出现的问题往往只局限于该领域。但在中国，一旦一个领域出现问题，很容易演变成整个体系的问题，引发社会的整体不确定性。而一个社会问题所能引发的这种整体不确定性，又反过来促使有关当局不能理性地处理和解决问题，结果往往是把问题掩盖积累起来。长远来看，这是一个恶性循环。

所有问题的根源都指向一个方向，即法治。法治是一个广义的概念，这里包括一个健全法律体系的存在、法律被公正地执行、所有公民对法律的信任和人人在法律面前的平等。正因为这些，法律才成为

---

① 本文写于 2018 年 8 月 28 日。

现代社会秩序的基础。简单地说，法治是任何一个社会确定性的基础。不管出现什么样的问题，只要社会成员相信这个问题会得到公正的处理，那么就不会波及其他领域，这个社会就是稳定的。

从这个角度来看，疫苗等问题便是监管失败的直接表现。监管失败既可以表现为监管制度不存在或者不健全，也可以表现为监管没有执行或者在执行中变了样。

城市外来人口的管理，是从前积累下来的，也没有有效的制度（例如户口制度）来消化和解决这个问题，现在到了不得不处理的时候，但处理方式又没有以法治方式进行。即使是殡葬改革政策的执行也是法治问题。这方面的改革具有合理性和紧迫性，但从改革政策的制定到执行，没有一个环节符合公共政策所应当具有的法治精神。

中国日常生活中的法治问题

其实法治不仅仅表现在这些显性的案例中，更表现在人们的日常生活中。这里可以以城市小区生活为例来说明。前些年媒体披露过一家顶楼住户把楼顶修改成豪宅的事件。本来顶楼以上就是公共空间了，但住户却把这个空间视为私人的，毫无顾忌地加以占领和扩张。更常见的现象是一楼住户抢占周边公共空间。

笔者就观察到，有一家一楼住户把自己公寓旁边的公共空间上修了自己的建筑物，结果遭到小区很多业主的抗议，这家住户不得不把建筑物拆掉；但几个月之后，这家住户重新盖上了自己的建筑物，其他住户除了气愤，毫无办法。

这种案例在日常生活中很常见，但非常能说明中国的法治问题。

这里需要提出来的问题很多，至少可以包括如下几个问题。第一，这些人知道不知道公私空间之间的分别呢？如果不知道，那么就是法治的失败。第二，有没有有效的监管体系？这样做是法律许可的吗？第三，为什么政府的监管会失败？人们可以合理地假定，这样做的行为是不合乎法律的，但为什么政府不去执法呢？第四，社会监管为什么会失败？正因为这些行为不合法，受此行为影响的人会不满和愤怒，但为什么这些人也毫无办法呢？

其实，无论是疫苗事件，还是小区发生的抢占公共空间事件，还是城市驱赶农民工事件，都涉及三个要素，即权、钱和人，或者政府、企业和社会。简单地说，在法治缺失的情况下，中国难以监管和处理这三者之间的关系。

这里再以小区为例来分析。在中国，尤其在基层，能够这样肆意侵占公共空间的往往是三种人，即有权者、有钱者和社会无赖。首先，监管对有权者出现失灵状态。在小区这样的基层单位，如果来了一位权力者，那么他几乎可以为所欲为，因为底层的“芝麻官”是没有任何办法来对付这位权力者的。这个逻辑也可以延伸到各个领域。不管哪里，只要监管是一种权力对另一种权力，并且两种权力同源，而不是普遍的法治对权力，那么监管很难有效。

其次，监管有钱者也比较难。权钱可以交易，甚至可以一体。钱可以用各种方法买通权力（包括监管权力）。这一点几乎没有人会否认。尽管一些人痛恨权钱交易，但一旦自己遇到这种情况，照做不误。钱甚至可以雇用“黑社会”或者地方强人来对付监管和对监管造成“威慑”。

在权钱一体的情况下，监管只是文字，很难变成现实。很显然，所有这样的公司都是受权力保护的。这也不难理解，企业所在的地方，从官员个人到政府，都是通过不同形式受惠于企业的，尤其是当这些企业成为地方经济的支柱的时候，政府就很容易主动成为企业非法行为的保护伞。

最后就社会个体来说，天不怕地不怕的无赖也是可以对付监管的。无赖没有任何成本，只是需要时间和耐心。因为没有法治，政府的监管是有时间成本的。尤其是对如非法占据公共空间的住户来说，政府不可能每天都盯着，否则政府的成本会变得非常高。也就是说，无赖总是可以找到机会来逃避监管的。并且，就无赖来说，他们的作为也不是一点道理都没有，他们所抛出的问题就是：既然有钱有势者可以如此，为什么我不能呢？

在任何社会，政府都是监管的主体，监管也是政府的主要职责。那么，为什么中国政府的监管会失败呢？这里有几个层面的问题可以探讨。

首先，政府也必须服从自己制定的法律。如果立法者自己不能服从自己制定的法律，就出现“权大于法”的现象，法治便是不可能。第二，监管权力不受具有等级性的官僚体制的约束。监管必须是一种权利而非权力。如果监管者的能力取决于其权力的级别，那么监管必然失败，因为如上所说，在这样的情况下，监管就演变成权力游戏。

其次，政府的范围。中国是广义政府，政府负有较之其他类型政体更大的责任，甚至是无限的责任。在监管方面，就导致了政府什么都管的现象。且不说前面所说的权力和金钱问题，仅仅就监管的成本、时间来说，监管也必然会面临巨大的挑战甚至会失败。因为在很多情况下，监管便是“一对一”的监管。

考虑到被监管者是随机的，而政府的监管不是随机的，在很多情况下，就是“十（政府方面）对一（被监管者）”的情况。如果是这样，监管怎样可以持续呢？

最后，广义政府也阻碍了社会力量尤其是专业力量在监管过程中的作用。监管是一个漫长的过程，政府监管只是这一过程中的最后一环。人们可以说，成功的监管首先来自社会的监管和专业的监管，如果社会和专业监管失效了，那么监管也会失败，政府必须承担所有的监管责任。

为什么监管经常失败

社会的监管功能首先来自社会力量之间的互相制衡。就社会力量来说，至少包括如下几类。

第一，媒体。媒体被视为一个独立的权力。即使是在中国，尽管媒体并非是权力一极，但一旦遭媒体曝光，企业或者个人都会受到直接的、巨大的惩罚。而这种惩罚便是最有效的监管。

第二，企业之间的制衡。这种制衡更重要，来自“以恶制恶”的逻辑。企业之间存在着竞争，互相竞争的企业都会互相关注，紧紧盯着竞争者的作为。因为都是同行，企业之间的关注是极其专业的关注。这也就是英国经济学家亚当·斯密的“看不见的手”的逻辑，即自私企业之间的竞争会导致和促进公共利益的出现。

第三，专业团体的监管。这里以美国的律师团体为例。律师团体庞大，并且以找到个人、企业和组织的非法行为谋生，他们对监管具有莫大的动力。当然，这种监管有优势也有劣势。以美国为例，美国的医药业消费非常昂贵，其中一个主要原因就是医药业的律师群体的存在，使得这个领域的保险成本非常高。

第四，其他非政府组织。今天社会变得越来越复杂，符合复杂社会需要的各种非政府组织也应运而生。尽管非政府组织非常复杂，但它们有意无意地也在履行着各种监管的责任。

在所有这些之后，才是政府最后的监管。从这个过程来看，也很容易理解为什么在中国监管经常失败。很简单，在中国，这些社会力量都没有成长起来，它们的力量很微弱，甚至是缺失的。

尽管每次监管失败之后会处理一批官员，但问题的核心并非作为个体的官员，而是体制，如果体制不改进，同样的错误会一直重复下去。

这就需要人们重新思考复杂社会的治理问题。传统上，中国社会贫穷而单一，政府比较容易管理。但现在不一样了，依靠政府单一的力量进行管理，成效一定是一个大问题。问题在于，政府本身没有转型，仍然像治理传统社会那样在治理现代社会。政府仍然是一个“守门员”，既不让社会力量成长起来，更不让社会力量进入监管体系；所有的监管体系只是纸面上的，并且是自上而下的，没有办法下沉，无法执行。

再深入一步说，如果要实行真正的法治，首先必须让社会力量成长起来。法治并非是政府写好一部法律之后自己来执行那样简单。社会力量之间的互相制衡、社会力量和政府之间的互相制衡，这既是法治的本质，也是法治能够生效的大社会背景。

只有当社会成长起来，有能力进行自我管理，国家可以从很多方面脱身而专注于其应当管理的领域，那么这个国家便是强国家和强社会。如果以此来探讨，中国的法治还有漫长的路要走。

经史断裂与中国历史的未来①

在社会层面，今天的中国各种社会意识形态，无论是进口的还是本土的，纷纷涌现。尽管意识形态的多元化是常态，但各种意识形态之间互相争吵和敌视，并没有一点点共识。同时，官方本身也有自己的意识形态，但因为这是一种极其精英的意识形态，并不为老百姓所理解。尽管近年来官方也一直在努力，但并没有显著的效果。

这绝非好现象。有效的意识形态为治国理政所需，社会稳定所需，国家发展方向所需。这里首先要厘清什么是意识形态。为什么说中国充满意识形态，但又缺少有效的意识形态？有人说，就治国理政而言，有效的意识形态就是没有意识形态。这种说法很有道理。治国理政所需要的是经验，不是外国的经验，而是本国的经验。外国的经验可以借鉴，因为大家都是人类社会，可以共享经验，尤其是在近代以来，一波又一波的全球化把世界各国都连接在一起，并且互相影响，治国理政更需要考量到国际因素。但外国的经验必须融合本国的

---

① 本文写于 2017 年 7 月 4 日。

经验才会有效；如果不能有机融合或消化不良，将适得其反。治国理政的意识形态和学界所讨论的意识形态，并非同一件事情。实际上，学界所说的意识形态只是对一个国家治国理政经验的总结，即概念化和理论化。

从历史经验寻找意识形态的根源，这是中国的传统，主要表现在经史的传承上。在世界各个民族和国家中，很难找到像中国这样重视历史经验在治国理政方面的作用的。所以古人说，“以史为鉴，可以知兴替”，这句话也不断被当代人重复强调。历史更是最重要的政权合法性来源，这到现在为止还没有变化。

“经”是写“史”的理论

中国有“二十四史”，但这里的“史”并非今天一般人所理解的历史。在中国政治传统上，如何写史是最为重要的。写史必须以“经”为原则和指导思想，所以孔子有“吾道一以贯之”的说法，这不仅仅指孔子思想中有一个内核，而且可以指数千年历史中的内核。在不同时代，人们对“经”有不同的解读，所以就有“七经”、“九经”、“十二经”、“十三经”和“十四经”之说。但不管如何变化，大家是有共识的，所包括的都是经典。放到经史的内容中，如果用今天的话来说，“经”就是写“史”的理论、原则和指导思想。

不难理解，许慎在《说文解字》中解释，“史，记事者也。从又，持中；‘中’，正也”。尽管史官为帝王“掌书”“记事”，但其所记的事情，应当处处以“中正公平”为原则。“史”当然不好写，尤其是当代历史，因为皇帝都是有私心的，都想把“历史”拉到自己的边。不过，中国人又发明了本朝写前朝的历史的方法，从本朝看前朝，既比较客观公正，又可以吸取前朝治国理政的经验。

只有对历史公正，才能吸取有效的经验。中国“二十四史”很明显体现这一点。例如，清朝修的《明史》就有《阉党传》，记载宦官作恶之事。尽管汉唐以来都有宦官作恶，但明朝达到了登峰造极的地步，清朝就很注意宦官问题。《明史》又有《流贼传》，记载李自成、张献忠两位农民起义领袖的事情，他们的起义如何促成明朝的灭亡。这里除了立场问题，对“史”的论述还是很公正的。

“经”指导写“史”，但“史”对“经”的贡献更重要。中国人重实践经验，不喜欢谈论抽象的哲学与理论，人们所说的理论大都是经验性理论，就是基于经验之上的理论。这和今天西方社会科学中的“理论”概念相似，就是实证性的理论。从这个视角看，历史上，“经史”是分不开的，“经”便是“史”。因此，清代史学家和思想家章学诚说“六经皆史”。中国到先秦时期没有大家公认的“经”，到汉唐之间，“经”与“史”的分类才开始变得比较清楚。到了宋代，儒家哲人尽管非常重视经典，但仍没有能够决定到底有多少种“经”。王赓武教授认为，在早期，与“经”相比，“史”的用途比较明确，从华夏各民族有记录开始，就已经有整理史料的想法和做法。之后每个朝代的法政典章、食货、国防、地理形势等主要的条例，都成为治国理政的构架。“六经皆史”的概念就是说明，“经”并非抽象的、玄妙的伦理道德，而是国家从历史教训集成的结晶。到了宋朝之后，思想家们坚持用儒家的经书作为主导思想，形成社会各阶层的共同价值观。他们编启蒙读物《三字经》，教导儿童，“经子通，读诸史”，即先掌握“经”和“子”的学问，之后才能领会诸史的深层意义。

回到今天中国的意识形态问题，缺少有效意识形态的一个重要根源在于“经”“史”断裂。这里的断裂有两层含义，第一是传统经史和现代经史之间的断裂，第二是“经”和“史”之间的断裂。

《清史》至今写不出来

就第一方面来说，《明史》为“二十四史”的最后一部，《明史》之后就无中国历史，到今天《清史》还都没有写出来，更不用说《民国史》了。当然，这不是说《明史》之后没有历史书了。今天有太多学者写的历史书，但都是学术论述，并非传统意义上的“史”。这就造成了传统历史和近现代史之间的断裂。

问题在于，为什么就写不出《清史》和《民国史》？这里可能涉及修史本身所遇到的困难。自晚清以来，中国开始受西方影响，不仅表现在思想上，也表现在实践上。西方对中国的影响改变了中国历史数千年来的发展轨迹。此前，从秦始皇到清代早期，尽管期间有很大的变化，但都是同一个政治构架内部的变化，也就是说，都是皇朝政治。随着西方力量的深入，中国的政治、经济、社会、文化方方面面都发生了巨大的变化，形成一种新的历史发展轨迹。

不过，写不出来的主要原因还是“经”的问题，就是修史的主导思想和原则问题，大家对之没有共识。就清史来说，之前出版的《清史稿》为中华民国北京政府所设清史馆编纂清史未定稿，体例依照之前的正史，分“记、志、表、传”四个部分。再者，因为时间仓促，《清史稿》事实错误很多。不过，事实错误容易纠正，属于技术原因。《清史稿》不能成为《清史》主要是政治原因。由于编纂者多为晚清遗老，对清朝歌功颂德，贬低辛亥革命。

这里所说的政治问题也就是“经”的问题。这不是简单的方法论问题，例如史料收集方法，而是分析和评估的问题。分析和评估就必然涉及“经”的问题。从前的做法不可行了，现代的做法又如何呢？从晚清尤其是五四运动开始，中国学者使用不同的从西方进口的政治观念（也就是“经”）来写历史，包括马克思主义方法论。不过，在这样做的时候，人们忘记了，世界上并没有单纯的理论，理论就是历史；没有历史就没有理论。结果，简单地照抄照搬西方的理论来写中国历史，最终都是对中国历史的曲解。近代以来的很多史学著作已经完全改变了传统的“史”，而是“以史适经”，就是用中国的历史去适合西方进口的“经”。这很难说是“史”，而是政治。很多历史概念和论述，直到今天很难理解。例如，有关中国传统社会的封建性、有关资本主义和市场经济、有关皇权等。“阶级”概念也是如此，人们试图通过用“农民革命”来论述历史的发展。尽管农民造反的确起到了一些作用，但如何能决定中国历史呢？因为往往是曲解历史，人们很难看到真实的历史。没有真实的历史，哪会有有效的意识形态？

这里必须强调“史”在社会科学方面的作用。西方的社会科学理论就是建立在西方的历史经验上的，而历史是可验证的。西方的社会科学之所以是西方的软力量，就是因为它是基于经验材料之上的，而不是简单的道德说教和空泛的意识形态。中国无法建立自己的社会科学，而只能照抄照搬西方社会科学，主要是因为中国经史的断裂。如果没有“史”，哪有中国社会科学？没有社会科学，哪有意识形态？

就写“史”的方法论而言，中国自己具有很优良的传统。很多方法和今天西方的历史史料收集和分析方法并没有什么矛盾。也就是说，人们有很多方法论可以使用。同时，晚清以来的实践变化是实实在在的，也不是单纯的旧史学观可以解释的。但这些都不能是写不出《清史》和《民国史》的借口。

因为自晚清以来，意识形态一直主导着史学甚至整个社会科学，要续“史”或者建设社会科学，首先必须有一个“去意识形态化”的过程。同时，写“史”的过程也是再次确定有效的国家意识形态的过程。如前面所讨论的，在中国传统中，意识形态并不是抽象的理论和教条，而是隐含于一个国家的历史论述之中的。没有历史，就没有意识形态。今天各种意识形态，无论是西方进口的还是官方所拥有的，之所以无效，主要是带有太多的道德说教和价值提倡，空洞无物，既不能在历史的经验中找到证据，也不能被现实生活所验证。在这样的情况下，如何叫老百姓相信?

说到底，有效的意识形态建设取决于“史”的论述。没有“史”，如何解释今天从何而来？又如何通向未来呢?

生存与征服：中西方两种哲学及其结果[①]

中国的思想往往产生于危机时刻，无论是由内部因素还是由外部因素所致。最典型的就是春秋战国时代、佛教与本土文化漫长的冲突时期、中央权力衰败国家被分裂时期，近代传统国家被西方列强征服时期。改革开放之后，在 20 世纪 80 年代初讨论“球籍”的时候，也算是一个“危机”时代，因为这种要“被开除球籍”的危机感至少存在于当时的知识精英和政治精英的认知里。

春秋战国时代奠定了数千年中国哲学的基础，也是中国哲学最发达的时期。佛教和中国本土文化的融合前后花费了千年的时间，佛教的传入对本土文化构成了巨大的危机，以至于在很长历史里发生了“灭佛”运动，但也提供了一个机会，整合之后，儒释道并存，大大丰富了中国的思想。此后，不管是什么样的危机也没有产生深刻的哲学思想。近代西方列强到来之后，尽管产生了深刻的危机，但并没有产生伟大的思想。

① 本文写于 2018 年 5 月 29 日。

无论如何，在各种深刻危机下产生的哲学，其主体思想便是求生存，可说是“生存哲学”。春秋战国时代曾经产生过有潜力发展成为类似西方自然科学的以探讨自然世界为核心的哲学（主要是道家和墨家），也产生过有潜力发展成为类似西方近代社会科学的以探讨社会行为为核心的哲学（主要是《管子》）。可惜，自从汉代儒学被立为官方的统治哲学之后，所有思想要么被罢黜，要么被儒化了，即道德化和人化。人们也可以把这种中国哲学称为“生活哲学”。

西方哲学则很不同。西方哲学的主体是征服，可以说是征服哲学。这里既包括人们对自然界的思考，也包括对人类社会的思考，也就是说，无论是自然还是人类社会，都是西方哲学需要征服的对象。今天在中国，在学术界，人们也在谈论“仰望星空”，但传统上这个概念和中国的哲学思考似乎一丁点关系都没有。秦始皇统一中国之后，中国哲人们的眼光和思考似乎从来没有离开过人事，主要是五伦，包括君臣、父子、夫妻、兄弟和朋友。“仰望星空”好像只是西方哲人的权利。从古希腊的苏格拉底、柏拉图、亚里士多德到近代的笛卡儿、牛顿、康德再到现代更多的科学家和哲学家，一说到哲学便是“仰望星空”。

“仰望星空”就是探索宇宙、自然、人类社会等是如何形成、运作、变化的，即马克思所说的“解释世界”，其目的是如何征服它们，即马克思所说的“改造世界”。就知识而言，把宇宙、自然和人类社会作为客体的研究形成了自然科学和社会科学。

中国数千年没有产生科学和社会科学，只有针对人伦关系的道德学，这和中国哲人们缺少对宇宙、自然和社会的客体关怀有很大的关联。西方形成了自然法，中国则是社会自然法；前者关切的是普遍性，后者关切的是特殊性；前者关切的是统治世界，后者关切的是自我生存。

这种哲学思维上的差别可以解释中西方其他很多方面的差异。在科技层面，近代以来中西方学者力图回答的一个问题就是：尽管在西方到来之前，中国在很多技术领域取得了伟大的成就，但中国为什么没有产生类似西方的科学？这也是李约瑟博士组织的多卷本《中国科技史》所要回答的问题。不难观察到，中国有很多单项的技术发明，但却不善于整合。中国的四大发明除了对日常生活有所改进之外，基本上对中国日后的发展没有什么巨大的贡献，但却促成了西方人对世界的征服。

中国缺失“工匠精神”

英国哲学家培根在其所著《新工具》里指出：“印刷术、火药、指南针这三种发明，已经在世界范围内把事物的全部面貌和情况都改变了：第一种是在学术方面，第二种是在战事方面，第三种是在航行方面；并由此又引起难以数计的变化：竟至任何教派、任何帝国、任何星辰对人类事务的影响都无过于这些机械性的发现了。”马克思显然同意培根的说法，也认为：“火药、指南针、印刷术——这是预告资产阶级社会到来的三大发明。火药把骑士阶层炸得粉碎，指南针打开了世界市场并建立了殖民地，而印刷术则变成了新教的工具，总的来说变成了科学复兴的手段，变成对精神发展创造必要前提的最强大的杠杆。”[①]

① 资料来源：《马克斯 恩格斯全集（第三十七卷）》，人民出版社，第427页。——编者注

不过，现代也有西方学者认为，除造纸术有明确的证据是由中国传入西方外，其他三项发明并无直接证据表明是由中国传入西方的。一些西方学者认为，火药、指南针和活字印刷为中西方各自独立发明。中国方面尽管在时间上早于西方，但传播不广，亦缺乏改进。西方虽时间上晚于中国，但传播广泛、精于改进，后世使用的火药、指南针和活字印刷直接是从西方发展而来的。

不过，这里要讨论的重点，并不在于这些技术到底是谁先发明的，而是有了这些技术发明之后的使用，就是上述培根和马克思所说意义上的。不管怎样，西方人把这些技术进行了各种整合之后便征服了世界。火药的作用远远不止马克思所说的“把骑士阶层炸得粉碎”，因为马克思只看到了内部的影响，而没有讨论外部的影响。火药和指南针的整合为西方塑造了无比强大的西方海军，促成了西方殖民主义和帝国主义。印刷术在西方所起的作用也远超马克思所说的“新教工具”。借用当代美国学者本尼迪克特·安德森（Benedict Anderson）的话说，造纸术和印刷术的结合为西方社会创造了“想象共同体”（imagined communities），即民族的概念，而想象共同体的产生是西方近代民族国家中最为关键的，是近代以来西方征服世界的内部制度基础。

近代以来原创性技术大多产生在西方，而非中国。这和中国人对宇宙和自然不那么感兴趣有关系。自然，人们会问，同属儒家文化圈的日本和韩国近代以来不是也有很多技术创新吗？尤其是日本，这些年已经拿下那么多的诺贝尔奖。这个问题需要另文回答，但这里可以提出两点。第一，日本和韩国原创性的技术也不是很多，它们精于应用，并在应用的基础之上有很大的改进，制造出来的产品甚至超越西方。第二，这些国家在二战后基本上采用了西方的制度，尤其是科研制度方面。主要政治精英都是接受西方教育，形成了西方的思维方式。尽管中国也有很多人留学西方，但他们不是社会的主体，更不用说是政治的主体了。

中国也专于应用，但是中国缺失日本人和韩国人所具有的工匠精神。历史上，在士农工商的社会结构里，工匠是被瞧不起的，精神也无所寄托。这方面，今天的情况也没有根本性的变化。人们一直在呼唤工匠精神，但在缺失文化和制度环境的情况下，工匠精神很难产生。

从政治经济方面来说，西方近代以来在征服世界方面走过了几个阶段。早期，西方世界所使用的就是最原始意义上的征服，即实行赤裸裸的殖民地和帝国主义政策。二战以来，西方主要通过世界规则的制定来统治世界。他们把自己的观点打造成“普遍适用的观念”，再把它转化成为普遍规则，在全世界扩张、推行。西方的使命感文化最初来自宗教（基督教文化），但近代以来演变成政治价值和意识形态，成为各国争相征服世界的工具。

在规则方面，中国也仅仅只是应用，近代以来中国所做的都是在适应和应用产生在西方的规则。哈佛大学教授费正清曾经提出过“冲击—回应”模式，来解释中国近代以来的现代化。也就是说，中国一直处于回应由西方的崛起而产生和强加的挑战状态。这个概念可以解释直到今天为止的中国生存哲学。

中美发展互联网的不同之处

不需要举不熟悉的例子，就举今天谁都知晓的互联网就足以说明问题。互联网早已成为中国人生活的内在部分，较之其他国家，中国人更为依赖互联网。但比较一下中国和美国的互联网就可以知道不同之处在哪儿了。中国的BAT（百度、阿里巴巴、腾讯）无一不是以生活为中心，甚至是核心的。在西方，互联网公司被称为高科技公司，因为它们都在研发高科技。但在中国，在很大程度上说，互联网公司与其说是高科技公司，倒不如说是高科技应用公司。

中国的互联网的确发展出了自己的商业模式，但绝对不是技术。互联网公司用来做买卖、外卖、推销产品等。不是说这些不可以做，但做这些实在看不到这些互联网公司的技术格局。在社会层面更不用说了，互联网已经“培育”了多少的“键盘手”和“网红”。互联网都是用这些层出不穷的新概念而深入中国社会的。但要知道，在中国的互联网热衷于做外卖的时候，西方人已经用互联网走向了太空。

多少年来，在人们的概念中，互联网只是中美两家的竞争，好像与其他国家没有多少关系。但是，这次中兴事件一发生，人们就完全傻了眼。中国关键的技术例如芯片和触屏等高度依赖美国等国家，如果美国及其盟友（日本和韩国）等政府，禁止它们的企业向中国供应这些关键技术，那么中国马上就会面临深刻危机。

实际上，情况远比芯片技术严重。直到今天，所有的操作系统都是西方的创造发明。哪天西方不给用了，中国就没有了互联网。这种情况并非杞人忧天。尽管中国的市场具有巨大的吸引力，但在国家安全问题上，一旦美国把中国视为敌人，便会使用一切手段来对付中国。对美国来说，放弃中国市场不是生死问题，只是失去了一个市场；不过，对中国来说，则是一个生死问题。

即使在商业模式方面，中美的差异也已经代表着两个不同的方向，即西方做标准化，而中国搞地方化。前者强调普遍性，后者强调差异性。美国互联网公司专注于把自己的标准推广到全世界，在标准化方面从来不妥协。中国则相反，中国的公司（例如手机公司）也走向世界，但重视的是技术的地方化，利用地方的特殊特点（无论是物质上的还是制度文化上的）提供特殊的产品。这里并没有谁对谁错的问题，但结果是很不同的。

一句话，中国哲学从来没有超出求生存的水平；即使生存问题没有了，中国人也没有征服世界的念头，而转向了实在的生活。这种哲学的优势就是其和平性质。西方人不相信中国是和平的，这主要是因为西方人以自己的逻辑来理解中国。不过，对中国来说，如果生存哲学不变，其结果也是显然的，那就是继续缺少原创性技术，继续没有能力制定规则，继续当一个善于适应环境的好学生。如果生存哲学仅仅只是人们的一种选择（在汉朝，这仅仅是选择），那么人们还可以做不同的选择；但如果生存哲学已经演变成为“基因”或者“血液”，那么人们只能接受命定论了。

中国近代以来的知识体系问题[①]

一般人们把19世纪40年代的鸦片战争视为中国近代史的开端。这主要是凸显西方对中国发展的影响。中国在战争中失败了，大清帝国从此开始走向衰败。的确，在促成中国传统帝国离开历史舞台过程中，西方的作用不可低估。因此，马克思尽管也谴责西方殖民主义和帝国主义，但也充分肯定了殖民主义和帝国主义在推动历史发展进程中的关键作用。

在马克思之前，另一位德国哲学家黑格尔认为中国没有历史，因为如果按照欧洲从奴隶社会、封建社会到资本主义社会历史发展的进程来看，中国的历史是静止的。自秦始皇统一中国之后，中国的经济和政治形态几乎没有什么变化。而中国新的历史是和西方接触后才开始的。鸦片战争是关键，之前中国一直可以应付，没有深刻变革的意图，但几次战争失败之后，就不得不开始进行变革。

中国近代以来的历史是如何变革的呢？在这方面，有两种主要解

① 本文写于2018年7月17日。

释。第一种是美国史学家费正清的冲击—回应模式，即认为中国是随着西方的变化而变化的，西方带来冲击，中国回应。与此不同，另外一种解释强调，中国的变化体现的是中国自身的发展逻辑，外来（西方）力量促使，甚至促成了中国的变化，但变化并没有改变中国本身的发展逻辑，或者说，中国的变化没有使得中国西方化。

如何解释这些不同的看法？不同学者看法不同，并没有对错之分，主要的区别就在于他们所指的变化层面不同，在不同层面，人们看到不同的东西，得出不同的结论。例如，在思想意识层面，近代以来肯定是西方化的。近代以来，中国的语言、概念、理论和思想等方面所呈现出来都是西方化的结果，无论是浅层的思考还是深层的思维，无一不和西方有关。说穿了，到今天为止，思想知识界还没有能力拿出一个基于中国现实之上，并且能够解释中国现实的概念或者理论。

学习西方物质的发展模式

在物质变化方面，也是如此，也表现出诸多西方化的迹象。首先，在这个层面，至少没有人会拒绝西方式的变化。当然，在很短的一段特殊时期里，例如“文化大革命”时期，人们把西方式物质变化高度意识形态化和政治化。实际上，近代以来到今天为止，最长盛不衰的口号“富国强兵”，就是要学习西方物质发展模式。这并不难理解。近代中国被西方打败，主要是因为西方物质方面尤其是军事方面的进步。在早期，人们还鄙视西方的物质进步，但在被打败后不得不放弃这种态度。

中国早期学习西方主要是想学习西方的物质进步，等到被亚洲第一个现代化国家、昔日的学生日本超越之后，才又意识到光有物质进步远远不够，还要学西方的思想。至少就日本本身的解释，其进步是脱亚入欧的结果。中国要在物质层面学习，甚至赶超西方，这是近代以来大多数政治人物和知识分子的梦想。从毛泽东到当代，“赶超”几乎已经成为中国人的一种哲学思维了。

最大的分歧就在制度层面。不管怎样的社会，制度是其核心，因为制度是调节人与人、人与社会、人与自然的中介。可以说，没有制度，就没有社会。近代以来，就中国的制度如何变化有大量的讨论，但根据历史进程，归纳起来，不外乎如下几种。第一，早期提倡“中学为体，西学为用”，就是说基本制度不用变革，需要变革的那些能够解决问题的“术”方面的东西。第二，全盘西化。“五四运动”之后很长时间里，这种观点盛行。第三，“西学为体，中学为用”。这是20世纪80年代提出来的，当时东亚很多社会已经实现了民主化，包括日本、韩国和中国台湾，在这些社会，政治体制民主化了，但社会生活仍然是东亚传统。

不管怎样的应然认知，很显然，近代以来，制度层面，无论是社会层面、政治层面还是经济层面，中国并没有像思想和物质层面那样西方化。当思想西方化的时候，人们总是以为制度也会西方化；当物质生活西方化的时候，人们总以为制度也会西方化。更不乏有人呼吁主动的制度西方化。但从经验层面看，并没有发生这种情况。在制度层面，有些变化似乎是朝着西方化方向在发展，但结果发现是浅层的西方化，甚至仅仅只是假象，在制度深层仍然是中国式的。更有意思的是，在思想和物质变化越来越西方化的今天，制度层面呈现出越来越中国化的趋向。

这里的解释可以有多种。第一种解释是基因论，即认为中国的制度在不同时期面临不同的思想和物质条件，有能力“再生产”，而不会发生根本性变化。黑格尔就是这么解释中国的，他认为中国没有历史。的确如此，西方从原始社会、奴隶社会、封建社会走到黑格尔时代的资本主义社会，制度变化令人眼花缭乱；但中国自从秦始皇统一中国之后，在制度层面没有发生过任何类似西方的变化。

第二种解释强调制度变化的缓慢性。物质层面的变化是有限的，因为它往往首先发生在某一个或者几个领域；思想层面的变化最具有局限性，因为它往往只发生在知识界的某些人中间。因为制度是调节社会最大多数人的生活的，它不会随着物质和思想的变化而随时随地变化。在这个层面，人们往往指向既得利益对制度变化的阻碍。不过，如果社会的大多数就是阻碍变化的既得利益的时候，制度变化就很难进行。中外历史上，也经常发生通过“消灭”既得利益而引入的制度变化，即革命。但还没有任何一个社会对这种需要巨大的生命代价而达成的变革达成过任何共识。

第三种解释指向“量变而质不变”，强调建立在世俗文化之上的中国制度的灵活性和伸缩能力，也就是说，中国的制度能够吸收消化任何外来的（包括来自西方的）压力，在“量”的层面不断变革自己，而在“质”的层面（也就是在结构层面）而“再生产”自己，从而实现自我更新。

物质－思想层面的变化与制度层面的变化的高度不一致性，很直接地反映在中国近代以来的知识体系上。简单地说，中国的概念理论与制度实践严重脱节，知识体系解释对制度现实没有解释能力。这种情况自近代到今天，不仅没有变化，反而越来越严重。

用什么解释中国的经济和政治制度

就以今天人们一直在讨论的中国道路为例，中国道路是客观存在的社会事物，自近代到今天中国的历程就是中国道路。如同前面所讨论的，在物质和思想层面，中国道路受西方（不管是马克思主义还是其他的“主义”）的影响也是显见的。西方在这两个层面的相关性表明，在这两个层面西方的概念和理论能够解释一些东西。但在制度层面如何解释中国道路呢？

很显然，“国家资本主义”的概念与其说是解释中国的概念理论，倒不如说是西方对中国的偏见。自古到今，中国的国家在经济生活中所扮演的角色，并非是西方的国家所能比的，甚至经济本身的概念，中西方之间也存在着巨大的差异。抛开其意识形态性质不说，问题在于，“国家资本主义”不能解释中国的历史和现实。至少从汉代开始，国家始终垄断关键的经济领域。国家对关键经济领域的垄断，决定了中国没有可能发展出西方那样的自由市场经济。但是，这并不是说中国就没有市场了，中国就没有除了国家之外的经济角色了。

恰恰相反，在大多数历史时间里的大多数经济领域，国家并不是主要的经济角色。除了国家之外，还有民营企业，还有民间和政府的合作企业。近代的人们把当时的企业分为“官办”、“官督商办”和“商办”是相当科学的。当然，也有外国人开办的企业，尤其是近代以来。今天的人们称中国经济为“混合经济”，就是指这种复杂的经济形态。当一个国家的经济活动半壁江山是非国有的，非国有部门的就业人数超越国有部门的时候，很难用“国家资本主义”来解释中国经济了。那么，用什么来解释呢？

更重要的是在政治制度方面。从古希腊的“东方主义”到近代的“东方专制主义”、20世纪的“极权主义”再到当代层出不穷的各种版本的“权威主义”，马克思以及后来的马克思主义者，他们对解释中国的贡献就是证明了在“东方专制主义”背后还存在一个经济基础，即“亚细亚生产方式”或者“水利社会”。

但正如“亚细亚生产方式”解释不了中国经济，“东方专制主义”也解释不了中国的政治制度。早期传教士来中国的时候，他们误以为中国比西方更为“共和”，甚至认为中国才是真正的“共和”体制，即皇帝和大臣（官僚体系）之间的“共和”。这当然是一个假象，因为中国并非“共和”，但也点出了中国皇权体系内部的权力分配的客观状态，这种状态并非西方的“东方专制主义”所能解释的。

到了今天，无论是西方还是中国的学者，基本上都沿着这个古老的思维范式来解释中国政治体制，解释这个体制为什么那么具有韧性。但鲜有人解释这个体制到底如何运作？能够用什么样的概念和理论来解释这个体制？尤其是当中国的社会经济利益高度分化和多元化的时候，如何用原来的范式来解释呢？中国学者完全可以通过观察中国政治体制的实际运作，来形成能够解释中国的概念和理论，但这个基本的任务鲜有人感兴趣，导致了中国没有能够解释自身的社会科学的局面。直到今天，人们仍热衷于拿着西方的一切来解释中国的一切。

人们有足够的理由来质疑近代以来所形成的中国知识体系，因为这个知识体系是对西方知识体系的简单移植，并不能有效解释中国自身。人们更有足够的理由来重塑中国的知识体系。在实践与人们所接受的理论概念之间出现巨大差异，甚至发生重大矛盾的时候，人们就会惊讶，甚至愤怒，对现实产生巨大的不满。这种情绪在思想意识上可以理解，但在理论上则一无所用。

无论哪个社会，在理论与现实不相符合的时候，需要改变的是理论而非现实，因为现实，不管人们喜欢与否，是客观存在的。如何重塑中国的知识体系？对中国的知识界来说，这是一种全新的任务。可以这么说，如果中国学者不能担当起这个责任或者不能完成这一任务，学者的思维会一如既往地处于“被殖民”的状态，学者所扮演的角色充其量也只是西方知识的“贩卖者”。

名利场下的中国知识将向何处[①]

无论就中国历史还是就世界历史而言，这个时代无疑是一个伟大的时代。自改革开放以来，中国经历了巨大的经济和社会转型，乃至政治转型。就经济而言，中国从20世纪80年代初一个贫穷的经济体跃升为世界上第二大经济体，从一个几乎处于封闭状态的经济体，转型成为世界上最大的贸易国。

而这些变化的背后，是从原先的计划经济向中国自身市场经济制度的转型。就社会发展而言，这些年里中国已经促成了数亿人口的脱贫，同样为世界经济史上的奇迹；尽管还有很多穷人，但人均GDP已经接近9 000美元。

社会其他方面的发展也同样显著，包括人口寿命、教育、社会保障、住房等。就政治而言，1949年之后建立起来的制度经受住了各种挑战，化解了各种危机；尽管仍然被西方简单地视为权威主义体系，但中国的政治制度已经显现出其高度的韧性和灵活性，与时俱进。

---

① 本文写于2017年6月6日。

这个伟大时代的伟大实践，需要人们来解释，来提升，概念化和理论化，从而创建出基于中国经验之上的中国社会科学体系。很显然，这是中国知识界的责任。这个责任本也可以促成中国知识界的伟大时代，但现实无比残酷，当中国成为世界社会科学界最大实验场的时候，中国的知识界则进入一个悲歌时代。

说是知识的悲歌时代，倒不是因为权力、金钱和大众对知识史无前例的鄙视，也不是因为知识常常被用来点缀，成为可有可无的东西——因为知识从来就是卑微的，也应当是卑微的。今天知识悲歌的根本原因，在于知识创造者本身对知识失去了认同，一些知识创造者失去了自身的主体地位，而心甘情愿地成为其他事物的附庸。

很多学校的校庆是以培养了多少政治人物、多少富豪而感到自豪，没有一个大学已经培养出一位钱学森生前所的说“大师”。实际上，今天大学或者研究机构所举办的各种公共论坛乃至学术研讨会，人们都以邀请到大官大富为荣，而知识本身则变得次要、可有可无。

知识体系是任何一个文明的核心，没有这个核心，任何文明都很难在世界上生存和发展，至多成为未来的遗址。从知识创造的角度来看，正是伟大的知识创造才造就了文明。在西方，从古希腊到近代文艺复兴再到启蒙时代，这是一个辉煌的知识进步，没有这个进步，就很难有今天人们所看到所体验到的西方文明。中国也如此，春秋战国时代的百家争鸣到宋朝的朱熹，再到明朝的王阳明等，铸造了中国文明的核心。

就知识创造者来说，知识创造从来就是个人的行为。尽管有些时候也表现为群体知识，例如春秋战国时代的百家，但群体知识仍然基于个人知识体系，只是一些学者之间有了共识，才形成互相强化的群体知识。同时，在中国“学而优则仕”的政治环境里，知识表面上是政府知识分子（也就是士）这个阶层创造的，但应当指出的是，政府从来不是知识的主体。

当然，这并不是说，政府在知识创造过程中就没有责任，政府既可以为知识创造有利、有效的环境，也可以阻碍知识的创造。因此，从知识创造者这个主体来反思当代中国的知识悲歌，更能接近事物的本质。也就是说，我们要回答“我们的知识创造者干什么去了呢”这个问题。

一个一般的观察是，在中国社会中，历来就是“争名于朝，争利于市，争智于孤”。这里，“争名于朝”是对于政治人物来说的，“争利于市”是对商人来说的，而“争智于孤”则是对知识人来说的。今天的知识悲歌的根源就在于现代知识人已经失去了“争智于孤”的局面，而纷纷加入了“争名于朝”或者“争利于市”，有些知识人甚至更为嚣张，要名利双收。

争名于朝。现在和过去不一样了，从前是“学而优则仕”，从学的目标就是从官，并且两者没有任何边界。现在从学的目标已经大大超越（至少在理论上说）了从官，并且两者之间有了边界。大多知识人士为官了，“为官”的心态浓厚，因此通过各种变相的手段争名于朝。当然，这背后还是巨大的利益。竞相通过和“朝廷”的关联来争名，这个现象随处可见。

一些学者给高级别领导讲一次课就觉得自己非常了不得了。今天在做智库评价指标时，人们以争取到大领导的批示和认可作为最重要的指标。更有很多知识分子对大官竭尽吹牛拍马之能事。无论是被邀请给高级别领导讲课还是文章拿到了领导的批示，这可以是一个指标，但并非唯一甚至是最重要的指标。知识有其自己的指标。如果知识人以这些东西来衡量自己的知识的价值，那么不仅已经是大大异化了，而且很难称得上是知识。

争利于市。这对中国的知识分子是个新生事物。传统上，从理论上说，知识分子和商业是远离的。从认同上说，知识分子显得清高，不能轻易谈钱的问题；从制度层面来说，士、农、工、商的社会安排把知识分子和商隔离开来。当然，在实际层面，两者经常走在一起。不过，现在情形则不同了。有些知识分子以利益为本、以钱为本，公然地和企业走在一起，甚至可以说各个产业都“圈养”着一批为自己说话、做广告的知识分子。

知识分子以其他手段争名利

在现代社会，除了和政治权力和商业利益发生关系，知识分子更是找到了其他的手段来争名利。例如，争名于“名”，即通过炒作既有名人而成名。研究既有名人未尝不可，而且也是知识生产和创造的手段。不过，当下有些人不是认真地去研究名人，而是完全根据自己的或者他人的需要，不惜糟蹋名人，例如王阳明。王阳明是个大家，现在被炒得很火。不过，很遗憾的是，很少有人真正在研究王阳明，可以预见的是，如果现在的情况延续，“阳明学”很快就会变得庸俗不堪，不仅静不了人们的心，反而会搅乱人们的心。

在互联网时代，知识更是具备了“争名利于众”的条件。这至少表现在两个方面。一方面，知识人通过互联网走向“市场”，把自己和自己的知识商品化。当然更多的是充当“贩卖者”，即没有自己的知识，而是贩卖人家的知识。互联网是传播知识的有效工具，但这里的“贩卖”和传播不一样，传播是把知识大众化，而“贩卖”仅仅是为了钱财。

看看眼下日渐流行的“知识付费”就知道未来的知识会成为何等东西了。另一方面，互联网也促成了社会各个角落的各种各样的“知识”（宗教迷信、巫术等等）登上学术舞台，并且有变成主流的大趋势，因为衡量知识价值的是钱、是流量。

而后者的力量如此庞大，更是把前者拉下了水。今天的知识分子都是在争流量，为此大家争俗、争媚，媚俗和流量无疑是正相关的。更可惜的是，官方也往往把流量和社会影响力等同起来。这就不难理解为何官方媒体也和众多自媒体一样，堂而皇之地媚俗。

古今中外的真正学者没有一个是争名争利的，有很多为了自己的知识尊严甚至付出了生命的代价。历史上，不乏知识人被权力和资本迫害的事例。近代以来才逐渐有了言论自由的保障。对大多数学者而言，名利并非是追求而来的，而仅仅只是他们所创造知识的副产品。

很多学者生前所生产的知识，并没有为当时的社会所认可和接受，穷困潦倒。那些能够远离名利的学者才是真正的名而不利。屈原便是一个很好的例子。

毛泽东曾经评论过屈原，认为屈原如果继续做官，他的文章就没有了；正是因为被开除了“官籍”，“下放劳动”，屈原才有可能接近社会生活，才有可能产生像《离骚》这样好的文学作品（引自邓力群著《和毛泽东一起读苏联〈政治经济学教科书〉》一文）。

一旦进入了名利场，知识人便缺少了知识的想象力。一个毫无知识想象力的知识群体如何进行知识创造呢？一个没有知识创造的国家如何崛起呢？正是因为知识之于民族和国家崛起的重要性，近来自上到下都在呼吁知识的创造、创新。为此，国家也投入了大量的财经资源，培养重点大学，建设新型智库，吸引顶级人才等。但现实情况极其糟糕，因为国家的投入越多，名利场越大；名利场越大，知识人越是腐败。

无论是近代大学还是传统书院，重要的并不是大学制度或者书院制度本身，而是大学和书院的主体，即知识人。

有了以追求知识为目的的知识人之后，这些制度自然会产生和发展；而在缺少知识人的情况下，最好的大学和书院也只是一个居所。更糟糕的是，在知识人自愿堕落的情况下，这类居所越好，知识越遭羞辱。

知识圈在下行，知识也在下行。尽管预测是危险的，但人们可以确定的是，如果这个方向不能逆转，那么中国很快就会面临一个知识的完全“殖民化”时代。道理很简单，人们已经不能回到传统不需要那么多知识的时代，人们需要知识，但因为没有自己的知识，那么只好走“殖民”路线，即借用和炒作别国的知识。

在很大程度上说，“五四运动”以来中国走的就是这个方向，只是今天的加速度不是前面数十年可以想象的。

当代中国人的处境和未来[①]

和西方比较，人的处境问题在中国文化环境里的表现全然不同（有关西方人的处境问题，另文论述）。一方面，中国文化对人的重视是其他文化所不及的。

《礼记·礼运第九》（简称礼运大同篇）表述得淋漓尽致："大道之行也，天下为公，选贤与能，讲信修睦。故人不独亲其亲，不独子其子，使老有所终，壮有所用，幼有所长，矜、寡、孤、独、废疾者，皆有所养。男有分，女有归。货恶其弃于地也，不必藏于己；力恶其不出于身也，不必为己。是故谋闭而不兴，盗窃乱贼而不作，故外户而不闭，是谓大同。"

这一大同思想数千年以来一直是中国人的理想，一直延续到今天。近代以来，康有为曾借孔子之名撰写了《大同书》。孙中山先生把此作为其政治理念，说："三民主义，吾党所宗，以建民国，以进大同。"毛泽东也说过："《大同书》所写就是我们共产主义者要建立

① 本文写于 2017 年 11 月 28 日。

的理想社会。”无疑，大同理念是关乎人的，至少是关乎人的处境的。

再者，中国传统政治文化中隐含着深厚的人本主义精神。孟子赋予老百姓革命的合法性；官方主体意识形态儒家也一直强调“水能载舟，亦能覆舟”的道理。传统社会数千年也的确不断发生这种“革命”，即改朝换代，“天命”从一个朝代转移到另一个朝代。

不过，且不说传统政治下普通人的处境，每次革命都是以牺牲大量的老百姓为代价的，或者说每次革命都是人的危机。实际上，如何逃避这种周期性的“改朝换代”的“周期率”，是近代以来中国政治人物所面临的巨大挑战。其中，最著名的属毛泽东和黄炎培的“窑洞对”了，毛泽东告诉黄炎培，共产党人已经找到了方法，即民主，把权力交给人民。

但另一方面，人们也发现传统上的中国人本主义，和西方人本主义很不相同，不能混为一谈。今天，这种不同也是很多人对“中国是否已经走出周期率”抱不确定态度的主要原因。不同在哪里呢？很简单，在西方，人是主体；在中国，人是客体。

尽管事实上，在西方，人也并不永远是主体，因为在不同的时代，作为主体的人经常被其变化着的环境所异化，包括政治、资本等。不过，人成为主体的理想一直是存在着的，并且不同历史阶段，人也是为了实现这个理想而斗争的。

与之比较，正如《大同书》所示，尽管中国文化强调改善人的处境，但人从来就没有成为主体。在传统中国，权力始终是社会的本体和主体。中国很早就发展出了“养民”的概念，即把老百姓作为治理客体来对待。官方意识形态即儒家基本上是一种现实主义的统治哲学，即从人的特性来理解有效的权力行使。儒家对“民”的关切，其核心也是皇权，即避免皇权被“民”推翻，从而失去“天命”。

孟子赋予“民”革命的合法性，但从关切人到革命是一个漫长的过程，儒家除了发展出了一些有助于统治和消解“民”起来革命的机制，例如科举考试和提供最低生存环境，并没有发展出能够“为民”的任何有效机制。很容易理解，数千年的中国历史没有发展出任何类似西方的“人权”概念。直到今天，这个概念对大多数中国人来说仍然模糊不清。

如果和西方、印度做一简单的比较，中国文化的特质会更加清楚一些。印度社会一直受种姓制度困扰，种姓制度把印度社会分成四个主要等级，一个人出生在哪一个等级，无论做怎样的努力，都不会改变，并且是世代相传。欧洲社会从早期的宗教传统到近代的自然法传统，都强调人的平等性。尽管事实上是不平等的，但从规范层面始终强调人的平等权利。

中国文化对人的定义

中国社会可以说是居中的。中国社会没有像欧洲社会那样的“人是平等的”的假设，但也没有像印度那样世世代代不可改变自己的社会地位。欧洲人的上帝和自然法都是假设，在现实中并不存在，因此他们可以说“人人在上帝面前平等”或者“人人在法律面前平等”。中国人没有这样的假设，而是通过社会观察到，人本来就是不平等的。

中国文化对人的定义都是置于5个基本关系之中，即君臣、父子、夫妻、兄弟和朋友。从社会阶层看，中国也有士、农、工、商四阶层的意识形态安排，也具有等级性。尽管承认社会的等级性，但中国文化认为，人是可以通过自己的努力来实现自己的社会流动的。

从哲学层面，中国没有西方那种“原罪”和“性恶”概念。传统儒家信仰的是“性善”，因此强调教育，并且是“有教无类”，而科举制度在实践层面为社会阶层流动提供了制度机制。

不过，正如前面所讨论的，传统中国的这些制度安排并非是为了实现人的权利；相反，这些安排都是为了让人尽义务和责任，最终目标是为了皇权的统治。

所以，对中国人来说，人的危机发生在需要革命或者造反的时候。印度的种姓制度，低种姓的“民”是没有革命的合法性的。如上所说，中国在“以民为本”到“民反”之间缺少一系列制度安排，等到“民”忍无可忍的时候，就直接造反。

人权的概念直到近代开始才逐渐引入，成为数代人的追求。这么多年来，中国和西方在人权方面一直进行着持续的争论。但无论中国学者还是西方学者，在对中国人权方面的认识过于政治化和简单化。双方所争论的焦点并非中国需要不需要人权，因为中国也从来没有否认过人权；争论的焦点在于不同方面人权实现的优先次序问题，中国强调社会经济的发展权利，而西方强调的是政治权利。

这种争论不可避免，也会继续，因为不同国家处于不同的社会经济发展阶段，其实现人权的条件很不相同。不过，对中国来说，这种争论实际的意义并不大。那种表现为经济社会发展和制度建设层面上的人权的实现，只是时间问题，但这些层面人权的实现是否表明人权的真正实现呢？答案可能是否定的。

无论中国还是西方，现在讨论人权过多地注重政府和人民之间的关系。不过，政府和人民的关系仅仅是人权的一个重要方面，更为重要的是总体社会关系中表达出来的关系，例如包括普通人对普通人、成年人对儿童、男人对女人、医生对病人、老师对学生、老板对下属、资本家对工人、上下级官员等等，而政府和人民的关系只是总体社会关系的一个反映。

如果一个人不能把另一个人作为一个“人”，而是作为一种具有身份（例如官员、商人、父亲、妻子、儿子等等）的人看，基本人权就无从谈起。一旦把人权和具体的身份联系在一起，就不是人权了。

中国的人的启蒙运动

为什么会造成这样的情况？至少有如下几个方面的因素。第一，中国没有经历过人的启蒙，类似于欧洲的文艺复兴，没有能够从人作为客体的人本主义，转型成为人作为主体的人本主义。尽管西方古希腊就开始重视人，但人的主体性是在文艺复兴之后确立起来的。中国没有经过对人的启蒙，直接进入了欧洲那样的政治启蒙运动。

一般人们把“五四运动”视为近代中国第一次启蒙运动，但“五四运动”实际上是政治启蒙运动，而非人的启蒙运动。“五四运动”功不可没，但也有很负面的后遗症，那就是人们轻易把事情过度政治化，包括对人的看法。

第二，受历史条件的限制，中国的启蒙运动过于强调国家的权利，而忽视甚至漠视个人的权利。近代以来，中国被西方国家所打败，国家主权面临挑战。在这样的情况下，“救国”成为首要任务。对人民来说，这也是可以接受的，因为国家的主权也是人权的前提；没有国家主权，哪有个人的人权？但今天的问题在于，国家发展已经进入新的阶段，情况也相应发生了变化。

第三，在新国家建立之后，阶级斗争的遗留问题。

第四，经历了数十年以市场为导向的改革开放之后，中国也变成了类似于其他很多社会的平常社会，也出现了资本贪婪，收入差距不断拉大、社会分化。同时，与社会保障、医疗、教育和公共住房为核心的社会政策还没有到位。在基本社会正义缺失的情况下，人的观念也会发展不充分。

不过，从长历史来看，这并不是说中国发展解决不了这些问题。实际上，所有这些问题，西方在不同阶段都经历过，只不过是西方采用进步的方法解决了这些问题。同时，与中国具有相同文化背景的亚洲日本和“四小龙”，也都已经实现了这种转型。尤其是，这些经济体内，政府在发展过程中也扮演了重要作用。那么，中国也可以。二战以来新儒家一直在探讨这个问题。

在重新强调现代化的今天，关键的是实现人的现代化，而人的现代化实现的起点，则是每一个人对他人权利的认同。

第七章

当代西方的处境及其未来

美国局势与不确定的国际秩序[①]

特朗普成为美国总统以来，在内政外交各个领域开始了一系列变革，令人眼花缭乱。在内政方面，废除了被视为具有明显社会主义色彩的奥巴马医改之后，最近又推出了被视为30年以来最大规模的、由大资本主导的减税方案。

在外交上，特朗普迅速地从美国人多年来信奉的多边主义转型到了单边主义，退出了跨太平洋伙伴关系协定、巴黎气候协定和联合国多个委员会，减少甚至结束美国对国际社会诸方面的承诺，等等。

所有这些变化，都预示着国际秩序的急剧变化，因为无论是美国的内政还是外交，任何重大的变化都会对现存国际秩序产生重大而深刻的影响。

国际秩序的本质决定了美国在现存国际秩序中的作用和角色。经验地看，自从美国在一战期间结束了往日的孤立主义，卷入世界体系以来，这个世界体系的构建和发展一直和美国分不开。这是因为国际

① 本文写于2017年12月19日。

体系基本上都是因为大国而产生，因为大国而发展和变化。

没有大国就不会有强有力的区域秩序和国际秩序。传统帝国时代是这样，现代主权国家时代也是这样。在后冷战时代，尽管各国在多极化方面做出巨大努力，但在现实层面，美国仍然起着主导作用。尽管美国这一帝国早已经扩张过度，但特朗普之前的历任美国总统一直在苦苦支撑着这个体系。不过，现在人们预期的事情终于发生了。

特朗普是个现实主义者，并且这种现实主义是为美国利益服务，值得肯定。至少特朗普本人是这么看，因为他的口号一直是“使美国再次伟大”。无论是内政还是外交，特朗普着眼的是解决多年来积累起来的国内问题。例如他废除了奥巴马医改，认为这个医改会促成美国发展成为欧洲类型的福利国家，“养懒人”，拖垮美国经济。又如最近推出的税改是为了吸引美国资本回流，并通过国际资本流入来复兴美国经济，“拯救”美国的中产阶层。

美国正释放出巨大的外部影响力

不过，正是因为美国在现存国际秩序中的位置，美国的这些内部变化会释放出巨大的外部影响力。就经济来说，这典型地表现在税改和货币政策等方面上。美国是世界上的最大的开放经济体，已经和其他经济体形成互相关联的关系，其他经济体都在不同程度上依赖美国经济体。当然，这绝对不是说，这些其他经济体单方面地从美国那里获得了大量的经济利益。

事实上，尽管这些经济体的确从美国市场获得了很多好处，但美国从这些经济体所获得的好处更多。20 世纪 80 年代以来，美国推动了全球化进程，从中获得了最大的好处。美国的问题是内部问题，主要是因为全球化导致了美国收入差异的扩大和社会的高度分化。美国政府的确需要解决这方面的问题，因为这种情况持续下去，美国内部就会面临极大的不稳定。

这里的关键是美国处理问题所使用的方法。因为有那么多经济体高度依赖美国，美国的方法可以成为这些国家的公共产品，即对这些国家产生正面影响，也可以成为公共危害，即对这些国家产生负面影响。

也就是说，既然美国和这些国家的经济高度依赖性，形成了一个以美国为中心的经济秩序，那么美国在寻找意在解决内部问题的方法时，必须考虑到其外部性，即对其他国家经济的影响。过去，美国在很多方面的确这样做了。例如在货币政策上，尽管美国主要的考量是美国利益，但也会在不同程度上考量国际影响。但这次特朗普的税改则显示出美国的极端自私性。

不过，从一个侧面来说，这种极端自私性也象征着美国的衰退，因为这表明美国已经不能为自己主导的国际经济体系提供公共产品了。激进的税改完全是单边主义的举动。对商人特朗普来说，其中的合理性无可置疑。然而，国际秩序，无论是经济秩序还是安全秩序，都具多边性。一旦多边性遭到破坏，秩序就无从谈起了。

人们可以把这种现象称为美国的国际撤退主义，而这也是很多国家尤其是美国的同盟所深刻担忧的。美国在国际社会的撤退有其深刻的内部原因，因为内部力量已经不容许美国支撑其绝对的领导地位了。但美国的撤退必然影响到现存秩序，因为作为秩序主体的美国动摇了，这个秩序本身也必然动摇。

这也就是这些年来国际社会所争论不休的问题。一些人希望美国能够支撑下去（霸权理论），一些人希望其他国家，例如中国来接替美国的位置（权力转移理论），也有人把美国地位动摇的根源归因于中国的崛起，因而主张遏制中国（争霸理论）。

美国的国际撤退对其盟国的影响更甚。美国的同盟不仅在经济上高度依赖美国，在安全上更是美国安全体系的内在部分。或者说，因为长期以来对美国的高度依赖，这些同盟国并没有独立的安全体系。

一些国家也预见到了美国的国际撤退，已经开始构建自己的安全体系（例如日本），但是要构建这样一个独立体系，不仅要花费巨量的财力，更需要时间。更严峻的是，对一些较小国家来说，构建这样一个体系几乎是“不可能的使命”。小国家无论何时何地都需要大国的保护。很容易理解，很多美国盟国对特朗普的国际撤退已经大为不满。

进一步而言，美国的国际撤退并不意味着国际秩序的消失。就其本质来说，国际社会需要一个秩序，一个无政府状态下的国际社会是无法生存下去的。历史上类似的国际“无政府状态”经常出现，包括中国的战国时代、欧洲一战和二战时期等，这些时期都充满着血腥、暴力、战争和杀戮。

在一定程度上，今天世界的一些地区已经出现这样的情况，例如中东地区的战争、“伊斯兰国”和全球性恐怖主义。对战争和死亡的恐惧表明各国对国际秩序的刚性需求。

也就是说，美国国际撤退所腾出来的空间，很快就会被其他大国或者政治力量填补。这里所包含的不确定性同样巨大，很多问题有待回答。例如，会出现另外一个与美国同样强大的国家吗？如果有，那个国家有意愿替代美国吗？尽管很多人相信“国大必霸”，但经验地看，并非如此。

美国从国际撤退留下的空间

一个大国之所以被视为大国，不仅仅是因为其各方面的实力（包括经济、军事等方面），更是因为其有强大的意愿提供区域和国际公共产品。区域和国际秩序本身就是公共产品，而大国必须比小国提供更多的公共产品。

历史地看，并非每一个大国都愿意做这样的大国，即使有能力，也未必有意愿提供这种公共产品。例如一战之前的美国并没有这种意愿，而数千年的中国尽管强大，但根本没有发展出这种秩序概念。这也是今天各国密切关注中国在国际舞台上的一举一动的原因，因为中国被视为唯一有可能替代美国，提供国际公共产品的国家。

如果没有另外一个像美国那样的国家出现，那么是否会出现权力多极的现象？这些权力极之间的关系又是怎样的呢？它们是和平共处，还是群雄争霸？历史地看，尽管也有很多时期存在各个帝国并存的情况，各帝国内部维持着秩序，但帝国之间的冲突和战争（争霸）却是不断的。近代主权国家产生之后，战争更是连绵不断，尤其是一战和二战，直到一个有效的国际秩序的出现。

美国减少对国际社会的安全承诺，还不至于产生即刻而巨大的负面影响，因为人们相信美国在今后很长的历史时间里，仍然会是世界上最大的军事强国。只要美国的军事仍然是最强大的，美国的军事威慑力仍在。

而美国在国际社会的经济撤退则可能是致命的。原因很简单，因为经济利益是美国在世界各地军事安全卷入的基础。也就是说，美国在世界各地的军事卷入、当“国际警察”，并非来自美国的国际主义道德，而是来自其所获取的巨大经济利益。那么，如果一个地区没有了美国的经济利益，那么美国还会继续当这个区域的“警察”吗？

这个趋势是更多国家所担忧的。美国会不会再次走向国际孤立主义？美国是有这个传统的。19世纪90年代，尽管美国已经发展成为世界上最大的经济体，但其并无意愿卷入世界事务。美国地大物博，有足够的条件再次实行孤立主义。用美国一些提倡孤立主义政策者的话来说就是，美国完全可以依靠自己活得好好的。

今天的美国一方面进行国际撤退，另一方面加速开发国内能源、吸引美国资本回国、再工业化等，这是否意味着美国正在走向一种新型的孤立主义呢？

除了上述这些不确定性外，还有两个同样重要的不确定性。第一，美国的国际撤退是临时现象，还是长期趋势？一些人认为美国没有衰落，仍然是世界上最强大的国家，今天美国的国际撤退主义完全是特朗普个人的错误决策，因此是暂时的，等特朗普时代结束了，美国会回归正常国家。另一些人则认为这是一个大趋势，是美国衰落的必然结果，国家的兴衰犹如潮起潮落。不过，一个比较符合经验的观察是，美国的确在相对衰落，但衰落是美国所不愿看到的，更是长期的。

这又引向另外一个不确定性，即美国的相对衰落会不会导向战争。这就是这些年来，美国一直在讨论的伯罗奔尼撒战争命题，或者修昔底德陷阱。一个衰落中的大国恐惧于另一个国家的崛起，这个深陷恐惧的大国，要在另一个国家变得足够强大之前遏制甚至消灭它，因此发生了战争。

这个不确定性远远甚于其他所有的不确定性，因为历史上毕竟曾多次发生过。根据哈佛大学一个研究团队的计算，从1500年以来，一共有16次所谓的权力转移（从一个大国转移到另一个新兴大国），但12次发生了战争，只有4次没有发生战争。

今天人们可以观察到两个非常有意思的现象。一方面，美国不愿看到中国的崛起，不愿看到自己的衰落，更不愿去寻找自己衰落的原因，而是把衰落归于其他国家的崛起，即中国。另一方面，人们也看到中国的确崛起了，看到了中国继续崛起和成为世界强国的决心。

尽管中国自改革开放以来，形成了自己和平崛起的国际话语，各种政策目标，从“韬光养晦”到“和平崛起”，再到“新型大国关系”，其内核就是和平。在过去的很多年里，中国领导层更是明确提出了要避免修昔底德陷阱的命题。

但美国和西方似乎并没有因为这样而放松对中国的警惕。在过去短短两百年间通过“暴发户”式崛起的西方，显然很难接受一个被西方打得落花流水的中国，在这么短的时间崛起。

看来，今天的国际秩序已经进入衰败、分化、重组的过程，这无疑是一个充满巨大风险的时代。

美国人为什么有强烈的危机感？[①]

二战之后，美国一直是世界上最强大的国家。近几十年里，随着中国崛起，美国国内充满着各种美国衰落、中国挑战美国的“危机论”。但是，美国到底有没有危机？实际上，相比全世界各国，美国可以说是一个最没有危机的国家。经济上，美国仍然拥有世界上最大的市场、最先进的技术以及最强的技术创新能力。此外，美国还有仍然无可取代的美元霸权。正是因为这些，很少有发达的经济体能够离开美国经济。

在军事上，美国仍然第一，没有一个国家的军事实力能够和美国竞争。这一点看看美国每年的军事预算就非常清楚了。在政治上，美国这些年来的确遇到了很大的困难，主要是党派政治分裂，反对党为了反对而反对，两党之间互相否决，大大影响了政府运作的效率。不过，美国人应当庆幸，因为美国政治制度仍然健全。特朗普总统那么具有破坏能力，处处和建制派作对，但结果也不过如此。在很大程度

① 本文写于 2019 年 2 月 19 日。

上，美国拥有一个强大的社会，在政府不作为的情况下，社会仍然能够自行运作。托克维尔在著《论美国的民主》时已经充分看到了这一现象，今天强社会的局面依然如故。

但另一方面，自从其卷入世界事务，成为世界独一无二的领导者之后，美国就一直充满着危机感。二战之后，美国和苏联集团斗争，无论用怎样的名义，包括意识形态、政治制度、军事扩张等，一直视苏联为美国最大的威胁，直到苏联和东欧集团解体，美国在和自己的威胁（敌人）的斗争中取得了胜利。

不过，美国的威胁显然不局限于像苏联集团那样公开称自己为美国的敌人的国家，也包括美国的盟友。20 世纪 80 年代之后，随着德国和日本的崛起，美国感觉到德国和日本的制造业对美国构成了威胁，就毫不犹豫地和德国、日本进行贸易战。尽管这两个国家是美国的同盟国，但美国和它们斗争起来，也毫不留情，什么方法都可以使用。最终，美国在和盟友的这场斗争中也取得了胜利。

现在美国转向了中国。近年来，美国的国家安全报告公开地把中国和俄罗斯列为美国的主要对手。不过，对美国人来说，俄罗斯充其量只是一个“麻烦制造者”，因为今天的俄罗斯已经不再是往日的苏联和苏联集团，俄罗斯的经济总量仅仅相当于中国的广东省。因此，真正的威胁来自中国。这些年里，美国国内盛行的修昔底德陷阱主要指的是中美关系，各种“中美战争”的论著充斥着美国的话语市场。

但中国真的对美国构成威胁了吗？显然没有。从经济上看，尽管中国的经济总量很大（并且在不长的时间里就会赶上甚至超过美国），但就人均 GDP 而言，中国还不到美国的 1/5。拿中美两国的各种经济数据来比较，在大多数方面，并没有任何证据说中国对美国构成了威胁。美国所具有的经济竞争力不仅比中国强，而且在全球范围内美国也是独领风骚。

这里不说别的，就单拿经济竞争力来说就足以说明问题。根据最近《日经经济新闻》的报道，2018 年度全球净利润约 40% 由美国企业创造，而美企的净利润 10 年间增长 3.8 倍。2018 年全球企业的销售额为 35 万亿美元，较 10 年前增长 19%，净利润大幅增长 2.5 倍，达到 2.8 万亿美元。

从净利润来看，美国企业的表现最好，10 年前美国的全球份额占 25%，如今大幅提高到 39%。今天支撑美国增长的产业，已从制造业和零售业等实体产业，转换成知识密集型产业。这可以通过调查美国企业持有的资产看出，代表技术实力的专利及代表品牌影响力的商标权等无形资产达到 4.4 万亿美元，是 10 年前的两倍以上。

在过去数十年的全球化过程中，美国是获益最大的国家。美国的问题并非是利益获得问题，而是内部的利益分配问题。也就是说，在全球获得的利益并没有解决好内部各社会阶层之间的分配。今天美国盛行的经济民族主义和贸易保护主义，只是美国政府把内部问题转化成为外部危机感而已。

就政治制度而言，中国的确发展出了自己的制度体系。过去的经验表明，这个体系具有巨大的变化能力来适应新环境，同时又不会向美国所希望的方向变化。因为各方面的成功，尤其是经济上的成功，这一体系对一些发展中国家产生吸引力和影响力，但对美国和西方的制度并没有任何影响。而且中国不是苏联，没有向外推销自己的政治模式，既强调不简单的输入模式，也强调不简单的输出模式。美国说中国的政治制度对世界构成威胁，显然是夸大其词。

即使在有关安全的军事上，五角大楼为了私利不断夸大所谓的中国军事威胁，以图更高的国防预算。尽管中美两国为了自身的安全都会继续发展军事，但在这个核武器互相威慑的时代，很难想象中美之间的热战。即使是美国内部，军事研究专家也意识到了中美两国军事现代化之间的巨大差距。

危机感来自何处

美国为什么具有如此强烈的危机感？或者说，其危机感来自何处呢？至少可以从如下几个方面来讨论。

其一，美国的国家使命感。从文化上说，美国是一个具有强烈使命感的国家，既表现在宗教文化上，也表现在政治价值和意识形态上，并且宗教和政治意识形态互相强化。自从美国卷入世界事务以来，没有一个国家像美国这样，花那么巨大的人力、财力、物力把自己的政治、经济、社会、文化等推销到世界各地的。一旦遇到外部阻力，就会产生沮丧感，还有危机感。

其二，美国的征服感。与其使命感相适应，从独立战争赢得胜利立国之后，美国越来越具有征服感。19 世纪 90 年代成为世界上最大的经济体。在此之前，算是美国的孤立时期。但孤立是很大的误解，因为美国在 19 世纪 90 年代之前聚焦在美洲的扩张和征服上，美国人把欧洲人赶出了美洲，宣称“美洲是美国的美洲”。这种征服感也表现在内部各方面，包括西部开发、进步社会等。一战期间美国开始卷入世界事务，之后通过不断征服，把其势力范围扩展到整个世界。

其三，霸权本身所具有的危机感。冷战结束之后，美国成为世界上独一无二的霸权国家。但独霸产生其自身的危机感，即总是会感到自己的霸权地位要被他国取代。寻找这个要取代自己的他国，就成为美国外交政策的焦点。很自然，苏联集团解体之后，中国俨然成为美国所界定的“他国”了。上述所说的修昔底德陷阱，近年来在美国盛行开来并非毫无道理。说穿了，这是美国人危机意识的一种表现形式。

其四，保持经济力量最高端所带来的危机感。这点和上述美国霸权有关联，但又有区别。如果说霸权地位的担忧带有更多的主观成分，那么经济力量的变化是实在的。美国是世界上最全球化的经济体，其经济影响力深入世界各个角落。在这个过程中，美国也是最了解世界经济形势的。一旦发现哪个国家的哪个经济领域对美国构成竞争或者有可能构成竞争，美国就会产生危机感，就会去超越或者遏制。对德国、日本等国的贸易战就是如此。今天，美国的焦点是控制世界经济的“脑袋”，即知识和智慧经济，不难理解这次和中国贸易战的核心，就是知识产权、技术等方面。

其五，把外界的假威胁感有效转为危机感。一般来说，大国很难出现来自外部的危机感，但美国例外。经验地看，美国非常善于利用外部威胁感，并将之转化为自身的危机感。二战以来，美苏全面竞争，但两国的表现不同，苏联方面拼命夸大自己的成就，而美国方面则拼命夸大自己所面临的威胁。不同的表现是两种政治制度的必然产物，因为苏联要通过夸大成就来获取政治合法性，而美国媒体不在政府手里，“不是负面的消息就不是新闻”的美国媒体，自然夸大了美国所面临的威胁。

而无论是苏联的夸大式宣传，还是美国媒体的过度负面报道，都是符合美国政府和既得利益集团的利益的。事实上，美国有效利用苏联的过度夸大成就，不仅在美国各社会阶层之间造成了团结感，而且巩固了美国和其盟友之间的团结感。在很大程度上，今天中国和美国之间的关系，非常类似美苏之间的关系。很显然，尽管如上所述，中国各方面并没有在实际上对美国构成威胁，但美国已经非常有效地利用了中国一些方面的过度宣传，把此转化成为美国本身的危机感。近年来美国国内各阶层对来自中国的威胁感和危机感前所未有。

中美之间的危机差异

如果说美国是一个危机感驱动的社会，那么中国则可以说是一个危机驱动的社会。两国之间的危机差异是巨大的。和其他国家相比较，中国可能是一个最没有危机感的国家。没有危机感，也是有诸多理由的。中国是世俗文化，老百姓比较安于生活，安于现状，甚至很多人得过且过。中国文化多有变化的观念，少有进步的观点。变化和进步不同，前者是适应外在环境，后者则是改变环境。例如，中国历史上也是有诸多技术发明的，但这种发明并不为各方所重视。进而，即使一项发明被重视，中国社会也是把此生活化，而不是用来做各方面的改进。

在一定程度上说，到了今天，这种现象仍然没有根本性的改变。例如美国人把互联网技术用来征服太空，中国很多人则把互联网用于生活（外卖、网购等）。再者，对中国社会的大多数人来说，即使在生活层面，只要过得去，就没有去“折腾”的动力。

中国国家大，消化危机的能力也强，一般小的危机影响不了整个国家。因为个别危机影响不了整个国家，因此也不会得到重视，任其存在和发展，直到演变成大的危机。

此外，和美国比较，中国也往往没有有效表达危机感的机制。美国人是最没有承受感的，一旦感觉到了危机，就表达出来，通过媒体等方面的宣扬和夸大就成了真的危机感。中国社会具有强大的承受能力，大家对一般的危机感不表达，而对真正的危机感也无以表达，而是遏制下来，无论是主动的还是被动的。和美国相反，对中国媒体来说，“不是正面的消息就不是新闻”。

但正因为没有危机感，所以最容易发生大的危机。人们说，在中国，没有危机就没有变化，小危机小变化，大危机则大变化。这一方面表明了中国社会的韧性，但同时也表明了中国社会的致命弱点。直到大危机来了，人们才回应，但为时已晚，因为大危机对整体社会所造成的损害是巨大的。尽管如人们所言，危机也是机会，但这个机会所带来的成本实在太大了。

这里提出了一个问题，即中国可以从危机驱动型社会转化成为危机感驱动型社会吗？如果要避免大危机及大危机所带来的巨大成本，做这种转型是值得的，尽管转型的困难也是可以预期的。

当代西方的处境及其未来[①]

今天在全球范围内发生着治理危机，也就是秩序危机。无论东西方、发达国家还是发展中国家，很多地方秩序岌岌可危。甚至一度被视为“历史的终结”的西方民主政治，似乎也进入一个非常态。

收入的巨大差异、社会的高度不平等、恐怖主义的日益盛行，这些因素在深刻影响着欧美的现有秩序。在美国，各种因素促成了特朗普那样对现有制度极具冲击力的政治人物的崛起，企图重建社会；在欧洲，英法德政治人物仍然苦苦守着旧的制度，但经常是力不从心。

不难理解，如果现在的这些情况继续发展，得不到有效改善，当人们无法容忍的时候，即使民主政治也有可能回归集权，演变成专制。历史地看，没有一个政体会是永恒的，都是处于不断变化之中。在发展中国家，很多国家更是出现集权和专制的大趋势。诸如普京、莫迪和埃尔多安那样的领袖，都是以建设新秩序为名，寻求自己政治权力的最大化。

① 本文写于 2017 年 12 月 5 日。

这些领袖似乎都在想办法解决秩序问题。但问题在于，他们真的想建立新秩序吗？事实上可能恰恰相反，他们的所作所为都在深化秩序危机。原因很简单，尽管意图可能是好的，但他们并不能对今天的秩序危机有正确的诊断。

如果从大历史看，这个时代的秩序危机背后是人的危机，即人在这个新时代和新处境的自我认同问题。解决不好人的危机，无论怎样的秩序建设都难以应付这个时代的危机。秩序不是抽象的，所谓的社会秩序是以人为中心的秩序。

很显然，今天所有这些领袖的核心并非“人”，而是“非人”，例如资本、经济发展、市场、权力、治理（对人的管理）等。这些都是人的处境，而非人本身。在这些成为人们关切的重点的时候，就导致了汉娜·阿伦特（Hannah Arendt）所说的人的条件（human condition）的恶化。或者说，一旦人们把秩序建设的核心从人转移开，而到了这些“非人”因素，那么秩序危机不可避免。

不过，人类的进步也是源自人的危机。这一点从西方文明的发展可以看出。每一次重大进步都是因为人的危机。或者说，社会进步就是人的进步。今天，人们怀念古希腊城邦制度，因为一些城邦的制度安排关切的是人。

雅典实行的是典型的共和制度，是为了解决人的利益和荣耀问题。今天西方所说的“政治人”就来源于古希腊。政治人的基本假设是人对政治的参与。政治就是人的处境，人人必须参与能够影响自己的处境的营造和形成。

古希腊也出现了专制的政体。亚里士多德认为古希腊不同政体从本质上来说都是人的制度安排。和今天的人们不一样，亚里士多德并没有把“民主”视为最理想的政体，他认为一种混合的政体才是最理想的，原因很简单，因为混合政体最能体现人的价值。

欧洲的中世纪进入了神权时代，被欧洲人称为“黑暗时代”。原因也很简单，因为这个时代放弃了人的权利，一切都要听从上帝和神的安排。不过，历史地看，即使这个宗教时代，也并不是那么黑暗，也为西方留下了丰富的有关人的价值的文化遗产。宗教和上帝至高无上，但其中仍然有人的因素。

在中世纪，亚里士多德的自然法学说得到发扬光大。自然法强调的是人的自然权利，宗教在西方人权进步过程中起到了很大的作用。因为上帝是抽象的，所有人都是上帝的子民，是平等的。不管怎样，经过宗教改革之后，西方演变出了“上帝面前人人平等”的文化，这一文化在近代之后逐渐演变为“法律面前人人平等”的文化。

中世纪也发生了教权和世俗政治权力之争，经过长期斗争，宗教和政治被分开来，这是一个巨大的进步。自然法得以重新解释来适应新的时代的需要，自然法的中心从神转移到人；教权继续强调上帝，但政府则转向法律。文艺复兴是人的复兴。

在西方“人”的历史上，没有其他任何一个运动能够像文艺复兴那样对人类社会产生持续而深刻的影响。原因很简单，文艺复兴真正确立了人的至高无上的地位。人的价值并非其他任何东西可以衡量的，人是衡量人本身价值和其他东西价值的唯一尺度。

今天所谓的西方价值观（包括人权）都已经在文艺复兴运动中得到弘扬，演变成为类似信仰的东西。这已经不是对“神”（上帝）的信仰，而是对世俗事物的信仰。人们可以说，这是一种巨大的转型，即从对“神”的信仰转化成为对世俗的信仰。直到今天，这种信仰也足以解释西方社会为什么对人权具有如此的关切。

探讨实现人的价值的制度

如果说文艺复兴确立了人的价值，那么探讨一种能够实现人的价值的制度，则是启蒙运动的主要任务。启蒙运动把人们的注意力转移到了政治制度领域。就制度而言，启蒙运动之后西方政治开始进入近代。之前的变化主要发生在经济领域和文化领域，启蒙运动把变革引入政治制度领域。古希腊实行过民主，但现代形式的民主是在启蒙运动之后开始的。

启蒙运动之后，宗教力量不断退却，而世俗权力得到强化。随着主权国家概念的出现，西方开始出现民族主义。民族主义最终导致了西方国家之间、西方和非西方国家之间无穷的战争。不过，民族主义最初的意义也是为了保护和实现人的权利。

民族主义的假设就是任何民族都可以建立自己的国家，最典型的是当时自由主义的表达，“一个民族、一个国家”。在自由民族主义看来，一个民族的成员通过确立自己的国家最能保障和实现自己的权利。

从一个侧面看，民族主义是西方个人主义在国家层面的表达。尽管它以实现个人权利为目标，但最终走向了反面。首先，“一个民族、一个国家”对多民族国家来说是个灾难，因为大多数国家都具有多民族性质，民族主义意味着国家的分裂。其次，民族主义通过与其他民族为敌而强化自己。

不难理解，民族主义在内部造成了内战，在外部造成了战争。这种现象直到现在不仅没有得到有效解决，反而经常变本加厉。即使西方内部，种族问题（民族主义的变种）也经常给少数族群造成处境危机。

对西方人来说，人权的敌人不仅仅来自早期的宗教和专制时代的政治权力，也来自资本。尽管在向君主专制争取权利过程中商人群体扮演了主要角色，但代表资本的商人群体很快成为人权的敌人。自 16 世纪以降到马克思时代，商人或者资本是西方公民社会的主体，但到马克思时代情况发生了很大的变化。随着欧洲民族国家的形成，资本主义得到了前所未有的发展。

不过，在原始资本主义阶段，资本唯利是图，资本或者经济本来是人的处境，是为人服务的。但在原始资本主义那里，资本和利润本身成为目标，而人反过来成为工具。用马克思的话来说，资本异化了。而人是很难承受这种异化状态的。因此，欧洲大陆很快社会主义风起云涌，这场运动的目标就是向资本争取人权。

欧洲人自己找到解决危机方法

从时间点来看，民族主义运动早于社会主义运动，但一旦社会主义运动崛起，民族主义运动便具有了巨大的动能，对外极具进攻性。在欧洲，这两场运动的结合导致了一战和二战。德国哲学家尼采在世期间已经目睹欧洲国家之间不间断的战争，他对欧洲近代的转型的结果似乎早有预见。欧洲人拥有同一个上帝、同一个文明、同一个文化，为什么还互相杀戮呢？尼采因此勇敢地宣布“上帝已死”。上帝不再能够为人提供生存的意义，人们需要寻找生命的新的根源。

不过，上帝并没有帮助欧洲人解决人的危机，是欧洲人自己找到了解决危机的方法。二战之后，欧洲复兴。社会主义运动功不可没，因为这场运动直接促成了资本主义从原始形式转型到福利形式。今天人们所看到的福利资本主义，并非资本本身发展逻辑的结果，而是社会改革的结果。

直到现在，尽管福利社会存在着这样那样的问题，但这一制度的确帮助人们实现了多方面的人权，例如免于饥饿、不会因为贫困而不能就医、体面的生活等。战后大众民主的出现也是和社会主义运动紧密相关的。大众民主在有效支撑了福利制度的同时实现了人们的政治权利。

那么，今天西方的人的危机根源在哪里呢？还是回到马克思，即异化。人的危机根源在于新自由主义经济学与全球化的结合和互相强化，导致了西方制度的重心，从人转移到了资本和财富，而民主这一近代以来人们用来制约资本的手段在资本面前显得无能为力。

全球化、资本和移民，一切都处于流动之中，这是最符合资本的逻辑，因为对资本来说，只有在这些要素的流动过程中，才能实现资源的有效配置，实现最大限度的发展和利益。不过，在资本实现利益最大化的过程中，人的危机出现了，因为社区不见了，地方共同体不见了，财富掌握在很少一部分手中，社会高度分化。社会的各个群体再一次找不到人的意义了。各种冲突，包括阶级的、群体的、宗教的、种族的，甚至恐怖主义，无一不是人的认同冲突。

到现在为止，西方社会对各种冲突仍然持容忍态度，包括对阶级分化、对不同宗教、对不同种族的容忍。但这种容忍能够持续多久？没有明确的答案。民粹主义、隐性的种族主义和排外主义明显在抬头。

特朗普的选举犹如美国白人的公投。欧洲内生型恐怖主义的崛起也在和欧洲主流社会的忍耐度竞争。一旦失去忍耐度会发生什么？会再次走向宗教冲突吗？像马克龙那样的欧洲年轻一代政治家，能否再次革命，把西方的重心，从资本或者政治再次转移到人？

一句话，如果不能有效改善人的条件，那么不管怎样的治理制度都难以应付日益深刻的危机。尽管治理的对象不可避免地是人，但人不仅仅是一个管治对象，也是主体。如何突出人的主体性，那是当代社会秩序甚至国家秩序重建的最大难题。

西方政治经济模式的困境[①]

西方民主已经经历了从传统的共和民主向当代的大众民主的转型。早期的民主是精英民主，即少数人的民主，或者少数人之间的共和。但自20世纪70年代以来，随着“一人一票”制度的实现，政治的合法性完全基于了选票之上。

中美贸易战的本质是什么？实际上是中西方两种政治经济模式之间的竞争和冲突。这两种政治经济模式都具有文明性，是中西方文明演化的产物。正是因为具有文明性，这两种模式都具有可持续性，不管两者间怎样竞争和冲突，谁也改变不了谁，各自都会根据自己的逻辑发展下去。

中美贸易战表面上表现为两国之间，但根源来自美国内部体制，是美国内部体制消化和应付不了其体制本身所引发的问题，而执政者把此外化为贸易战。

无论东方还是西方，政治经济体系的核心就是是否把经济（商

---

① 本文写于2018年12月25日。

业）活动视为政治事务和国家的责任。近代之前，不同文明曾经拥有过差不多的政治经济关系，那就是，经济从来就不是一个独立的领域，而是人类社会诸多个领域中的一个，并且经济领域和其他领域千丝万缕，共生共存。

不过，在西方，近代以来，因为资本主义的崛起和迅猛发展，经济逐渐把自己从社会的诸领域独立出来，把自己和社会隔离开来，最后发展成为今天的新自由主义经济学形态。西方的政治经济学的发展过程也是政治和经济的分离过程，这个过程直至今天仍然影响着西方社会的方方面面。政治和经济的分离既是西方经济发展的根源，也是社会问题的根源。

在古希腊，人们对经济的看法和中国并没有什么不同。家庭被视为国家的基本单元和基础，而经济则是对家庭的管理。这一政治经济概念到罗马帝国没有发生很大的变化。迈入近代之后，这一概念开始在西方发生变化，即开始把经济和政治分离开来。这里有两个经验事实促成了这种政治和经济的分离：第一，罗马帝国的解体和商人的崛起；第二，政治秩序的重建。

罗马帝国解体之后，西方不再存在统一的政体和政治力量，原来帝国的土地被分割成数量庞大的地方性政体（或者小王国）。到了欧洲中世纪后期，城市兴起。因为不存在统一的中央政体，城市表现为实质性的自治形式，而城市的政治主体便是商人。商人不仅在欧洲经济发展过程中而且在欧洲近代国家的崛起过程中扮演了极其关键的角色。商人唯利是图，市场越大，利润越大。这就决定了城市商人发展到一定阶段就必然产生巨大的动力去冲破城市的边界，创造更大的市场。

政治人物（国王）的目的便是统治更多的土地和老百姓。和商人一样，大大小小的国王也有扩张的冲动。在扩张这一点上，国王和商人拥有了同样的利益，商人需要一个统一的“民族市场”，而国王需要统一的“民族国家”。两种力量的合一，便在欧洲造成巨大的“中央化”即中央权力形成的动力。

再者，政治力量和经济力量之间的交换更造成了欧洲的制度。国王要统一国家，商人要统一市场，两者走到了一起。但是，国王统一国家的钱从何而来？商人就变得很重要，商人不出钱，国王就没有钱来做统一事业。商人可以出钱，但又不相信国王。这样，交易就产生了。商人要和国王签订“合同”，保护自己的私有产权，私有产权的保护就是国王和商人之间的契约。但光有这个契约对商人来说是远远不够的，如何保障国王在国家统一之后继续履行这份契约呢？商人的第二步就是让自己成为国王政治权力的根源。这便是西方最早“人民主权”概念的来源。

很显然，这里的“人民”并非今天人们所说的所有人，而是有钱的商人。如何实现人民主权？最后的结局便是商人占据议会。议会产生政府，也就是商人产生政府。近代欧洲很长时间里，议会就是商人的议会。在欧洲，商人成为和国王分享政治权力的第一个“人民”群体。

政治权力和资本主义的转变过程

政治权力中央化的过程也是欧洲民族国家形成的过程，这个过程充满暴力。如何统一国家一直是从意大利的马基雅维利到英国的霍布斯（Thomas Hobbes, 1588—1679）的主题，对这个主题的关切产生了单纯的政治学。在马基雅维利和霍布斯那里，政治占据绝对的地位，为了国家的统一，国家什么手段都可以使用，“目标证明手段正确”。

如果说马基雅维利和霍布斯开创了西方的纯政治学，休谟和亚当·斯密则开创了西方的政治经济学，他们不仅论述经济，还论述政治和道德。但随后随着资本的继续崛起，西方又出现了纯经济学，把经济从休谟和亚当·斯密的政治经济学中独立出来。资本依靠国家的力量而成长，但当资本成长之后，便走上了寻求自治之路，即要逃离政治的制约而去寻求自身独立的发展。而资本寻求独立的过程，也造就了经济、政治和社会等诸多关系的急剧变化。至少在西方，社会的命运和经济的这一独立过程息息相关。而所有这些变化也是西方近代社会科学发展的根源。

商人（资本）依靠国家力量而得到了统一的民族市场；商人也成为政治的基础，控制了政府过程。这样就造成了实际层面的政治和资本的合一。原始资本主义的崛起不可避免。在这个阶段，资本唯利是图，而整体社会成为资本的牺牲品。当社会忍无可忍的时候，反资本的社会运动变得不可避免。社会主义运动因此起源于欧洲。无论哪里，社会主义运动不管其初心是什么，最终都以资本和社会之间达成新的均衡而终结。这个过程就是欧洲开始的福利国家的起源和发展过程。

从原始资本主义到后来福利资本主义的转型过程是一个政治过程，即政治力量、经济力量和社会力量三者互动的过程。这三者都具有促成这种转型的动力。就社会来说，最为简单，那就是追求至少是体面的生活，例如更高的工资、更好的工作和居住环境、更多的教育等。也就是实现后来所说的各方面的人权。社会主义运动开始的时候人们所追求的就是这些具体的利益。

不过，马克思当时认为只有推翻了资本主义制度，改变所有制结构，才能实现这些方面的利益，因此马克思提倡革命。尽管这种新意识在当时也为很多人（尤其是知识分子）所接受，但至少在欧洲并没有实现马克思所预见的革命，只是到了俄国和其他一些落后社会才发生革命。马克思过于强调社会力量的作用，对政治力量和经济力量的自身变化估计不足。实际上，当社会主义运动开始时，资本和政治都面临一个新的环境，也开始了自我变化过程。

资本的自我变化是有动力的。至少有两个动机。

首先，资本需要社会稳定。资本必须在不断的投资过程中实现自我发展，因此，投资环境必须是可以预期的。为了稳定，资本是可以拿出一些利益来做交易的。在社会高度分化的情况下，单一的法治并不能保障社会的稳定。因此，资本也并不反对保护社会。不难理解，世界上第一份社会保障计划产生在德国俾斯麦时期，这份计划的目标是保障社会稳定。

其次，资本本身的矛盾，资本需要剥削工人，但同时资本又需要消费者。资本控制生产，但所生产的产品需要通过消费者的消费才能转化为利润。消费市场包括内部和外部的，当内部市场饱和的时候，西方资本主义就走上了对外扩张的道路，对非西方国家一方面获取生产所需要的原材料，另一方面倾销商品。培养消费者不是资本的善心，而是资本获利机制的一部分。但在客观层面，这个培养的过程也是工人阶层满足利益的过程。

政治、经济和社会的均衡

政治变革的动力在于政治合法性基础的变化。近代以来，早期君主专制的基础是贵族，或者说传统大家族。商人崛起之后开始和贵族分享权力，所以商人是近代西方民主化的主力。尽管早期的选民极其有限，主要是有财产者、向国家纳税者，并不包括工人、妇女和少数民族等，但选举逻辑本身具有扩张性，即从少数人扩张到多数人。随着选举权的扩张，政治权力的基础也在发生变化。

早期，政治权力的基础是贵族和商人，再逐渐地扩张到工人。这个扩张过程刚好也是工人阶级中产化的过程。当政治权力基础不再局限于资本的时候，政府开始偏向社会。这使得西方福利社会的发展获得了巨大的动力。二战之后相当长的一段时间里，基本上是政治力量和社会力量的结合促成了福利社会的大发展。

福利社会的大发展强化了社会的力量，但同时也表明资本、政治和社会三者之间的失衡。至20世纪80年代，资本开始寻求新的方式来改变局面，这就是美国里根和英国撒切尔夫人以私有化为核心的新自由主义运动的大背景。这场运动是对二战以来福利主义的反动。在资本看来，福利主义造成了资本空间的收缩、大政府和强社会的出现。

不过，就内部私有化来说，这场运动的效果实际上很有限，因为在“一人一票”的选举政治环境中，私有化被有效抵制。但在外部则造成了前所未有的成功，即造就了长达数十年的资本全球化运动。资本的全球化使其逃离了本国政府和社会的控制，在全球范围内如鱼得水。结果很明显，即造成了新的资本、政治和社会之间的失衡，即收入分配的巨大差异和社会的高度分化。

法国经济学家托马斯·皮凯蒂（Thomas Piketty）的著作《21 世纪资本论》（*Capital in the Twenty-First Century*），论述了当代世界社会贫富悬殊的严峻情况。问题在于如何解决贫富悬殊的问题，使得人类社会能够继续维持作为共同体的局面，至少不至于解体。皮凯蒂强调政府的作用，甚至提出了全世界政府联合起来的设想。不过，现实是残酷的，全世界政府还没有能力联合起来的时候，全世界的资本早已经联合起来了。实际上，这次全球化就是全世界资本联合起来的结果，而全球性的贫富悬殊则是全世界政府缺少能力的结果。

历史地看，这里的关键就是西方社会政治和经济的全面脱钩。西方民主已经经历了从传统的共和民主向当代的大众民主的转型。早期的民主是精英民主，即少数人的民主，或者少数人之间的共和。但自 20 世纪 70 年代以来，随着“一人一票”制度的实现，政治的合法性完全基于了选票之上。

这一变化导致了几个结果。第一，政府和发展的分离。尽管经济议题总是西方选举的主题，但政府和发展之间的关联充其量是间接的，选票和政治权力之间则具有最直接的关联。

第二，政治人物即使想承担“发展”的目标，但会发现缺乏有效的方法来实现发展目标。在西方，政府可以和经济发生关系的方法无非就是财政和货币两种。但是，当利率趋于零的时候，货币政策就会失效；当政府债务过大的时候，财政政策也会失效。西方政府现在倾向于使用量化宽松，即货币发行。但量化宽松本身并不能解决问题，只是缓解或者推迟问题。

第三，因为巨大收入差异造成的社会高度分化使得传统政党政治失效，政治失去了主体，越来越难以出现一个有效政府，更不用说一个有能力致力于经济发展的政府了。在精英共和时代，西方多党能够达成共识，因为不管谁当政都来自这个小圈子；在中产阶级为主体的社会，多党也能达成共识，因为不管左右，政党都要照顾到拥有最多选票的中产阶级的利益。但在大众民主时代，尤其是在面临社会高度分化的时候，政党之间只是互相否决，造成的只是更多的社会分化。

在这个背景里，人们不难理解今天西方盛行的反全球化、贸易保护主义和经济民族主义思潮和民粹社会运动了。所有这些都是西方社会内部政治、经济和社会失衡的产物。西方如何通过改革使得这三者重新回归均衡？这是需要人们观察的。但可以预计，在政府不承担经济发展责任的情况下，即使政府可以积极履行中间角色（主要是税收），而把发展责任简单地留给资本，要走出目前的不均衡状态，也困难重重。

“不纳税，有代表”与西方社会危机[①]

西方社会今天所面临的经济社会问题甚至危机，尽管有经济方面的原因（例如经济发展周期）和政治方面的原因（各种制度因素），但更多的往往是经济和政治两方面的因素互相交错和互相强化。

经济增长、收入差异、社会分化是经济问题，也是政治问题；同时，无休止的党争、无效政府等既是政治问题，也会反过来影响经济。在经济和政治复杂的互动过程中，有一个转型构成了今天西方社会所面临问题的制度根源，那就是，从“无代表，不纳税”到“不纳税，有代表”的转型。

“无代表，不纳税”对西方政治经济制度演变的重要性怎么说都不过分。简单地说，“无代表，不纳税”是西方近现代民主制度的起源、生存和发展的基础。它更是美国独立革命的口号。在西方历史上，很难想象还有其他口号比这个口号更响亮，更有号召力。

为什么要有政府？政府为什么有权利向老百姓收税？收税的合法

① 本文写于 2018 年 12 月 25 日。

性基础在哪里？很简单，政府存在的合法性就是其提供公共服务的功能。尽管政府所提供的公共服务内容一直在变化，但总体来说，随着时间的推移，政府所需要提供的公共服务内容越来越多，也越来越复杂。

这种变化和西方民主的演进有关。民主具有多方面的含义，但普选权的扩展无疑一直被视为最具有本质性的。历史地看，西方民主的大部分时间仅仅只是精英民主，也就是少数人的民主。在早期，只有有财产者和纳税者具有选举权，后来才逐渐扩展到所有公民具有选举权。

在哈佛大学教授亨廷顿所著的《第三波》（*The Third Wave*）中，人们可以看到即使在西方发达国家，民主化也是一个漫长的历史过程，直到20世纪70年代才演变成今天人们所看到的大众民主，即“一人一票”的选举制度。

随着选举权的扩张，政府服务范围也随之扩张，这便是民主的逻辑。从为少数人服务的政府转型到为大众服务的政府，政府服务必然扩张。这也反映在西方经济学的变迁方面，从亚当·斯密、马克思到凯恩斯主义、各种福利经济学派可见一斑。经济学家们的理论并非抽象，而是对现实的反映。

进入20世纪以来，尤其是二战之后，西方国家从马克思所批评的原始资本主义转型成具有社会主义性质的福利国家。很显然，从原始资本主义到福利资本主义不是资本逻辑，而是政治逻辑，是社会改革的结果，而社会改革又以政治民主化为前提。

当经济发展不能满足快速发展的福利制度的时候，又催生了其他的经济学，试图削减福利，提高经济效益。20世纪80年代开始盛行到今天仍然主导西方经济学的新自由主义经济学，就是对西方社会过度福利的反映。

“一人一票”制度带来的改变

福利社会是典型的“不纳税，有代表”的制度。不管一个人是否纳税，其手中的“一票”保障了其利益是可以被代表的。人们对这个制度可以大书特书，因为它的确是人类进步的一个里程碑式的标杆。此前，人类从来就没有出现过这样的倾向于穷人的体制。福利国家更是发展中国家所向往发展的模式。很多人到了北欧一些国家，似乎就看到了从空想社会主义到马克思共产主义所描述的美好社会。

但问题在于，这么美好的制度是可以持续发展的吗？在原始资本主义时代，马克思批评资产阶级民主，认为国家政权（政府）只是资本的代理。马克思是对的，因为那个时代从政的大多是商人和企业主。除了原来的贵族，国（议）会里面尽是资本家。

资本是政权的主要依靠者，或者说是基础。在这样的情况下，政府的任何政策都要考虑到资本的需要。马克思所说的“经济是基础，政治是上层建筑”就是对这种客观情况的描述。但是在大众民主社会，情况就不再是这样了。政府的基础已经从资本转移到选票，即民众。

尽管很多政治人物仍然来自资本背景，但政权和资本的关系大不如从前那么紧密了。当资本和政权脱节的时候，政府的政策不用像从前那样考虑资本的需求了。因此，在精英民主时代，当资本和政权趋于合一的时候，政府在公共服务上的预算还是节制的；但当选票和政权趋于合一的时候，政府在公共服务上的预算就失去了控制。今天大多数西方社会预算失控主要是过度的社会费用。诚如新加坡建国总理李光耀生前所观察到的，西方民主已经演变成为福利拍卖会，谁出价高，票就投给谁。

问题出在什么地方呢？尽管因素很多很复杂，但“一人一票”制度显然是其中一个主要因素。首先，这一制度实现了人的政治权利；其次，政治权利又通过选票演变成了社会经济权利。并且，无论是政治权利，还是社会经济权利，都是被视为“与生俱来”的权利，即天生就有的，和后天的作为没有任何关系。

就社会经济来说，“一人一票”的结果就是“一人一份”，即一人获取一份福利。这份福利权利是得到了制度保障的，因为有选票，也就是“有代表”。不过，“一人一票”能够保障每个人得一份，但没有任何机制来保证每个人贡献一份，也就是说“不纳税”。在没有任何机制保障“一人贡献一份”的情况下，福利社会必然面临可持续发展危机。

进而，福利社会也造就了大政府。穷人永远是存在着的。在福利社会产生之前，西方的穷人问题主要是由社会组织来负责的，尤其是教会。教会在很长历史时间里提供了今天被称为“社会政策”的功能，向穷人发放救济和提供各种帮助。

直到今天，非政府组织和教会仍然在这个领域起着不小的作用，不过社会组织的作用和政府的作用已经不能相提并论了。随着大众民主的推进，政府取代社会组织具有必然性。包括教会在内的非政府组织的钱并非来自纳税，而是来自富人的捐款或者其他途径，来自这些途径的经费经常不能得到保障；同时，经费的使用也没有普遍适用性，因为有很多人照顾不到。

再者，如果政府只是在灾难的时候提供一定的保障，也不足以保障全体国民的体面生活。因此，只有政府制定的社会政策才能覆盖全体公民，才能体现现代社会的公民权。从这个角度看，福利制度的发展的确造就了巨大的进步社会，它促成了社会服务的国家化。

但严峻的问题也随之而来。福利社会首先导致了政府规模的大扩张。大政府不仅消耗了纳税人过多的钱，而且也影响了经济的发展。这就是20世纪80年代英国撒切尔革命和美国里根革命的大背景。这场革命实际上是资本对福利的不满。不仅如此，福利社会有效改变了人们的工作动机。

如果不工作也能过体面的生活，那么如何保证不养懒人？人们的工作积极性从哪里来？那些勤奋工作的人的积极性如何不受负面影响？很显然，当越来越多人不用纳税就能享受不错的福利生活时，那些纳税人的工作积极性就会受到打击，从而鼓励更多的人不想工作，越来越少的人纳税。

更为糟糕的是，资本很快就找到了逃避大众民主所带来的压力的有效方式，那就是经济全球化。经济全球化所导致的资本流动，使得主权国家政府失去了经济主权，今天没有一个西方国家可以宣称其拥有经济主权。经济全球化不仅赋权资本，使得资本找到了西方之外的财富源泉，更使得资本可以逃避本国的高税收政策。

有些观察者称经济全球化是资本为了逃避税收，这并非没有任何道理。再者，尽管经济全球化为资本带来了前所未有的财富，但资本的财富不是国家的财富。当资本越来富有的时候，普罗大众反而变得贫穷了。这就是今天西方收入差异巨大、社会高度分化的现状。

移民潮给福利制度增加负担

同样重要的是，全球化也导致了全球性移民潮，人们从穷国移民到富国。尽管移民的直接动机是为了追求经济机会，但也给当地的福利制度增加了负担。

如何解决问题？一句话，这些问题是西方政治、经济和社会权力三者之间失衡的产物，问题的解决就是要使得这三者重新获得平衡。今天的现状是，资本权力过于强大，能够把经济主权牢牢掌握在自己的手中，对把财富放在哪里拥有绝对的自主权。

因为全球化，资本可以把技术和劳动者分离开来，或者说不用高度依赖劳动者了。从前，资本必须把技术和劳动者结合起来才能转化成为财富，现在不需要了。这不仅是因为资本总是能够在海外找到更加廉价的劳动力，更是因为现在的技术本身可以取代劳动力而直接创造财富。

另外，在“一人一票”体制下，政府的政治主权得到强化，无论是政府还是选民，他们都是不能“移民”的。因为过度的全球化，今天的西方社会出现了民粹主义和经济民族主义，这些能够影响到政府行为，但基本上影响不到资本行为。资本已经为自己在全球范围内建构了平台，既能享受到一个国家的好处，也能够逃避这个国家所设置的规制。

一边是资本强权，一边是政治弱化，这使得西方社会问题变得更加严峻。迄今为止，还没有一个国家找到有效的解决方式。针对技术的进步，有人建议向机器人征税，因为机器人正在取代传统意义上的劳动力。针对资本的高度流动性，也有人建议全世界政府联合起来，共同向富人多征税。

北欧一些国家开始实行向每一个人发一份工资，使得工资与工作脱离。这可视为传统福利社会的进一步发展，因为这些社会的福利已经很高，再增加“一人一份工资”可以承担得了。

不过，所有这些能否解决问题仍然是一个巨大的问号，除非资本的道德水平提高到非常高的程度，不再那么自私和贪婪，能够和普罗大众共命运；除非普罗大众的道德水平能够到达一定的水平，不至于趋于懒惰，滥用福利制度。不过，今天的精英道德普遍低下，更不用说是普罗大众了。在没有根本性制度变动的情况下，任何善意和良好的设想都是没有任何保证的。

如此看来，历史不仅不能被“终结”，而且需要重新向变革开放。世界已经步入一个继续重建秩序的新时代了。

资本主义与生育危机[①]

进入21世纪以来，人类低生育问题越来越成为各国关切的课题，尤其是东亚社会。日本是东亚最先实现现代化的国家，也是最发达的经济体，但过低的生育率日益难以支撑这个庞大的经济体。从长远来看，低生育甚至会威胁日本民族的生存。

根据日本医疗、卫生和社会保障部所属国立社会保障与人口问题研究所的估算，日本人口将在2053年跌破1亿，到2065年，日本人口将比2015年的1.27亿减少三成，减至8 808万。

日本的少子化、老龄化现象异常严重。根据2016年的数据，65岁以上人口占总人口的比例为26.7%；2015年，平均每名女性生育1.45个孩子，而如果要维持目前的人口规模，则每名女性一生需要生育2.07个孩子。

低生育率与婚姻和性有关。根据日本2017年4月公布的调查结果显示，在到50岁都从未结过婚的人口比率即终身未婚者中，2015

① 本文写于2017年8月29日。

年男性为23.7%，女性为14.6%。这个数据比上次2010年调查时上升超过了3个百分点。也就是说，男性每4人中就有一人，女性约每7人中有一人终身未婚。

更早的一份调查（2011年）则显示，在18岁至34岁的女性中，有38.7%还是处女，而同一年龄段中，男性还是童子身的比率也达到36.2%。报告还显示，18岁至34岁的女性中，没有男朋友的占到49.5%。而在35岁至39岁的年龄段中，有25.5%的女性和27.7%的男性从未有过性经验。

日本当然不是特例，东亚各个经济体都是如此。韩国、新加坡、中国台湾、中国香港也都出现了同样的趋势。即使曾经是人口大国的中国也紧随其后。没有多长时间之前（或者在改革开放之前），中国一直为人口众多而烦恼。为了控制人口增长，中国在20世纪80年代开始了“独生子女”（即一对夫妻只生育一个）的计划生育政策。

但在短短的30来年之后，中国开始出现劳动力紧张问题。低生育率也已经俨然成为一大趋势，在大城市情况更为严重。因此，中国政府不得不改变计划生育政策。影响低生育率的不仅仅是政府的计划生育政策，还有一些自然因素。

根据一项研究，中国男性的精子数（即每毫升精液中的精子数目）从20世纪70年代初的1亿个，大幅度下降到2012年的2 000万个。伴随经济发展而来的生活压力、污染、结婚及生育年龄的推迟、抽烟及喝酒等都可能导致这一现象的产生。

中国华中地区的一项调查显示，2015年在接受检查的男子中，大约18%的人具有足够数量的精子，符合捐献精子的标准，而这一比率在2001年的时候要高得多，是56%。无论精子数量的减少还是质量的下降，都影响生育。很显然，这种现象也发生在东亚其他经济体中。

东亚社会的低生育危机几乎和 18 世纪末马尔萨斯的人口理论所预测的截然相反。马尔萨斯人口理论的核心就是人口的过度增长会导致人类生存危机。这一理论有两个前提：第一，食物是人类生存所必需的；第二，两性间的情欲是必然的，而且几乎会是永恒状态。

从这两个前提出发可以得出一个基本的经济学比例，即食物或者生产资料的增长与人口的增殖之间的关系：人口的增殖比生活资料增长要快，人口是按照几何级数增长的，而生活资料则只按算术级数增长。保持两个级数平衡的唯一出路就是抑制人口增长。

马尔萨斯认为，抑制人口增长分为预防抑制和积极抑制两种。预防抑制主要是道德的抑制，即考虑到无力负担家庭而不结婚或者推迟结婚；而起决定性作用的主要是积极抑制，即战争、瘟疫、繁重劳动、贫困、饥荒等，灾难会缩短生命。

把马尔萨斯的人口理论放置于今天上述东亚的人口现实，没有多少人可以理解。马尔萨斯的人口理论曾红极一时，并对很多国家的人口政策产生过重大影响。那么为什么在这个被视为科学的理论和今天的现实之间产生如此巨大的差异呢？产生这种差异的因素可能很多，但资本主义是关键要素。

在马尔萨斯创造人口理论时期，世界还处于原始资本主义阶段，他所理解的世界也是他所目睹的世界，即一个充满饥饿、病痛、贫困、瘟疫和战争的世界。

马尔萨斯大概没有想到，他所经验到的经济制度在他死后不仅彻底改变了人类的经济生态，而且改变了人类的生育环境。或者说，资本主义不仅为人类创造了巨大的财富，把人们从瘟疫、繁重劳动、贫困和饥荒中解救出来，而且有效地制约了人们的生育动机。无论从哪个角度来看，生育并不是资本主义的一部分；相反，资本主义对生育产生着负面影响，制造着人类的生育危机。

资本主义如何影响人类生育

那么，资本主义如何影响人类生育呢？至少可以从如下几个方面来讨论。

第一，资本主义创造了劳动力市场。诚如马克思所说，资本主义的本质就是把世界上所有的东西转化为商品，自由地在市场上进行交易和买卖。资本主义很轻易地把男人和女人转化为商品，投入到劳动力市场。较之其他市场，劳动力市场是资本主义的核心。

根据马克思的说法，劳动力的自由买卖是资本主义制度的前提。这和传统社会构成了鲜明的对比。在传统社会，女性并不是劳动力市场的一部分，她们在一定程度上是生育工具，而这种“工具”也是被女性接受的，不管是被动的还是自愿的。

第二，资本主义导致家庭解体。资本主义不仅导致了社会共同体解体，更导致了家庭解体。男女劳动力的自由流动是家庭解体的第一步。在传统家庭体制下，男女两性都面临巨大的生育压力。一旦家庭解体，生育就不会面临像传统社会那样大的家庭压力。这尤其表现在东亚社会。

传统东亚社会对家庭极为重视，来自家庭的生育压力巨大。例如中国传统有“不孝有三，无后为大”的说法。不过，资本主义为个人主义的崛起，提供了经济和制度的条件。个人主义对人们的生育观念产生了巨大的负面影响。

第三，资本主义导致了巨大的生活压力，也使得人们不敢生育过多，或者不生育。资本主义的特征就是方方面面的竞争，不仅仅是男女两性在工作场所的竞争，而且也是家庭生活各方面的竞争，例如小孩教育、社交生活等。竞争消耗了男女两性的精力，使得人们没有多大的精力来生育；而过大过高的生活成本更使得人们不敢生育。

第四，资本主义导致了女性认同的急剧变化。资本主义有效改善着男女两性的社会经济状况。随着女性受教育程度的提高，女性的自我生存和发展能力也迅速提高。在现代社会，女性的生存和发展能力甚至超越了男性。

在传统社会，女性要依靠男性而生存；今天，女性完全可以独立地生存和发展。这种独立性使得女性可以决定生育或不生育。不管怎样，追求自由独立也是女性的天性。较之传统社会的自然生育，现代避孕技术的发展有助于女性追求这种自由。

第五，资本主义社会性的市场化导致的生育问题。随着男女两性性观念的变化，性市场以不同形式得以发展和发达起来。性观念变化促使男女两性视身体部位的商业化为正常。例如，传统带有歧视性的“妓女”概念，现在被视为中性的“性工作者”概念，性市场的发达对生育有负面影响。

在传统社会，性主要通过家庭而获得，通过家庭而获得的性往往导致生育。但现在则不是，男女都可以通过不同形式的性市场获得性，而通过性市场得到的性没有再生产（生育）功能。（尽管这种形式的性也会产生类似“私生子”的现象，但“私生子”这个群体的数量可以忽略不计。）今天，互联网的迅猛发展更是加快了性市场发展，使得性交易更加简单。

宗教和生育率的关系

从经验现象看，生育可能和马尔萨斯所说的道德因素有关。不过，这种关联并不是马尔萨斯所说的抑制生育，而是鼓励因素。在今天的世界，很容易观察得到道德因素，尤其是宗教因素和生育率高低至少在现象上的关联。当代欧洲社会，尽管也经历了严重的生育率下降问题，但宗教的复苏仍然为人们的生育提供着动机，再加上福利社会等因素，生育率有所改善。

宗教和生育率的关系在穆斯林中表现最为明显。在穆斯林中，无论是发达社会还是比较落后的社会，生育率都没有受到太大的影响。实际上，随着社会经济发展水平的提高，生育率也在提高。再者，社会经济的发展也有效降低了穆斯林的婴儿死亡率，提高了人们的人均寿命。因此，这些年来，在世界各文明中，穆斯林的人口增加迅速。

比较而言，东亚社会遇到的麻烦就很大。正如本文前面所讨论的，这个地区的各经济体都面临着生育危机。尽管东亚一些发达社会也希望仿照欧洲的福利社会，通过改善家庭的福利来刺激生育，但至少到现在为止，并没有找到任何有效的手段来改善生育。

一种解释是，通过诸如福利而得到的刺激机制，远不能抵消资本主义所产生的巨大压力。另一种解释是，低生育率是一种文化，一旦这种文化形成，转化成为人们的观念，那么无论怎样的政府政策都难以改变这种文化。

不过，如果回到马尔萨斯的理论，那么人们可以认为，影响东亚社会低生育率的主要是道德因素。东亚社会并非欧洲或者穆斯林那样的宗教社会，而是世俗化社会。传统道德是通过社会共同体和家庭制度而形成的。今天，随着家庭和社会共同体的解体，东亚社会已经没有任何能够促成人口增长的道德因素，包括宗教因素。

任何社会，人口是最基本的社会要素，所有其他的一切包括经济和政治，都是建立在人口这个基本要素之上的。资本主义的发展“俘虏”了社会和政治，使得社会和政治都从属于自己，因此社会的重心从人类本身的再生产，转移到了经济要素的再生产。

这就表明，只要资本主义仍然是东亚社会的组织原则和意识形态，那么东亚社会的生育危机很难得到缓解。今天人们的思考仅仅停留在表面，极其肤浅，例如如何用机器人来替代人工等。

如果不能超越资本主义，那么人口危机成为最深刻的社会危机，只是一个时间问题，而不是可能性问题。即使就时间来说，任何一位人口学家都可以精确地预测，每一个经济体的危机什么时候到来。

普京能逃避苏联模式命运吗？[①]

3月26日，俄罗斯爆发了一场席卷全国的反政府示威游行，数万百姓走上街头抗议腐败，矛头直指梅德韦杰夫，强烈要求这位前总统、现任总理下台。尽管俄罗斯官方和非官方对参与人数多少的统计有很大的不同，但这次游行示威的确是全国性的。

再者，考虑到俄罗斯对游行示威有严厉的控制，这可说是近年来俄罗斯反对党以反腐败为名所组织的一次成功的抗议活动。更为重要的是，尽管抗议的是总理梅德韦杰夫，但大家都知道针对的就是总统普京。

在当今国际社会，普京可是很多国家的领袖所崇拜的对象。无穷的个人魅力、“战斗民族”不屈的性格、高超的政治操作手段、至高无上的权威、对“敌人”毫不留情、对国家利益赤裸裸的追求，有太多的政治品德表现在这位领导人身上了。美国现任总统特朗普不仅公开对普京表示羡慕，而且展现出要和普京及俄罗斯改善关系的真诚而

① 本文写于2017年5月30日。

强烈的愿望。

的确，从表面看，普京治下的俄罗斯让人觉得了不起。首先是政局稳定。去年俄罗斯刚刚举行了国家杜马（俄罗斯议会下议院）选举，在一共450席中，普京的执政党统一俄罗斯党占了343席。而在地方层面，各级官员几乎是清一色的统一俄罗斯党党员。也就是说，普京牢牢掌握着政权，反对党的影响微乎其微。

自民主化以来，俄罗斯最担忧的莫过于西方通过反对党来影响俄罗斯内部政治。普京掌握政权以来，在这方面做了大量的努力，使得现在西方很难再在俄罗斯找到有效的内部代理人。

不仅如此，这些年里，普京通过各种举措，大大激发了俄罗斯民众的爱国主义精神。一方面是树立俄罗斯民众的强国意识，另一方面是从各方面批评和反击西方，主要是西方对俄罗斯的干预。

在现实生活中，因为西方民主本身这些年所面临的困境，也是因为西方对俄罗斯的影响力的减弱（较之戈尔巴乔夫和叶利钦时代），今天大部分俄罗斯民众都认为俄罗斯应当走自己的道路，而不是简单地照抄照搬西方模式。

俄罗斯的强大还表现在其强大的军事力量。直到今天，俄罗斯仍然是世界上第二大军事力量。俄罗斯的军事力量主要是在苏联时代建立起来的。苏联解体之后，军事力量也开始衰落，但衰落主要表现在军事组织和军费方面，而非技术方面。普京在组织和经费方面重组军队，结合其所拥有的技术，再次振兴俄罗斯军队。近年来，无论在乌克兰还是在中东（叙利亚），结合其高超的外交，俄罗斯军队都有出色的表现。

即使就最薄弱的经济环节而言，俄罗斯也没有像一些西方观察家所说的处于崩溃状态。普京掌权的早期，大力发展国内经济，实现了较快的经济增长。近年来，经济遇到了极大的困难，但没有崩盘；并且俄罗斯民众的忍受能力很强，他们充分理解俄罗斯经济的现状，并且把经济现状的恶化归因于国际环境的变化，即能源价格变化和西方的制裁。受强大的民族主义精神的支撑，这些因为“外在原因”造成的经济困难，对大多数俄罗斯民众来说是可以承受的。

所以一般认为，普京终于终结了俄罗斯自苏联解体以来的一路衰落，最难的时候已经过去了，俄罗斯可以从普京开始走向复兴了。

但是，这些表面上的成就很难奠定俄罗斯复兴的基础。无论哪个国家，是否强大的最主要标志是制度，即一套新的制度的出现。强人的出现对这套制度的出现至为关键，因为新制度不会从天而降，新制度是需要强人去造就的。

今天的俄罗斯在很大程度上，俄罗斯仍然面临苏联的问题，普京能否逃避苏联及其命运，仍然是一个巨大的未知数。

普京可以说是受命于国家危难时刻。叶利钦时代的俄罗斯是典型的寡头时代。寡头当道，他们不仅主宰着国家的经济命脉，而且也是俄罗斯政治的实际操盘手。更为重要的是，寡头们没有一点国家利益观念，勾结外国（西方）力量影响俄罗斯内政，出卖国家利益。

因此，普京 2000 年一上台就不惜一切手段整治寡头。

但这么多年下来，普京仍然没有改变经济格局，俄罗斯仍然是寡头经济结构。直到今天，俄罗斯仍然是原料经济，经济结构单一，中小企业发展不起来。在欧盟国家，中小企业占国内生产总值的 40% 左右，但在俄罗斯只占 15% 左右。一些方面，在中国人看来简直就是不可思议。俄罗斯的资源那么丰富，简单的民生经济就是发展不起来。有人说，中国一些县长可以解决的民生经济问题，普京就是做不到。

这种说法并非没有一点道理。

普京执政初期，经济发展快，老百姓感受到了进步。当然，这主要是因为叶利钦时代俄罗斯的经济太不好，经济水平低。到今天，尽管俄罗斯的经济并不是那么坏，但年青一代已经感受不到国家经济的进步了，至少不能再享受他们父母辈所享受的经济好时光了。无疑，这也是这次年轻人走上街头抗议的经济背景。

不过，荒唐的是，外交的成功对内政发展在很大程度上起到了负面作用。普京面临的两难是：西方越反对普京的外交，内部民众越是支持他。

也就是说，当普京可以从强硬的外交政策方面获取足够的合法性资源时，他无须通过内部的发展来获得民众的支持。不过，就俄罗斯内部发展而言，强硬外交并不是解决问题的有效方法。现在，在外交上，俄罗斯已经成为美国和西方的公开敌人，很难通过和西方改善关系来发展经济。特朗普意在改善和俄罗斯关系的努力受挫，很能说明这个问题。

在很多方面，普京的俄罗斯仍然没有走出苏联模式。尽管政权的支持率仍然很高，但这个支持率主要来自对普京本人的支持，而非体制。在苏联时代，政权的投票支持率几乎可以高达百分之百，也没有人预测苏联的解体，但它最后的确解体了。或许有人会认为，这是俄罗斯文化的本质，即一种“危机产生强人，强人制造危机”的循环。不过，这绝对不是一种好的循环，而是恶性循环。

历史会重复，但不会简单地重复；历史往往具有戏剧性质，才能为其本身增添一点颜色。强人普京导演下的俄罗斯，上演着一幕幕使人眼花缭乱的戏剧，但人们需要很大的耐心和智力去观看和理解其背后的意义。

别了，旧梦[①]

1992年，美国学者福山提出了历史终结论，认为冷战结束并不仅意味着这场战争的结束，或者战后一段特殊历史时期的结束，而是历史的终结，标志着人类意识形态演进的终止和西方自由民主的普遍适用化。简单地说，西方自由民主是人类最好的，也是最后的政体形式，不管哪一个社会最终都会走向这一政体形式。

之前，生活在18至19世纪的黑格尔也提出过历史终结论，认为近代基于民族之上的国家形式（即民族国家），是人类历史上可以拥有的最好也是最后的国家形式。跟随黑格尔，马克思认为共产主义必将替代资本主义，成为人类的最后社会形式。如同黑格尔，福山的历史的终结论并未如其所愿。

福山可能没有意识到，正当他提出历史终结论的时候，人类开始向从黑格尔到20世纪成长起来的所有政体告别，只不过当时这个趋势并没有那么明确罢了。然而，今天随着众多强势政治人物的崛起，

① 本文写于2018年3月27日。

普京、特朗普、埃尔多安、莫迪等，20 世纪和 21 世纪这两个世纪突然断裂开来，人们不得不向 20 世纪告别。当然，这不是时间概念上的断裂，而是思想和价值层面的断裂。

尽管人们并不认同福山所宣称的历史终结论，但从 20 世纪过来的人总是带着一些那个世纪的理想进入 21 世纪，希望世界会变得（政治）民主、（经济）自由、（社会）平等。这并不是说，人们都会不切实际地幻想自己的国家变成西方，但人们的确期望自己的社会能够发展出具有自己特色的民主、自由和公正。不管各国是否有条件实现这些，或者是否在现实中享有这些，这些都已经成为普遍接受的价值。今天，就连最专制的社会，也不会否认这些自近代以来逐渐发展出来的价值观念。

19 世纪，面对当时勃兴的民主政治，两位意大利社会学家莫斯卡和帕累托反潮流地提出了精英政治理论，对民主政治的前途给出了不同的答案。他们认为，不管什么样的政体（专制独裁、寡头、共和、民主等），所有社会的本质都是一样的，即总是由少数精英统治多数大众。这种精英政治理论不合时宜，被视为为日后的意大利法西斯主义提供了理论基础，这两位社会学家的理论也自然被人们冷落了。

到 20 世纪，民主的社会基础得到了实质性的扩展，更多的社会群体开始享有选举权。不过，40 年代，哈佛大学经济学家熊彼特出版了《资本主义、社会主义与民主》一书，提出了“民主精英理论”，也认为民主政治并不会改变一个社会结构的本质，任何社会永远是少数人统治多数人，社会永远是分化成统治者与被统治者、精英与大众的。

熊彼特批评了西方两百年间的主要民主理论，认为它们都是建立在不真实、规范假设基础之上，都是空想，与事实完全脱节，民主理论更是不知道政治权力的真实来源。他自己提出了一个“民主程序理论”或者“精英竞争式民主理论”，把民主界定为仅仅是产生统治者的过程。无论人民参与程度有多高，政治权力始终都在精英阶层中转让。

在精英统治时代，不管是民主还是专制，有三种制度具有普遍性：第一，精英（通过其所控制的国家机器）垄断暴力机器；第二，精英的意识形态占据统治地位，成为统治社会的软力量；第三，法律在统治社会的同时也在调节精英之间的关系。在专制社会，法律仅仅是统治社会的工具，而在民主社会，法律不仅仅是工具，而且立法者本身也服从法律，即法治。

在精英统治时代，精英的统治首先是为了自己的利益，不过，所有这些维护精英统治的制度具有扩散效应，利益扩散到不同的社会群体。例如，熊彼特认为，尽管民主只是精英之间竞争的一种制度（技术性）安排，但正因为精英之间的竞争，社会获得了选择的机会，也即参与政治的机会。

政治强人靠民粹主义上台

不过，进入21世纪以来，所有的情况都远远超出了这些20世纪理论家的预测。20世纪可以说是一个高度意识形态化的时代，西方与东方、民主与专制、自由与不自由等区分都是意识形态的结果。21世纪这些区分正在变得越来越不重要，甚至出现政治上的趋同现象，至少就实践来说。今天越来越多的国家，不管是民主政体还是非民主政体，西方还是东方，强势政治人物纷纷登上政治舞台，并且他们所依靠的都是民粹主义。

所谓的民粹主义是和传统精英主义相对的，精英主义的表现形式就是精英之间就统治社会达成共识，精英按照精英之间所达成的规则来统治，而民粹主义则表明统治阶层的一些精英“背叛”了本阶层的利益，直接诉诸民众。

不过，民粹主义在不同国家具有不同的基础。在土耳其，民粹主要表现对宗教和传统帝国精神的复兴；在印度，主要表现在解放种姓制度和对外的民族主义；在俄罗斯，主要表现为传统帝国精神和对外民族主义；在美国，主要表现为白人至上主义和种族主义的复兴。民粹主义的基础可以发生变化，取决于各国政治人物需要开发什么样的社会和文化资源。

民粹主义的崛起正在改变各国的政治格局。就政治来说，传统精英民主时期的间接民主”开始向当代的直接民主转型。凡是精英民主都是间接民主，间接民主（例如代议民主）的制度设计就是要预防民粹主义。但今天，因为精英之间已经难以达成共识，政治人物纷纷跳出精英小圈子直接诉诸大众。最明显的表现是在各种公投上。公投名义上民主，但实际上是政治人物失去政治判断能力和政治责任感的结果。

在国内选举上，民粹主义更是表现得淋漓尽致，无论是西方还是非西方国家，今天的选举几乎可以和民粹画上等号。再者，民粹主义表明政治权力的基础是民众，民粹主义政治必然表现在统治者与现存体制和既得利益之间的矛盾和紧张。各国强势政治人物纷纷逃避现存体制制约，这一趋势并不难理解。这些政治人物不惜和现存体制公开对抗，通过自己组织的非正式权力机构来行使权力。

经济越来越成为左右政治的工具

民粹主义的经济又是怎样的呢？在西方，经济一直被视为具有自治性，尽管也存在政府的各种干预。因为是自治的，民粹主义很难影响经济过程。在非西方的大多数国家，经济没有自治性，历来就是政治人物的统治工具。但进入21世纪以来，不管东方还是西方，经济越来越成为政治工具。在一定程度上说，就其经济基础而言，民主开始从中产阶级民主向“无产阶级民主”转型。这里既有政治无奈的成分，也有理性的政治计算。在西方，因为福利社会的高成本和难以为继，传统精英政治下的中产阶级民主已经走到一个顶点。

在全球化状态下，西方的中产阶级规模正在缩小，越来越多的人向无产阶级转化，而政府则无能为力。不过，就政治计算来说，无产阶级似乎比中产阶级更有利于民粹主义。中产阶级寻求自治，但穷人则需要“救世主”，并且人越穷，就越需要一个强大的“救世主”。或者说，人民的贫穷成为民粹主义领袖的政治资源。俄罗斯是一个很好的典型。

结果，无论东方还是西方，很多国家都出现了“牧民”或者“养民”的趋势。人工智能等技术的进步也为民粹主义领袖提供物质上的可能性，即老百姓即使不工作，通过人工智能等技术手段所产生的物质财富也能维持生活。可以预见，一旦各国政府放弃了追求社会公正（即解决巨大的收入差异问题）而转向“养民”社会，人们就告别了20世纪社会，而进入一个未知社会。不过，直到今天，还没有人预测过“养民”的严重后果。

更为重要的是，互联网和大数据技术已经为民粹主义政治提供了坚实可靠的技术手段。最近揭露出来的剑桥分析（Cambridge Analytica）是一个很好的案例。剑桥分析公司开发了个人性格测试程序，收集5 000万名Facebook（脸书）用户的隐私数据资料，用来选举分析和针对宣传用途。这件事情被揭露出来纯属偶然，因为Facebook是私人公司。如果Facebook是一家国有公司，情况就很不一样了。

当各国当政者掌握了这种技术手段，民众（投票人）就不再是能够做出理性判断的个人（古典民主理论的假设），而仅仅是政治人物所操纵的对象。从美国到欧洲，从俄罗斯到印度，今天的民粹主义领袖能够如此有效地把握民众心理，和大数据技术的发展分不开。尽管人们用20世纪的道德和意识形态来评判技术，但类似的技术一旦产生，便不可避免地进入政治生活。大数据已经成为经济生活的主流，也已经出现成为政治生活主流的大趋势。如果传统政治是精英群体之间的政治，新政治必然是领袖操纵大众的政治。

如果民粹政府掌握经济和技术的趋势不能改变，21世纪会是怎样的一个时代呢？英国左派历史学家霍布斯鲍姆（Eric Hobsbawm）曾经写过很多有关“时代”的书，包括《革命的年代：1789—1848》、《资本的年代：1848—1875》、《帝国的年代：1875—1914》和《极端的年代：1914—1991》。他去世之后，出版了一个题为《断裂的年代：20世纪的文化与社会》的集子，反省了他所理解和经历的时代。霍布斯鲍姆一生经历了共产主义革命和西方的各种变革，最有资格来反思他那个时代。

他本身是典型的西方资本主义制度的产物，一生享受着资产阶级的生活方式，但同时他一生中也非常同情和支持共产主义，甚至对斯大林的激进政治（包括“大清洗”）抱理解的态度。他不相信西方传统上由少数人主导的精英政治能够维持下去，认为苏联式的大众政治是人类的出路。

尽管他享受着资产阶级的文化，但他对此非常不满，倾心于平民文化。但是，他又深切感受到西方大众消费文化的痛楚，因为大众文化一出现，他一直享受着的精英文化便迅速消失了。今天，从 20 世纪过来的人也有如霍布斯鲍姆的感觉，他们带着 20 世纪的价值观和世界观来到了 21 世纪，但发现 21 世纪和他们固有的价值观和世界观背道而驰。

如果从负面意义上说，人们并不难称呼这个时代，可以称其为“幻灭的时代”，或者“失望的时代”，或者“梦飞的时代”。传统世界和传统价值观消失了，人们再也不能用传统的价值观来看新世界了。19 世纪 80 年代，面临一个不确定世界，尼采惊天动地地叫出了“上帝死了”的口号，呼吁人们放弃成见，勇敢地去迎接一个全新的世界。今天的人们是否也需要有这样的勇气来面对这个越来越不确定的世界呢？

第八章

资本主义与人的未来

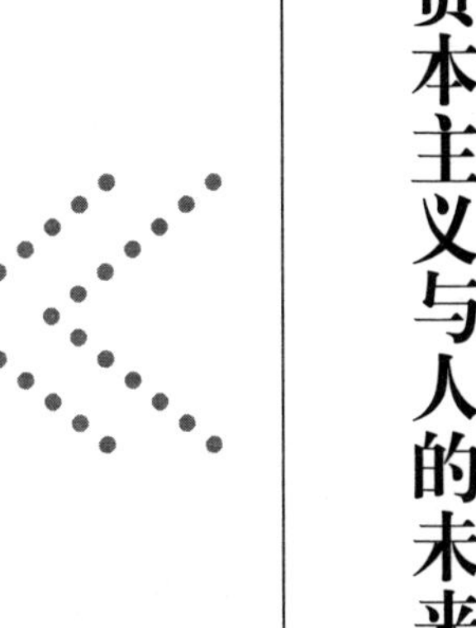

资本全球化与世界秩序的脆弱性[①]

美国总统特朗普自上台以来，整个世界几乎一直趋于动荡不安的状态。这个世界似乎就是特朗普一人的舞台，人们每日关切他的推特，因为他的一举一动、一言一行会对整个世界产生影响，无论是实际层面的还是概念层面的，无论是物质意义上的还是心理意义上的。历史上并不缺“奇特”的政治领袖，无论是被视为是好的，还是被视为是坏的，但从来没有一个像今天的特朗普这样对世界造成如此的不确定性。

不过，这并非特朗普的个人能力，而是客观环境使然。这个客观环境就是全球化。从前，不管政治人物如何“奇特”，其影响力总是局限于一国之内，或者一个区域之内。但全球化可以把一个“奇特”政治领袖的影响力迅速扩展到整个全球村。另一方面，特朗普所造成的全球现象也几乎赤裸裸地表明，我们所处的这个世界或地球村，实际上是多么脆弱和不堪一击。

---

① 本文写于2019年1月22日。

资本造就了全球化，也造就了今天的世界。今天人们所看到的世界并不是一开始就有的。就政体或共同体而言，人类社会已经经历了几个阶段。

第一，地方性的政体，包括原始部落、城邦、各种类型的地方共同体。在这个阶段，各个政体之间可能存在贸易关系，但没有实质性的关联。第二，帝国时期。帝国是松散的联盟，帝国内部的贸易比较频繁，但帝国往往是“统而不治”或者用暴力手段维持帝国的整合；帝国之间也经常发生战争，因为帝国的本质就是无限扩张。第三，近代民族国家阶段。民族国家是主权国家，各国对内部的一切包括人口、经济和政治等享有主权，“国家利益”的概念首次被应用于国家间的关系。第四，全球化下的民族国家。在很大程度上，人们也可称之为“后主权国家”，因为尽管名义上各国仍然享受主权，但实际上国家所能享受的主权空间越来越小，出现理论和实际之间的巨大差异。

在国家的演变过程中，资本扮演了主要角色。诚如马克思所言，资本的本质就是扩张。简单地说，全球化就是资本扩张的结果。资本和国家有些时候具有共同的利益，有些时候两者的利益处于冲突之中。早期，资本需要国家的支持而得以迅速全球化。历史地看，不管有无国家，资本本身也是会全球化的，国家的支持只影响资本全球化的速度。

而近代主权国家的形成，也需要资本的支持。历史地看，民族国家是最强大的国家组织形式，黑格尔因此把近代民族国家的出现称为“历史的终结”，即民族国家是最终的国家形式。同样，没有资本，民族国家也会形成，但形成的过程就会困难得多，缓慢得多。

民族国家主权力量的消解

当代全球化则削弱了民族国家的力量，有学者已经做出分析。简单地说，民族国家的主权力量被两种力量消解了。在民族国家之上有跨国公司，资本在全球流动形成了跨国公司。今天，没有任何一个国家可以宣称自己具有完全的经济主权。全球化对小国家经济主权的负面影响更大，这些小国家如果不加入全球化，会永远处于贫穷之中；一旦进入全球化，有可能致富，但更有可能被洗劫一空。更严峻的是，资本不会容许任何一个国家流离于全球化之外。一个国家是否进入全球化进程只是时间问题，无法逃避。

在主权经济下，一个国家如果拥有了一项技术，就会产生就业和税收，资本、政府和社会大家各有所得。但在后主权经济体时代，一个国家如果拥有了一项技术，不见得有就业，不见得有税收，因为资本既可以选择留在本国，也可以选择流出国外。可以确定的是，迄今为止，资本全球化都导致各国内部各社会阶层之间和各国之间收入差异的扩大。

在民族国家之下有非政府组织，或者社会力量。今天的社会力量和传统意义上的社会力量已经有天壤之别。传统社会组织大多是地方性的、局限在国家内部，今天很多非政府组织本身就具有国际性，犹如跨国公司。即使是地方化的社会组织，也和国内的其他组织，或者国外的其他组织有着千丝万缕的联系。看看曾经为特朗普做顾问的班农所做的事情就知道了。社会组织有能力推动一场全球性的民粹主义运动，这种情况从前并不多见。

全球化尽管造就了全球村，但这个地球村并不存在一个高于主权国家的政府。这便是问题所在。之前，人们对诸如联合国这样的国际组织抱有厚望，但现在发现这些国际组织往往沦为大国的工具，较小的国家可以参与，但离开了大国，效果发挥不了实质作用。在客观层面，全球化对各国所造成的影响，如同一个国家内部过于集权，对地方政府和社会所造成的影响。在一国之内，如果太集权，地方政府和社会就很难发展出自己的责任感，大家只看着掌握大权的中央政府，尤其是那些握有实权的领导人。

同样，在全球化下，各国不能脱离全球化而生存，全球化在很大程度上掌握着很多国家的生杀大权。但在对付全球化所造成的负面影响时，各国政府则往往无能为力。即使想对自己的国家负起责任，但多数场合都力不从心。这种力不从心的感觉不仅流行于较小的国家，即使是最大的国家，例如美国和中国都可以感觉到。可以说，没有一个国家可以单独改变全球化的趋势。一些强势政治人物的确可以逆全球化的潮流而行，但结果自己也成了受害者。

如何应付全球化所带来的负面效应呢？最简单的做法就是反全球化。反全球化从一开始就有，但从来没有成功过。因此，人们可以预计，在未来，反全球化运动不会停止，甚至会越来越激烈；但在客观层面，这样的运动不会有实质作用。原因很简单，没有任何社会力量可以和资本进行有意义的竞争或斗争。

在马克思时代，马克思号召全世界无产者联合起来。当时也有很多人相信能够这样做。但最终，一旦国家之间发生冲突和战争，民族主义战胜了国际主义。这是国际共产主义运动失败的最终原因。今天要再塑造这样一场社会运动已经是更加困难了。国际共产主义运动背后的支持力量，不仅仅是发达国家的社会，更是落后国家的政府。而今天，没有一个国家的政府会有任何意愿来支持这样一场运动。

也有学者如法国经济学家、《21 世纪资本论》的作者皮凯蒂空想着让全世界政府联合起来。但这种设想没有可能性，历史上也从来没有成功过。道理也很简单，各国政府之间争吵不休的时候，资本早已经联合起来了。在西方尤其如此，在“一人一票”的民主政治下，对外的民族主义（无论是经济上的还是政治上的）和对内的民粹主义已经成为西方的主流。没有多少人会相信，在民族主义和民粹主义影响下的政府，可以实现联合起来的目标。

社会均衡发展靠什么制衡

一国之内的情况也差不多。任何一个社会的均衡发展都要求在资本、政府和社会三者之间形成制衡。经验地看，在这三者中间，资本是最具有变化动力的，往往是因为资本方面的发展打破了现有的均衡状态。为了达到再均衡，往往是政府和社会联合起来，对资本构成有效的压力，从而实现再均衡。西方国家的福利制度就是这样产生的。从原始资本主义社会到福利社会的转型并非资本的转型，而是西方社会和政治改革的产物，即社会主义运动的产物。而社会主义运动简单说来，就是政府和社会力量的联合对资本施加压力所致。

当然，就政府和社会关系来说，也有一些国家选择了消灭资本的激进社会主义运动，包括苏联、东欧国家和改革开放之前的中国。尽管这些国家在最初也取得一定的成功，但在消灭资本之后并没有实现可持续发展，苏联和东欧国家没有能力和资本主义的西方竞争，结果败下阵来。也可以预见，尽管一些政治人物或社会仍然抱有理想，实现一个无资本的社会，或者一个资本完全由国家掌控的社会，但现实可能性越来越小。原因在于，在全球化下，没有一个社会可以封闭起来；如果动用政治和行政的力量来自我封闭，最终的结局也是失败。

由此看来，如果要实现资本、政治和社会三者之间的再均衡，人们很难把过高的期望寄托在国际层面。因为各国无能力应对全球化（国际化）所带来的负面影响，国际体系已经变得脆弱不堪。包括美国在内的一些大国，内部解决不了问题，就把问题外部化。尽管大多数人并不认为今天美国举国上下的谴责中国（blame China）风气，会帮助美国解决任何内部问题，但无论对政府还是社会来说，谴责中国是最容易的。也可以预见，如果经济民族主义和贸易保护主义持续和深化，现存的世界体系会继续弱化，甚至解体。

如同历史上所发生的，要解决问题，人们的眼光可能仍然必须落到一国的内部。今天的资本可以到处流动，这增加了政府和社会控制资本的难度，但这并不意味着不可能，因为不管怎样，资本不管流到哪里，仍然具有地理性，仍然需要落脚点。存在于互联网空间的资本也是如此。尽管互联网没有主权性质，但互联网的使用者是有主权性的。

也就是说，各国政治人物不应当简单地外部化内部问题，而是着力从内部寻找解决问题的方法。其实，过去的福利国家也是这么走过来的。一战、二战都是各国外部化内部矛盾的结果，不仅导致了灾难，更没有解决内部的任何问题。而福利社会则是内部发展的结果。简单地说，国际共产主义运动失败了，但西方的内部社会主义运动则成功了。

从这个角度来说，人们不应当忽视今天美国民主党向左转的趋向。这次中期选举之后，美国民主党大有一股类似欧洲当年社会主义运动的趋势。作为典型资本主义的美国成功逃避了欧洲发始的社会主义运动，但今天美国所面临的问题正为社会主义运动创造新的条件。不管这场运动的未来如何，这场运动的趋向是从内部寻找解决方法，值得人们的重视。

不管怎样，持续数十年的急速全球化，不仅使得今天的国际秩序变得非常脆弱，而且各国内部的政治秩序基础也动摇起来。如果人们无法应付全球化所造成的这些挑战，无法从内部找到解决问题的有效方式，就没有很好的理由对未来的命运抱乐观态度。

西方的“自由退步主义”[①]

今天人们看到西方所取得的成就，无论是经济社会还是政治方面的，都和近代以来的西方自由主义密切相关；甚至可以说，西方近代以来就是自由主义化的过程。不过，今天西方所面临的问题和危机，也是自由主义发展的产物。自由主义能否解决今天西方的问题？即使在西方，对这个问题的回答也是极其分化的。西方自由主义力量努力在自由主义的框架内寻求解决办法，但在很多国家的很多领域，自由主义不仅没能解决西方问题，反而在恶化问题。

一些观察家开始把西方的问题和危机归咎于自由主义。这并非毫无道理。自近代到今天，自由主义在发展过程中发生了质的变化，从自由进步主义发展到“自由退步主义”。

文艺复兴和启蒙运动造就了近代西方自由主义。从历史来看，西方自由主义并非今天人们所想象的那样，是人性的自然产物或历史的必然。自由主义发展的历史是一个非常血腥和暴力的过程，不仅仅表

① 本文写于2018年2月6日。

现在西方各国内部，也表现在国家与国家之间的关系。一些西方学者把马基雅维利视为是西方自由主义的先锋，这并不为过。从马基雅维利到霍布斯，可说是西方自由主义的早期形成阶段。在这个阶段，自由主义表现为赤裸裸的现实主义。这里的现实主义不是保守主义，而是现实主义的理想主义。马基雅维利认为，“目标证明手段正确”；也就是说，君主为了达到一个既定目标，什么样的手段都可以使用。这种赤裸裸的工具论使得马基雅维利被贴上臭名昭著的“马基雅维利主义者”标签。不过，君王的目标并不仅仅是君王个人的，而是整体国家和社会的大目标。这一点经常被痛恨马基雅维利的人忽视。

霍布斯则更进一步论证了专制政权的合法性。他的论点很简单：无论怎样的专制政权，总要比无政府状态好。对君王来说，首先必须建立一个强大的政府，即利维坦，然后才可以有其他作为。没有一个强有力的政府，其他什么事情都谈不上。

事实上，如果没有马基雅维利和霍布斯时代的西方国家制度建设，很难想象自由主义日后的发展。在霍布斯之后，英国的洛克开始发展自由主义理论。洛克的理论尽管重要，但比马基雅维利和霍布斯简单得多，顺利得多。洛克只不过是把英国当时已经开始的政治实践概念化和理论化，把英国实践包装成自由主义理论。

洛克之后，无论在实践还是理论层面，西方自由主义都得到了快速的发展，构成西方进步的巨大动力。英国社会学家马歇尔把西方社会权利的发展历史分成三个阶段，即 18 世纪拥有了市民权利（civil right），19 世纪拥有了政治权利（political right），20 世纪拥有了社会权利（social right）。这里的市民权利是马克思意义上的，即以商人和资产阶级为主体的经济发展和进步；19 世纪则是普选权开始扩张的时代；而到了 20 世纪，福利社会开始发展，也就是马歇尔所说的社会权利。马歇尔所说的政治权利在 19 世纪时仍然为少数人所享有，因为“一人一票”的大众民主直到 20 世纪 70 年代才开始。而标志社会进步的社会权利，也是欧洲社会主义运动的产物，是老百姓斗争出来的。但不管怎样，这些方面的进步就是近代以来西方自由主义的胜利，或者说是自由主义原则的实现。

但是，今天西方社会的现状表明，自由主义原则出现了问题甚至危机。因为经济的全球化和技术的发展，资本力量过强，收入差异和社会分化已经变得不可接受，而“一人一票”的民主产生不了有效政府。基于资本主义的自由民主政治，会不会在历史长河中昙花一现呢?

没有绝对的正确或绝对的错误

自由主义到底发生了什么问题？无论从理论层面还是实践层面，自由主义越来越没有能力解决所面临的问题。

在知识方面，自由主义失去了往日的进取精神，出现了一种可以被称为“知识相对论”的现象。简单地说，知识相对论的意思是什么东西都没有绝对，一切都是相对的。例如没有绝对的正确或绝对的错误。当然，知识相对论只是针对西方内部发展而言。这尤其表现在宽容或容忍方面。宽容和容忍是自由主义的美德，是自由主义和中世纪至高无上的教权斗争过程中产生的，后来在和各种形式的专制政府斗争过程中，这种美德得到了强化。不过，到今天，对自由主义来说，容忍表现为什么都可以容忍，包括恐怖主义。在西方，社会群体对政府的恐惧已经成为一种根深蒂固的意识形态，这种恐惧远远超越了对恐怖主义的恐惧。这也就是西方各国政府不能有效反恐——尤其是内生的恐怖主义——的一个主要原因。

美国的枪支管理也是如此。个人拥有枪支造成了巨大的社会问题，但因为没有谁对谁错的道德判断，这个问题演变成利益之争，很难得到解决。同样，政治精英之间已经没有任何道德共识，谁的观点都是相对的，所以谁也不服输；但政治人物又表现得不负责任，动不动就诉诸民众，让民众来决策。公投就是一个明显的例子。政治人物由民众产生，民众信任他们，让他们代表自己的利益，但公投表明政治人物已经没有能力为民众决策，而把这种权力返回民众。正如很多公投所表明的，民众不是什么问题都有能力决策的。

“政治上正确”也是自由主义相对论的表现。从一个角度来说，“政治上正确”是一种进步，使得人们意识到不是什么都可以说、都可以做，人人都要克制自己，尽一份社会责任。从这个意义上来说，“政治上正确”具有进步性。西方社会的宗教、种族、民族等问题一直是极为敏感的，在这些领域确立“政治上正确”具有进步性。但如果“政治上正确”意味着回避问题，那就要犯巨大的错误了。所谓的“文化多元主义”失败就是一个明显的案例。今天尽管西方很多人承认“文化多元主义”失败了，但还是不可以讨论，更别说正视问题了。这使得西方自由主义社会的整合性出现了严重的问题。自由主义过去的成功，在于其以自由主义原则整合了社会。如果自由主义不再能够整合西方社会，而任其分裂下去，自由主义就会失去其内部基础。

不过，在很多方面，自由主义又趋向于失去了传统的开放性。早期自由主义是相当开放的，尤其是上面所讨论的马基雅维利和霍布斯时代。欧洲社会主义运动和凯恩斯主义经济学都是自由主义开放的表现。但自 20 世纪 80 年代以来，自由主义高度意识形态化和政治化，演变成教条主义。这尤其表现在新自由主义经济学上。以自由的名义，新自由主义经济学反对政府的一切干预，包括贫穷。近数十年来，西方社会中产阶级急剧减少，社会出现绝对贫困状况。例如美国的中产阶级已经从二战后高达 70% 减少到今天的 49%。这些发展和新自由主义相关。新自由主义经济学一方面导致资本力量的壮大，另一方面有效阻碍了政府对经济的干预。

权利不应成为天赋

个人主义的绝对化表现为把今天人们所拥有的政治经济社会各方面的权利视为与生俱来，是天赋人权。因此，不仅谁也不能剥夺个人所拥有的这些权利，而且不管个人行为如何，人人都应该享受这些权利。然而，事实并非这样。正如马歇尔所分析的，权利的实现具有历史性，所有权利不是从天上掉下来的，而是上升时期自由主义力量斗争出来的。一旦把各种权利视为“天赋”，无论个人努力与否，都可以享有这些权利，就出现了“谁来创造这些权利”的问题。例如福利，尽管大部分人会赞同和支持人人有享受福利的权利，但谁来创造福利呢？如果人人具有分经济大饼的权利而没有人做大饼，这个社会的发展如何可持续呢？

对外方面，西方自由主义始终表现为绝对化，西方的所作所为，一切都是对的。因此，西方把自己高度道德化和意识形态化，而把非西方“妖魔化”。这方面在西方的“历史的终结”理论中表露无遗。二战之后，在和苏联阵营斗争的过程中，西方自由主义不遗余力，后来的新自由主义也是在这个过程中成长发展起来的。甚至在战争方面，西方也存在着正义的战争和非正义的战争之分。在政治领域，二战以后，西方花费了巨量的人、财、物向非西方国家推行西方式民主。多年来，学者和政策界基本上扮演了西方民主自由的传教士的角色。

西方扩张背后的理由很容易理解，但问题是在这样做的过程中，西方把自己封闭起来，失去了进步的动力。首先，把自己道德化，意味着自己什么都好，并且是最好的，因此很多人得了“自我麻痹症”。其次，西方忙于向外推销自己，指责他国，结果没有时间和精力来研究自己的问题，忽视了自身存在的问题；即使一些人发现了问题，总认为是小问题，盲目相信自己有自我纠错机制。再次，西方的民主自由的确在非西方国家找到了信徒，这些信徒对西方的捧杀使得西方更是得意扬扬。更为重要的是，非西方国家快速进步。非西方国家受西方的压力，很快把西方那些对自己有用的东西学了过去，获得发展和进步。在亚洲，早先表现在二战后的日本和亚洲“四小龙”，冷战结束后表现在中国等经济体。等到西方反应过来时，这些经济体已经有足够的能力和西方竞争了。今天的西方，已经没有先前那种自我优越感了，取而代之的是对中国那样的新兴经济体的恐惧感。

在很多方面，西方自由主义已经没有了近代那种进步的动力。它已经不再是一种具有现实主义的自由主义，而是一种自以为是、没有自我反省检讨能力的虚伪主义。这种趋势如果持续下去，西方自由主义必将继续衰落，直到最后的危机。实际上，今天西方自由主义面临前所未有的压力和挑战。如果要生存和发展下去，自由主义必须在理论和实践层面重新回到近代那种现实主义精神，进行自我更新和转型。

从这个角度来看，美国特朗普现象的出现并不难理解。从一个角度来说，特朗普意图纠正正在衰落的西方自由主义。不过，特朗普所使用的“非一般”手段被普遍视为反自由主义原则的。因此，特朗普执政以来和自由主义既得利益体制一直处于对立状态。特朗普的现实主义能否挽救西方自由主义，当拭目以待。

精英堕落时代的秩序危机[①]

最近，美国自称为民粹主义者的班农在日本演讲时宣称，美国的命运不掌握在美国总统特朗普手里，不掌握在班农手上，也不掌握在某个著名政治人物或伟人手里。美国的命运掌握在小人物手中，在被遗忘者手中，在沉默的人手中。因为他们突然明白了，随着科技、互联网、通信技术的进步，草根运动不会再让你沉默。

班农是特朗普选举时的关键人物，特朗普当选总统之后，班农也一度为官，但后来退出特朗普体制，开始到日本和欧洲各国从事民粹主义运动。班农的这番话是有所指的。第一，美国精英已经没有能力掌握国家发展的命运；第二，小人物被政治忽视，但现代科技的发展尤其是社交媒体的发展，为小人物闹革命创造了机会；第三，小人物革命的发生是可能的，胜利也是可能的。实际上，特朗普当选总统的政治大背景，就是班农等人长年累月所从事的民粹主义社会运动。

不过，班农的这番话也不完全对。小人物的确可以闹革命，但问

① 本文写于 2018 年 1 月 9 日。

题在于，革命之后又怎样？平民闹革命并不新鲜，历史上一而再，再而三地出现，但革命之后往往又是老样子。或者说，革命能够改变小人物的命运吗？以美国为例。特朗普的确想代表“小人物”（这里指特朗普想代表的美国白人）改变美国（“使美国重新伟大”），但这位总统真的能够改变美国的现状吗？是变得更好，或者变得更坏，或者没有本质变化？这些问题都很难有明确的答案。

这里就有一个政治人物（精英）和“小人物”（普罗大众）之间的关系问题。就政治来说，诚如意大利社会学家莫斯卡和帕累托所论述过的，无论古今，无论怎样的社会，无论怎样的统治方式，社会都是分成统治者与被统治者，或者精英和大众两部分。这是因为，第一，统治者永远都是少数；第二，社会尤其是政治领域的等级性不会变；第三，参与程度可以不同，也就是统治方式会有变化，但统治的本质不会发生变化。两位学者因此也以精英类型的变化来解释历史的变化。

精英堕落导致失序

从这个角度来看，今天世界各国内部秩序所面临的问题，尽管有很多原因，但精英的堕落无疑是其中一个关键原因。2014 年，美国社会曾经讨论白人统治集团的问题（即 WASP，White Anglo-Saxon Protestant，盎格鲁 – 撒克逊白人新教徒）。一些人认为，美国过去的辉煌和该集团一度掌控了政治、经济和教育资源有关。不过，这个集团的成员如今不再风光，也对自身丧失了信心，失去了担当领导的责任、力量和兴趣。

美国现在没有了统治阶层，只有一个包括人称精英团体在内的管理阶层，差不多就是完全由知识界精英组成的贵族阶层。这个讨论发生在奥巴马任总统期间，其背后的政治动机不言自明。但这个讨论也是在检讨因传统政治精英阶层衰落或堕落，所带来的秩序危机问题。

今天的西方，精英阶层堕落的迹象和标志随处可见。所谓的“天堂文件”（Paradise Papers）不断揭露世界各国精英阶层多年来逃税的故事，英国女王和各国最高权贵都在名单上。不管精英逃税的背后有什么原因，但作为统治阶层的精英都逃税了，这个统治阶层一定是衰败了。

政治统治阶层是西方民主社会的主体。在很大程度上，民主政治是精英共识政治。尽管精英之间也有不同的利益，但这些精英大都来自“职业政治家”（德国社会学家马克斯·韦伯语）家庭，接受同样的教育，具有相似的价值观。只要精英之间有共识，不同精英（或者党派）就可以轮流执政，维持体制的运作。同时，精英群体除了追求自己的利益，还须追求政体社会或国家的利益，用意大利新马克思主义者葛兰西的话来说，统治阶层之所以能够成为统治阶层，就是因为其所追求的利益超越了本阶级。

的确，从经验来看，西方国家的制度建设大都发生在大众民主之前的精英民主期间。尽管西方一直强调制度对政治人物的制约，但前提是政治人物会自觉地遵守制度规则。政治精英之间有遵守制度规则的共识，制度就可以有效运作；一旦精英之间失去共识，最好、最有效的制度也会遭到破坏。这类事情在世界各国一而再，再而三地发生。

经济精英阶层的衰落也是显然的。亚当·斯密所论述的“道德情操”，或马克斯·韦伯所说的“新教伦理”，构成了西方资本主义的精神，造就了西方数代企业家群体。这是近代以来西方社会的经济基础。资本的竞争不可避免，竞争也是进步的动力，但竞争具有包括道德在内的目的性。今天的资本阶层尽管更具竞争性，但已经变得极端自私、毫无责任感。

随着宗教衰落和世俗化进程的加速，唯有金钱能衡量自身的价值。也就是说，唯有更多的资本，才能够衡量资本的价值。在这方面，2008 年世界金融危机之后，资本阶层已经表露无遗。这场危机本身就是资本造成的，危机发生之后，美国政府动用了纳税人的钱拯救市场，但华尔街得到这笔庞大的“救济款”后所做的第一件事，就是“分红”奖励自己的失败和不负责任。

知识阶层的堕落，对秩序危机的加深也是不可忽视的。在西方，自文艺复兴和启蒙运动以来，知识界造就了强大的文化批评精神。这种文化批评精神（尽管有时显得过分）一直是西方进步的动力。今天，这种批评精神被大大减弱，甚至在消失。尽管在一些知识分子当中仍然残留着批评精神，但更多的知识精英主要是论证资本的合法性或权力的合法性。自 20 世纪 80 年代以来，新自由主义经济学一直是西方的主流经济学。

尽管一直被视为为资本服务的经济学，也应当为包括 2008 年次贷危机在内的经济危机负责，但其主导地位不仅很难撼动，而且一直在强化。政治上，在过去的半个世纪里，西方学者以把西方式民主自由推行和扩张到非西方国家为己任，自觉地成为西方民主的传教士，但忽视了对西方自身体制弊端的批评。

在与权力和资本结合的过程中，知识所付出的代价也是沉重的。今天的西方知识界在很大程度上已经失去了民众的信任。无论在英国的脱欧公投期间，还是美国总统选举期间，民众已经不去理会知识界

（包括媒体）所提供的分析，而求助于“假新闻”。尽管知识界提供的分析远比“假新闻”有效和真实，但在民众看来，知识界只是权力和资本的代言人，不再值得信任。

概括地说，在西方形成了一个权力、经济和知识三结合的庞大既得利益集团。这是一个自我服务的集团，其利益追求很难超越本阶级（阶层）。这构成了学理上所说的国家与社会之间的深刻矛盾，而这个矛盾也是西方内部秩序危机的结构性因素。

政治精英“消费社会”化

然而，精英阶层的堕落也是对环境变化的反映。换言之，精英堕落在很大程度上具有不可避免性。二战以后，西方（以法兰克福学派为代表）曾经就消费社会对现代政治的影响有过一场持久的争论。为什么这场争论产生在二战之后？这是因为当时的西方经历了高速经济增长，向富裕社会转型。

这种转型对精英阶层产生了深刻影响，政治精英的行为开始消费社会化，即从传统的以道德为基础的行为，转型为以大众为基础。现在人们不再争论了，只是表明西方已经完全接受政治以大众为基础。

这种转型至少产生了几个方面的深刻影响。第一，精英阶层本身的经济机会大增。例如在美国，所谓的“出类拔萃之辈”往往选择经商而非从政。第二，大众民主崛起后，政治从“生产”政治转向“分配”政治。“生产”政治所依靠的是企业家（资本）阶层，而“分配”政治所依靠的则是大众的选票。第三，传统上，国家（政治）只是资本（经济）的代理（马克思语）。但当选票成为政治基础时，资本对国家的影响力减小。在经济全球化的时代，资本找到了合理与合法的途径，流向世界各地，逃离选票所带来的压力。第四，基于选票的政治为大众跻身政治精英层创造了机会。在大众民主时代，贫民成为政治家的例子比比皆是。这种变化的确是一个巨大的进步，它表明政治不再为少数人垄断。尽管统治者仍然是少数，但统治者可以来自贫民。

不过，世界上没有免费的午餐，事情没有那么简单。很多没有任何执政经验的平民一旦成为统治者，不仅执政经常出现问题，而且也经常变得更加贪婪，而且是永无止境的贪婪。前些年，英国出现议会议员贪图小便宜的大面积腐败。这在从前很难想象。以前是贵族统治，发财之后再去从政，但现在从政者必须首先考虑养家糊口。

精英阶层堕落之后，西方的执政就转向了简单的法治。因为道德水平不再重要，所以法治成为最方便的工具。尽管法治是西方世界近代以来最重要的政治传统，但简单的法治仅仅是维持西方的制度，而很难对现行制度做进一步改善。实际上，法治已经成为既得利益集团维持现状最有效的工具。

正因为如此，尽管法治在继续，但西方内部秩序问题也在不断恶化。没有人会相信，简单的法治能够解决西方社会所面临的，包括日益加深的收入差距和社会分化在内的社会问题。这些年来，西方各国民粹主义、经济民族主义和贸易保护主义崛起，是有其深刻根源的。这些主义的崛起正冲击着西方内部秩序和国际秩序，给西方和国际社会带来巨大的不确定性。

今天西方所面临的秩序危机，就其本质来说，就是统治阶级危机，或者说是精英危机。如果精英阶层继续堕落，无政府状态就不可避免，直至最后的秩序解体和重建。上述两位意大利社会学家用精英类型的转型来解释历史进程的理论，在今天的西方世界更有相关性。西方从文艺复兴到启蒙运动的过程，也是近代精英的造就过程，构成了西方的进步时代。到今天，构成精英的传统资源似乎已经用尽，或者说，传统精英的品德变得和现代社会不是那么相关了。

历史又是一个轮回。如何产生新一代的精英和重构精英的品德？这是很多国家都面临的问题。

革命将至？[①]

全球化和技术进步加速着世界的变化，而变化总是给社会带来巨大的不确定性。如果一个社会既能获取变动所带来的红利，又能消化变动所带来的负面结果，那变动便是进步的；如果一个社会有能力获取变动所带来的红利，却不能消化变动所带来的负面结果，那这个社会就会充满风险；如果一个社会既不能获取变动所带来的红利，也不能逃避变动所带来的负面影响，那这个社会就处于险境中了。

从今天世界各国的现状来看，大部分国家似乎都面临后两种情形。这尤其表现在极端的收入分配差异和社会分化方面。尽管很难想象一个完全平等的社会，但一个社会如果缺失基本的社会平等和公平，那这个社会就很难治理。历史上，高度分化的社会往往会发生革命甚至动荡。无怪乎今天为数不少的人越来越担心革命是否再次降临。

这种担忧并非杞人忧天。最近，专注于收集收入和财富分配数据、分析世界不平等现象趋势的世界不平等实验室（The World

① 本文写于2018年1月2日。

Inequality Lab）发布了一份题为《世界不平等报告 2018》的报告。包括法国学者皮凯蒂等诸多著名学者在内的研究团队发现，在 1980 年至 2016 年间，收入前 1% 的人掌握了北美（美国和加拿大）和西欧实际收入总量的 28%，而收入后 50% 的人只得到其中的 9%。

北美和西欧的实际对照更为明显，也更糟糕。在西欧，收入前 1% 的人掌握的收入增量与收入后 51% 的人相当；而在北美，收入前 1% 的人掌握的收入增量与收入后 88% 的人相当。

报告也发现，尽管收入差异扩大是一个世界性大趋势，但各地区和国家则有差异。自 20 世纪 80 年代以来，收入不平等程度在北美和亚洲迅速攀升，在欧洲适度上升，在中东、撒哈拉以南的非洲和巴西则稳定在极高水平。二战后，西方各国收入前 1% 的人的收入占比相对较低，但自二战以来，收入前 1% 人的收入占比在英语国家大大提升，尤其在美国；而在法国、德国和意大利几乎没有什么变化。

不难看到，收入差异恶化最严重的，也是那些实行新自由主义经济政策的国家。东亚经济体早期在取得经济高速增长的同时，也实现了收入差异的最小化，为社会公平的世界典范。但 20 世纪 90 年代末以来，这些经济体也以不同形式引入新自由主义经济政策，收入差异快速扩大。

联合国的一个美国考察报告也带来了同样不好的消息。该组织的赤贫和人权问题报告员到美国各州考察，发现平均每 8 个美国人就至少有一个生活贫困，而当中近半则深陷赤贫，绝大部分无法摆脱困境。美国官方数据显示，14% 的美国人生活在贫困中，但这个考察报告则认为 20% 较为接近现实。

这里还有一个就业假象问题。尽管美国的失业率不高，但就业并不意味着脱离贫穷。以沃尔玛超市员工为例，一般工人单靠一份全职工作无法生存，除了工作还必须依赖政府发放的票证来支撑生活。今天的美国，出生于贫困家庭中的孩子，几乎没有任何机会摆脱贫困，穷人家的孩子缺乏或根本就无法吃上对发育有助益的营养食品，难以获得基本卫生保障和教育机会。

政策恶化不平等

同样严峻的是，尽管不平等是诸多历史的和现实的因素造成的，但很多国家所采取的政策不是缓解不平等，反而在恶化不平等。以美国为例。奥巴马当选总统之后开始采取具有社会主义性质的政策，在医疗改革等方面向穷人倾斜。但特朗普上台之后，马上中止了奥巴马的政策。不仅如此，特朗普推出新的税收改革，大幅度削减企业税率。普遍估计，这一税改会导致削减社会福利和医药津贴等政策，结果只会使得贫困与不平等问题变得更加糟糕。

实际上，很多年来，不平等一直是西方社会讨论和争论的最热点问题。这些年，围绕着皮凯蒂所著《21 世纪资本论》一书所展开的激烈争论，就可以窥见一斑。西方学者普遍认为，巨大的收入差异和社会分化，已经开始威胁西方的民主政治。贫困使得穷人越来越边缘化，他们的声音没有机会被人听到，因而无法影响公共政策。

西方传统上是少数人的精英民主，民主意味着少数人的政治参与。但在大众民主时代，所有大众都可以参与政治。不过，前提是大众教育，人们能够理性地获取信息，理性地分析信息，做出理性的选择。贫困者不见得不能参与，但贫困的确影响人们理性地参与政治。

贫困状态下的参与，经常导致人们不想看到的结局。这种情况已经发生，最明显地表现在英国脱欧公投上，公投产生的结果既不是反对公投的中产阶层所想看到的，也不是很多支持公投的人所想看到的。

西方发达国家如此，广大的发展中国家也是如此。以中国为例，收入分配实际上已经非常严峻。不看别的，光看如此之小的中产阶层规模，就可以从侧面看出巨大的收入差异。

在东亚，日本和亚洲“四小龙”经济体在经济起飞之后的20多年间，培养了一个庞大的中产阶层。中国的经济增长在过去近40年里甚至高于这些经济体，但中产阶层仍然非常小。在西方看来，中国正在变成一个消费社会，但这只说明中国中产阶层的绝对人数多这一事实。在中国，高消费社会只是很小的群体，占人口的比例非常低。

和西方一样，经济结构和技术的变化也使得收入差异急剧拉大。尽管服务业的快速发展缓解了就业压力，但服务业很多从业人员至多维持在传统所说的生存经济水平。快递、出租车、保安、房地产、建筑和其他服务业领域的大量就业人员，很少有条件跻身中产阶层。以快递业为例，几乎所有快递公司都是以拼命压低快递小哥的工资来获取利润。资本方的获利水平和普通快递小哥的工资差异巨大。

面对既得利益集团的挑战

为什么收入差异很难得到有意义的改善？一般认为，这主要是因为既得利益集团的形成。在既得利益集团牢不可破的情况下，富者越富，贫者越贫。这其实是美国经济学家奥尔森（Mancur Olson）的命题。奥尔森在《国家的兴衰》（*The Rise and Decline of Nations*）一书中，深入探讨了既得利益集团和经济增长之间的关系。尽管奥尔森探讨的是经济增长问题，但他的理论对解释收入差距扩大也是有效的。

奥尔森认为，一个长期稳定的社会必然形成既得利益集团，而既得利益则是分利集团，他们置其他群体的利益于不顾，追求自己利益的最大化。每一个既得利益集团都会致力于努力分到最大一块经济大饼，把发展转变为分配，从而阻碍经济增长。奥尔森更观察到，一个社会战争或动乱之后，经济增长会比较快，因为战争和动乱削弱了既得利益集团的实力。

收入分配方面何尝不是这样呢？既得利益往往就是自我服务集团。无论是经济发展还是二次分配政策上，既得利益所制定的政策都是以自我利益最大化为目标。他们的政策尽管也会在一定程度上使得穷人受惠，但大部分利益则流向既得利益本身，从而加大收入差异。

从历史角度来看，似乎并不存在有效解决巨大收入差距的方法。不过，一个高度分化的社会是很难生存下去的，也就是说，这个问题必须解决。历史提供给人们的方法，或许是人们所不希望看到的，但的确发生了；也就是说，有效地解决收入差距问题的往往是灾难，包括战争、革命、瘟疫和饥荒。

瘟疫和饥荒是自然灾害，在很大程度上超越人类的控制，而战争与革命则是人为的。其实，战争和革命往往是一个事物的两面。情况往往是因为内部因素而产生革命，统治者为了转嫁内部革命而产生了国家间的战争。例如，一战、二战都和西方国家内部矛盾有关。尽管今天的条件不同了，但战争的风险仍然存在。

这些年来，地缘政治在快速变动，并且与各国（尤其是大国）内部经济形势密切相关。全球化在西方遇到了前所未有的困难，各国开始搞贸易保护主义。尤其在美国，民粹主义、贸易保护主义、经济民族主义急剧上升，并把责任推到其他国家（尤其是中国）身上。在内部矛盾尖锐时，也不能排除一些国家在军事方面的冒险。

解决收入差距和社会分化方法

就革命来说，历史上出现过三种革命，对减少收入差距、增进社会公平方面发生过重大作用。

第一，西欧式的社会主义革命。这是一种从原始资本主义过渡到福利资本主义的革命。原始资本主义下的高度剥削，促使社会主义运动兴起。为了资本主义的正常运作，西方政府进行了自我革命，通过税收政策进行二次分配，确立了福利社会。从原始资本主义到福利社会，可以说是人类历史上迄今为止的一次最伟大的转型。如果福利社会是可以持续的，那社会也会稳定下去。当然，今天福利社会所面临的最严峻的挑战在于其可持续性。

第二，苏联和中国式的暴力革命。暴力革命用最直接的方法消灭了既得利益，实现了所有人财物的重新分配，从而大大减少了社会的不平等。不过，很显然，暴力革命中，生命代价的损失不可计数。

第三，日本和亚洲“四小龙”经济体的社会革命。这些经济体一方面接受了资本主义来促进经济发展，另一方面接受了前面两种革命的教训，政府主动进行社会建设，既避免了苏联、中国式的暴力革命，也避免了欧洲式的社会主义运动。它们都在经济起飞后的30年时间内，培养了一个庞大的中产阶层，实现了社会公平的目标。

今天，很多国家再次面临极端的收入差距和社会分化，都在寻找解决问题的方法。前面所说的美国特朗普减税方法，尽管其意图是刺激经济发展，但就解决收入差距来说，并不被看好。欧洲也在寻找方法，一些北欧国家在进行试点，不管人们工作与否，都能得到一份工资。这种方法可以说是传统福利方法的延伸版。中国则在通过精准扶贫，解决农村和城市的绝对贫困人口问题。不管使用什么方法，如果不能守住穷人最低生活线，那“革命”就会出现。

不过，也很容易看出，所有这些改革都不是系统性的社会变革，不足以防止社会主义革命的发生。既得利益主导下的所有改革，其核心仍然是增进既得利益，而非为普罗大众。无论是美国还是欧洲，只要既得利益所做的仍然是巩固自己的城堡，穷人增加的趋势便不可逆转。

此外，今天的穷人也往往是受过教育的群体，并且拥有包括社交媒体在内的有效武器。内外部的任何因素都很容易触发革命。以前西方国家在非西方国家推行颜色革命，但现在颜色革命也已经延伸到西方本身。可以相信，如果各国的既得利益集团没有自我革命的勇气，那不同形式的革命可能会是不可避免的。

人类不平等与“牧民社会”的崛起[①]

最近引爆全球媒体关注的两条新闻，对人类社会意味深长，它们不仅揭示了人类社会不平等的（现代）根源，也预示了人类社会未来解决不平等问题的可能性和新社会形态的可能性。

第一条新闻是埃隆·马斯克（Elon Musk）的 SpaceX 公司制造的超级重型火箭“猎鹰重型”发射成功，被普遍视为人类殖民外太空（火星）的开始。第二条则是德国工会成功争取到了 28 小时工作周的权利。

大概谁也不会把这两条新闻放在一起来考量，因为它们之间可以说是风马牛不相及。如果一定要把它们放在一起讨论，这两者都是人类文明进步的最新表现，人们可以对未来抱有最美好的梦想。

不过，这两件事情背后的故事，最能解释人类社会目前面临的高度不平等的现状和根源，同时也可预见人类社会更不平等的未来，以及可能解决不平等的方法和新社会形态的产生。

---

① 本文写于 2018 年 4 月 10 日。

实际上，一些西方媒体就把“猎鹰重型”的发射和人类不平等画上了等号。英国一家媒体就说：“观看一个亿万富翁花费 9 000 万美元把一部 10 万美元的汽车送入太阳系远端，没有比这个更能体验 21 世纪全球不平等的悲剧了。”不过，诸如此类的“抱怨”毫无用处，因为没有人能够阻挡人类不平等的大趋势。

不平等自从人类产生之时就开始了。自古以来，不同文明普遍性地痛恨不平等而追求平等，不同文明也发明了不同的方法来对付不平等，尤其是高度的不平等，包括宗教、种姓制度、造反（劫富济贫）、强制性政府等。

在很长一段历史时间里，人们并不认为不平等是制度造成的。近代以来尤其是法国大革命以来，人们把不平等的根源转移到了制度层面。法国大革命使人们相信人类可以通过改变制度来消灭不平等，造就一个人人平等的社会。通过革命性的制度变革来追求平等，构成了近代以来历史的一条主线，最显著地表现在社会主义和共产主义革命过程中。

不过，不管怎样的革命和怎样的制度变革，人类的不平等（至少就收入来说）不仅没有减缓，反而一直在恶化。自 20 世纪 80 年代以来，随着新一波全球化的快速推进和新技术（尤其是互联网技术）的迅猛发展，世界各国（无论是富国还是穷国）都面临日益加深的不平等问题。这些年来，无论是学术界还是政策界，人们讨论最热烈的也是不平等问题。今天由不平等所造成的负面影响，已经远远超出了经济领域，冲击着很多国家的社会和政治稳定。

追求平等是人类的天性，但无论怎么追求，不平等越来越甚。为什么不管什么样的制度都难以解决平等问题呢？简单地说，这与人类的本性有关，人类的本性是人类不平等的根源。如果说追求平等是人类的本性，那么追求不平等也是人类的本性。

回到本文引用的两则新闻，有人追求更短的工作时间，有人追求更长的工作时间，两者都是天性，但结果造成的则是巨大的不平等。当然，人们也可以用其他情感性和意识形态的概念来描述两者之间的差别，例如一方面是对权力、财富、卓越等的追求，而另一方面则表现为平庸、懒惰、堕落等。

事实上，当德国工会为争取少工作而努力的时候，马斯克则在争取更多的工作时间。前者争取到了一周工作28小时的权利，而后者则每周工作100小时以上；前者视少工作为自己的权利，而后者视工作更长时间为自己的权利。两者都有冠冕堂皇的理由，前者为了照顾老人小孩，甚至关爱社会，而后者则是追求人性的卓越。这就是人与人之间的差别，也是不同人性之间的差异。

这种差异能够解释人类社会的很多现象和问题。其中之一就是人们永无止境地讨论的收入差距问题。别的不说，一周工作28小时与一周工作100多小时，这两个人类群体能够实现平等吗？这样的两个群体如何实现社会公平？什么样的结局才是社会公平呢？收入差距是真的，因为它是一个数据问题，但社会公平则很难衡量，因为它是一个伦理或者道德判断问题。一个人人只能工作28小时的社会或许会变得平等，但这个社会会公平吗？如果没有人能够改变这种人性差异，那么不平等便会是永恒的。

现代的“牧民社会”

一个历史现象便是，平民需要英雄来拯救，但英雄经常被平民

“杀死”。原因很简单：一个高度不平等的社会难以生存。既然贫民成不了英雄，只好选择“杀死”英雄。经验地看，一些社会也做了很多努力去改变这种人性差异，即限制那些追求卓越的人的权利。不难理解，近代以来，追求平等是诸多革命的原动力。

在使用革命手段的地方，人们大都是通过劫富济贫甚至消灭富人来实现社会公平的。不过，结果往往是相反的，也是人们不愿看到的和难以承受的，因为限制追求卓越的结果便是人人都沦落为贫困者。

但是，一些社会也找到了更有效的手段，即“牧民”。“牧民”的思想早见于中国古代经典《管子》。《管子》的第一篇就是《牧民》，大致意思是说，统治者要创造足够的财富，把老百姓养起来。“牧民”就是承认基于人性差异之上的人的差异，在承认人类差异的基础进行统治。

非常惊讶的是，在人类思想史上，无论是中国的儒家还是西方基督教，人们对“牧民”这一点并没有异议。今天，即使对各国政治抱激进批评态度的西方左派，也接受了“牧民社会”，并且是争取实现“牧民社会”的一股重要政治力量。

在制度层面，“牧民”体现在产生于欧洲的福利社会。福利社会是资本主义的产物，但不是必然的产物。人类不平等历史上从来就有，但资本主义在为人类创造了巨大的财富的同时，急剧地加深了人类的不平等。当不平等的程度超出了人类可以承受限度的时候，就有了对劳动者的社会保障机制的需求。产生于德国（俾斯麦时代）的第一个人类社会保障制度很能说明这个问题。对当时的德国政府而言，这一社会保障制度与其说是为了保障劳工的权利，倒不如说是为了保障资本主义制度的顺利运作。

之后，随着社会主义运动的兴起和发展，人们有了全新的思想，即社会保障是人的权利，并且是天赋权利。因此，从马克思所描述的原始资本主义到福利资本主义的转型，并非资本本身的逻辑，而是社会改革的逻辑。不管怎么说，无论是争取各种社会保障还是更短工作时间的权利，都属于欧洲社会主义运动思想

不过，人类历史上从来也没有像今天这样接近过理想的“牧民社会”。这是由两方面的因素所致的。第一，权利概念已经深入平民的人心。在发达国家，尽管福利社会负担沉重，成本极高，但没有人会有去掉福利的想法。即使是福利社会的反对者也没有这种想法，他们充其量是要减少福利。福利社会的支持者当然继续要求着更多的福利。而更多的人则思考着如何改善福利制度，使得这一制度变得更可持续一些。第二，技术手段所提供的可能性。互联网和人工智能（AI）的发展正在急剧改变资本和劳工的关系。这些技术的发展一方面减少了就业，另一方面制造了巨量的财富。

今天的技术手段使得掌握或者掌管这些技术的群体，在不需要大量人工的情况下，能够创造大量的财富，这使得这个群体具有足够的能力去满足劳工群体实现其权利的要求，例如更短的工作时间。欧洲一些国家已经出现“牧民社会”的雏形。一些国家开始实验把工作和薪水分离开来的制度，即使不工作，每一个公民也都可以领一份工资。这是个全新的思想。工资是工作的产物，没有工作便没有工资。现在，既然不工作也能领工资，这便是典型的“牧民社会”。

无意识地乐意受监视

不过，世界上没有免费的午餐。“牧民社会”在缓解甚至解决数

字上的人类不平等的同时，也在加剧着人类社会在其他方面的不平等，并且是更大的不平等。近年来，英国作家奥威尔的《一九八四》又流行起来。原因很简单，因为人们恐惧于这种监视社会的崛起，它使得人类完全失去了自由。不过，现在人工智能和大数据社会已经远远超越奥威尔所描述的监视社会了。

奥威尔所描述的监视社会还是政治权力所为，在被统治者中间存在着抵抗意识。但现在的人工智能和互联网大数据时代，人们可以说，平民的所需、所想、所为都是资本或者权力“程序设计”的结果。用法国社会学家福柯的话来说，这是一种更文明、更软性的手段，普通民众不仅仅没有感觉到其“强迫性”，更是无意识地、非常乐意地接受。

更为严重的是，当互联网成为普通民众日常生活的一部分的时候，他们根本不会有任何“被强加”的意识。在监视转化成为自我监视的情况下，“牧民”的成本越来越低，“牧民社会”也越来越具有可能性。

世界范围内，“牧民社会”在不同的社会的表现形态也必然不同。在那些资本占主导的社会，普通民众或许仍然拥有一定的自治空间。这种空间既来自民主制度，也来自资本之间的竞争。在“一人一票”的民主社会，政府权力的基础是民众的选票。

人们可以假定，掌握政府权力的人也是这个社会的精英，他们一方面要依靠资本进行“牧民”，另一方面对这种社会的本质是有意识的，他们具有一定的力量来抵抗“牧民社会”。资本的竞争更为重要。只要资本是多元的，它们之间必然存在竞争，而竞争也构成了它们之间的互相制约，这种互相制约也为社会成员提供了一定的自治空间。

而在那些经济权力和政治权力合二为一的社会，情况则会很糟糕。在经济权力和政治权力一体化的情况下，社会力量会趋向于零。因此，“牧民社会”很可能演变成为非常典型的“圈养社会”。整个社会犹如一个“羊圈”，人们可以安稳地生活在这个“羊圈”之内，并且时时刻刻受到监视，一旦越出“羊圈”就会招来政府的干预，受到惩罚。

互联网的确是人类历史上前所未有的大发明，在各个方面改写着人类的历史。这样一种“牧民社会”一旦形成，对人类意味着什么呢？是人类的解放、权利的获得，还是人类的高级奴役和权利的丧失？人们已经在体验着这种社会，但还没有开始思考和反思这种社会。

资本主义与人的未来[1]

从经济的视角看，近代以来的世界历史可以说是资本造就的历史。很简单，离开了资本，近代史就很难理解。资本在创造巨量财富的同时，也给人类带来一波接一波的危机，无论是经济危机还是国家间的战争。但不管发生了什么，或者以后会发生什么，也不管人们喜欢与否，资本主义会继续生存和发展。马克思所做的分析找到了资本生存、发展和扩张的动力，但马克思对资本未来的预判还需继续观察。

2007 年至 2008 年全球金融危机后，马克思的著作又热了起来，各种“反资本”的运动（无论出现在知识领域还是社会实践领域）也在兴起。这也容易理解，只要资本不断制造危机，“反资本”就会持续。

资本制造人类危机，但资本不会消亡。为什么？简单地说，这是资本的两面性所致，即资本既可以把人类光辉的面发挥到极致，也可以把人类邪恶的面表现得淋漓尽致。

---

① 本文写于 2019 年 2 月 26 日。

资本主义创造财富最有效

首先，资本主义是人类历史产生以来创造财富的最有效机制。这一点马克思已经看得很清楚。自马克思以来，也没有人否认。财富创造，或者更广义地说，经济发展是衡量人类文明进步的最重要标志之一。尽管人类的发展不仅仅表现在经济发展方面，但没有经济发展的社会往往被视为落后的社会。马克思说经济是基础，政治是上层建筑。也可以说，经济是大多社会生活的基础。实际上，在很大程度上，即使宗教生活，也离不开经济。

其次，更为重要的是资本的解放作用。从经验来看，相较其他形式的“统治方式”（例如教权、专制政治等），人们更喜欢选择资本的统治。马克思也大力肯定资本在历史“解放”过程中的作用，即资本把人类从各种传统力量中解放出来。这尤其表现在知识分子这个群体对资本的态度上。尽管对资本批评最多的是知识分子，但知识分子对资本的依赖并不亚于政治人物。知识分子对资本的批评似乎是为了穷人，其实不然。这个世界上少有穷人经济学家，大多数经济学家都是资本经济学家。

知识群体的选择是理性的，因为相较其他形式的统治，资本的统治表现为多元性和开放性。多元性表现在任何一种资本很难垄断所有经济领域，尽管资本也有垄断的倾向性。每一个经济领域都有自己的资本，并且不仅仅是一家资本。开放性指的是经济形态的开放性，新技术和管理模式使得资本有能力打破旧的社会均衡，而使得历史具有开放性。这也是经济学家熊彼特所说的“创造性毁灭”（creative destruction）的含义。

也就是说，无论从纵向还是横向看，不同的资本永远处于竞争之中，而知识群体就是在各种资本的竞争之中找到自己的生存和发展空间。其实，在很大程度上，其他社会群体（包括穷人）何尝不是如此？穷人和政治力量可以结合起来面对强大的资本，从资本那里分享利益，但从长远看，没有多少穷人能够忍受得了一个没有能力或阻碍经济发展的政府。这点可以从苏联和东欧的历史发展过程看得很清楚。

再次资本是最理性的“动物”，在一定条件下是可以妥协的。从马克思所说的原始资本主义到今天的“人道主义的资本主义”或“福利资本主义”的转型，就是典型的例子。没有压力，资本当然不会转型。这个转型是西方社会主义运动的产物，是政治社会改革的产物。不过，这个转型之所以能够成功，也表明了资本的妥协性质。对资本来说，社会的稳定是自己正常运营的前提。为了稳定，资本是可以妥协的。也不难理解，西方很多方面的社会政策，是资本为了一个稳定的社会环境而出台的。

最后本是社会慈善事业的主体。在资本圈，人们不仅追求财富，也追求社会荣誉、荣耀、声望等价值。对资本来说，用钱来交换这些是值得的。尽管人们可以说，这些也表现出资本的自私性质，但客观而言，这些是有利于社会的。在西方，诸多的大学、教会、社会组织的运营，背后都和资本有这样那样的关联。

资本黑暗的一面

如果上述这些算是资本“光辉”的一面，资本也有黑暗的一面，就是说，资本在解放人之后，又把所有人变成自己的奴隶。资本最能了解人性的弱点和一般社会成员基于人性之上的需要。基本上，资本是毫无道德原则的，其所信仰的原则就是利润（诚如马克思所言）。因此，人们需要什么，资本就能提供什么。人们可以说，就社会的大多数人来说，资本主义是一种可以在最大限度上满足人的七情六欲的一种制度。同时，资本也有能力把世界上所有的东西，包括人及其身体进行货币化，因为只有实现了货币化，才能实现资本“交换”的本质。

马克思、雨果、狄更斯等欧洲作家所描述的“原始资本主义”（即“羊吃人”或“人吃人”的资本主义形式），在发达国家基本上已经过去，即那里的资本今天表现为“人道主义的资本主义”，但在很多后发展中国家，资本的恶行依然如故。从历史来看，资本统治形式变化的过程，也是西方社会文明化的过程。福利制度的演进很能说明问题。

从表面上看，福利社会有利于工人阶层（或者广义上的社会）而不利于资本，但就其本质来说，福利社会只是资本对社会进行统治的一种新形式。福利社会从一战前后开始到二战之后达到了顶峰，为西方社会的长期稳定奠定了制度基础。就今天西方现实来说，无论从资方还是从劳方来说，现存福利制度已经不能维持现状，或者说，现存制度已经不能满足双方的需求了。

对资本来说，福利社会意味着高税收，高税收意味着福利给自身带来的负担过重。在大众民主社会，社会可以结合政府的力量对资本施加巨大的压力。为了逃避社会政治压力，资本开始了全球化。毫无疑问，从20世纪80年代开始的最近一波全球化是资本驱动的。在全球化状态下，资本能够很轻松地逃避本国的政治社会压力。例如，如果法国对资本实行税收，资本就会从法国流向英国或其他低税收国家。这就导致了各国政府不可以有很强的动机向资本实行税收，因为高税收意味着低竞争力。但任何国家都需要税收，在不可以对资本实行高税收而向穷人征税也不可能的情况下，向谁征税呢？只有中产阶层。

这正是西方社会面临的最大问题。资本主义的成功在于创造了一个庞大的中产阶层。但现在中产阶层面临几个方面的夹击，有来自技术的（越来越少的中产就业机会）、有来自资本的（资本的国际流动）、有来自社会的（税收）。“愤怒”是今天西方中产阶层的主要特征。从这个视角很容易理解盛行于西方各国的中产民粹主义，无论是美国的特朗普主义、法国的“黄背心”运动，还是德国的极右派运动，都是如此。

资本的新统治形式

资本会如何应对这种新情况，而实现新的统治形式呢？或者说，资本的新统治形式会是怎样的？这个问题关乎人类的未来，人们可以发挥自己的想象力。不过，资本的新统治形式不会突然从天而降，而是有现实根源和基础的。从这个角度来说，如下三种统治方式必须引起人们的重视，人们也必须思考这些正在出现的方式对人和社会的深刻影响。

第一，新版本的福利制度。福利制度一旦产生，就很难往回走，即福利只能增加，不能减少。尤其在已经实现“一人一票”的民主社会，民主和福利更是紧密地结合在一起，即新加坡建国总理李光耀生前所说的，民主即是福利的“拍卖会”。实际上，如何进化福利制度来面对越来越严重的收入差距，解决与之相关的社会问题，也是很多西方社会多年来所思考的。在一些国家，尤其是北欧国家，已经开始实验普遍工资制度，即不管人们是否工作，都可以拿到一份工资。这是“一人一票”的政治权利，转化成为“一人一份”的经济权利。这可以说是传统福利制度的扩展版或升级版。

第二，“牧民社会”的兴起。“牧民社会”即资本把老百姓养起来，也可叫“养民社会”。“养民”的概念在中国古代就很发达，但类似的思想也出现在其他文明中。过去，“养民”仅仅只是一种理想和乌托邦，但今天随着科学技术的突飞猛进，“牧民社会”开始有了实现的可能性。

人工智能的发展，不仅能够把劳工从繁重的体力劳动中解放出来，还可以帮助人们思考（哪怕是简单的思考）。“食而不思”可能是未来很多普通人的常态。当机器可以替代人们思考的时候，大部分人的思考能力必然下降，到最后变成不会思考。懒于思考也是人性弱点的一部分，资本是不会漠视这一现实的。

第三，通过消费、娱乐、药物甚至毒品的广泛使用，来“驯服”社会和管理。社会似乎在进步，但资本越来越没有道德标准，或者说资本决定道德标准。资本不仅把日常消费推到了极致，而且把消费推广到越来越多的领域，包括药物甚至毒品。一些国家或地区已经将传统意义上的毒品合法化。这个趋势可能很难阻挡，因为资本力量强大，只要有利可图或便于统治社会，资本有太多的话语权把包括毒品在内的新商品合法化。有经济学家已经指出，在强大的资本面前，政治上的“一人一票”其实就是经济上的“一元一票”，也就是说，政府只是资本的工具。

在近代社会主义运动产生的时候，人们相信资本会自掘坟墓。但近代以来的经验表明，资本不会自掘坟墓，但资本为社会准备坟墓。人们离不开资本，但资本往往造成奴役甚至“死亡”，在发达社会更多的是表现为娱乐至死，而在落后社会更多的是表现为劳累致死。在新时代，如果人类光享受资本所带来的好处，却不能克服资本所带来的这些后果，未来人类面临的境况很难是乐观的。

人工智能与人类社会的终结？[①]

最近，人工智能阿尔法围棋（AlphaGo）的故事，正在促使人们思考人类自身的命运。第一代阿尔法围棋仅仅依靠记忆，完全是人工的产物，而第二代阿尔法围棋已经具有“自己”的分析能力，通过“自我学习”，超出人的控制。那第三代、第四代和第X代呢？

如果人工智能演变成“细菌”，那人类就会有大麻烦。细菌具有自我复制、更新、变种的能力，永远在超越人类社会，走在人类之前，而人类社会一直在忙于应付新的变种。

不过，所谓的人工智能就是由人类所创造的智能，接受了人类本身所输入的信息。如果人类所创造的技术具备了自我学习的能力，能够产生新的信息，超越人类的控制，那就很难叫人工智能了。当然，人们也可以相信，随着人工智能技术的进步，人类控制技术的智慧也会随之进步。

实际上，人们真正应当忧虑的是人工智能所能给经济、社会、政

① 本文写于2017年7月11日。

治、文化等方面带来的多重巨大变化。这些变化已经在发生，只是人们没有认识到，更不用说如何应对的知识准备。

迄今为止，人们关切最多的莫过于技术对就业的影响。人工智能正在大规模地替代人工。传统上，技术产生产业和就业。然而，今天的技术所能产生的就业越来越少。在各产业当中，首当其冲的应当是制造业和服务业，大量的工作被机器人所取代。

这种情况已经产生两个极其负面的结果。其一是收入的不平等，机器人的拥有者（或者资本）获取了高额的利润，而那些被机器人所淘汰的劳动者则沦落为穷人。发明机器人本来是为了减轻人类的工作负担，但现在演变成和人类抢饭碗，由这种技术进步所导致的社会（收入）不平等正在加速发展。

其二，技术使得政府失去大量的税收。这点和前一点相关。从前政府对人（劳动者）收税，但随着劳动者的减少，政府的税收自然减少。在全球化时代，因为资本是流动的，可以去任何一个其要想去的地方；如果一地的税收过高，资本可以选择离开到别处去。这更加重了政府税收的流失。因此，最近经济学界开始出现对机器人纳税的观点和主张；不过，如何成为现实仍然是一个大问号。

技术的进步不仅仅影响就业和税收，也影响人本身。如果社会的大多数人失去了工作，或者不用去工作（如通过对机器人征税来养活人类），那他们会干什么去呢？包括马克思在内的很多经济学家认为技术是对人的解放，人类从劳作解放出来之后，可以从事人们真正想做的事情，例如可以做义工服务、进行艺术创作等。不过，马克思等人看到的只是人类光辉的一面，忽视了人类时刻堕落的本质。这一点至少可以从欧洲一些高福利国家的发展看出来，毒品、性、社会破坏等也经常成为人们生活方式的选择。

人工智能或催生“无政府”

在政治上，人工智能的出现开辟了两种政治可能性，即专制和专制之下的“无政府”。其一，人工智能有助于政治的高度专制和集权。互联网产生之初，西方社会一片叫好声，认为互联网有助于政治民主化、公民社会的成长等，有人甚至称互联网本身是“民主化使者”。不过，至少到现在为止，互联网并不符合人们的期待。尽管互联网也赋权社会，但更赋权权力者。

互联网出现后，一些国家可以说是越来越专制，当然这种专制并不是传统的专制，而是当代专制，即有效的管治。管治依赖有效的信息收集，而信息技术赋予统治者收集信息的能力是前所未有的。再者，信息技术更有可能导致大众民主的消失和死亡。科学技术是胜于一切的集权因素，这一点在美国社会表现得更为突出。

精英集团（无论是资本、政治精英还是知识精英）可以通过垄断技术，特别是医疗、信息、金融、法律和影视等技术，利用新开拓的市场和政治领域，绕开传统意义上的市场和政府，而实现直接统治。社会的多数人在信息时代则变得更加愚昧无知（下面会论述），任凭精英意识操纵，没有多少进步的空间和时间。在民智低迷的时代，传统民主政治变得毫无意义。

专制之下的无政府似乎有些矛盾，但在信息技术时代，专制和“无政府”两者变得并不矛盾。专制就是上面所说的有效集权和管制的情况，而“无政府”指以下两方面：其一，统治者的“直接统治”，即绕过传统政府机构对人民进行直接统治。今天的美国就类似这种情形。特朗普上台以来，并没有在多大程度上依靠传统政府结构进行统治，实际上特朗普对建制始终抱有“敌视”态度，数百个政府职位到今天仍然空着。推特是特朗普治理美国的有效工具。政治领域的情况实际上和经济领域差不多。

在经济领域，技术使得很多人失业；同样，在政治领域，从长远看也会使得很多政治人物失业，只不过今天这些政治人物（作为既得利益）还在拼命抵抗，反应不是很明显罢了。当然，左派人士会说，技术为直接民主提供了有效条件。不过，如果这样，这种直接民主必然表现为高度的专制，因为在领袖直接面对大众的情况下，权力就失去了有效的制衡。

其二，信息技术甚至会使得政府变得毫不相关，从而导致“无政府”状态。社会之所以需要政府，是因为社会的存在需要诸多公共产品，包括法律、秩序、公共服务等，这些公共产品并非大众本身所能提供，而需要政府来提供。人类社会也是组织的社会，所以通过组织（包括政府）来得到公共产品。不过，信息技术已经开始改变这种情况。在一定程度上说，信息社会也可以被视为“后组织社会”。信息随手可得，社会变得越来越小，而非越来越大。

人们只选择和自己相关的社会因素，而把不相关的因素排挤在外；今天互联网上的各个“群”，就类似这种情况。各个“群”之间的交换也无须通过传统的市场或组织，而是通过互联网本身。也就是说，信息技术使得社会具有了前所未有的“自组”能力。信息已经大大削减了政府传统的功能，从“大政府”到“小政府”再到“无政府”必然成为一个趋势。除非政府转变功能，否则会变得毫不相关。

信息技术对人类影响巨大

不过，信息技术对人类的影响远远不止于经济、政治组织等方面，而是已经影响到人本身。尽管“数字分化”（digital divide）早已被人们所关注，但人们关切的是社会经济方面的，而智力上的“数字分化”一直被忽视。智力方面的“数字分化”更能影响人类社会的未来。简单地说，随着人工智能的兴起和长足进步，我们无可奈何地要面对一个“活死人”社会。信息技术已经促成了新社会形态的出现。

技术的本来意义是解放人，但最终使得人类成为自己所创造事物的奴隶。前面所讨论的失去工作对人类是小事，而人类最终因为不用思考而变得不会思考才是大事。自互联网产生以来，一个总体发展趋势是绝少数人（例如人工智能的创造者）变得越来越聪明，大多数人变得越来越愚蠢。人们可以从如下几个方面来看。

第一，人工智能促成人类的“非人化”。正如马克思所言，劳动创造人，人与动物的区别在于人会劳作，会思考。不过，在人工智能世界里，人类无须劳作和思考，这就剥夺了人之所以为人的条件。今天，但凡所有通过实验室工作、逻辑推演、模型推演等而来的所谓的“科学知识”，都在逐渐被人工智能替代。

第二，互联网发展成为互不联网。这里又有几个主要因素。首先是政府的控制，即政府决定我们可以接触哪类信息，不可以接触哪类信息。其次是资本的供给，资本告诉我们选择什么，不选择什么。再次，这更关乎我们自己的选择，是我们自己选择了互不联网，即我们只选择我们自己感兴趣的信息，而排斥我们不感兴趣的信息。这不仅使得人们的格局越来越小，也因此变得越来越不理性，例如自我激进化。最后是技术本身的要求，因为人类有限的记忆力和时间，不得不进行高度的专业化，“只见树木，不见森林”是一个大趋势。

第三，人工智能社会不再是原来意义上的“社会”，这里出现了两种等级秩序。其一，人类社会和人工智能，即人与机器人。其二，在人类社会内部中，除了极少数能够设计、操作并且还能够和人工智能与时俱进者外，其余的大多数人的思维和智力必将退化。人类到今天为止的智力水平，是数千年甚至更长时间劳动实践的结果。就人类生存来说，知识不再短缺，而是过多。

人类智力退化成“活死人”

在互联网时代，人们不用像从前那样使用大脑追求满意的生活了，信息到处都是，随手抓取就可以达到自己的目的。如果不用太多的思考，甚至不用思考，长久下去，大多数人的思维能力必然衰退和弱化，从而演变成高度依赖外界提供信息而生活的“活死人”。

到现在为止，人类仍然是决策者，人类仍然可以决定使用还是不使用人工智能。也就是说，现在的智能仍然由人工产生，人仍然是主人。按现在的趋势发展下去，情况很快就会改变，即由人工产生的智能将控制人本身。就技术发展历史来看，这个趋势不可避免。像谷歌这样的技术公司不可避免地会成为欧洲文明的终结者。欧洲文明把人推高到至高无上的地位，现在则把人变成了技术的奴隶。

或许人们会说，正如今天的反全球化运动一样，总有一天，人类也会起来反抗技术进步。不过，人类的反抗会是无效的，反技术就会像今天反全球化那样毫无作用。人类历史上也出现过反技术运动，但并没有阻碍技术的进步。实际上，人类越反抗，技术进步越快，少数人（技术创造者）总是比多数人聪明。

资本的力量实在太强大了，加上政治力量的辅助，没有任何力量可以阻挡技术的进步。对人类来说，未来是不确定的，但没有退路，只能适应，没有选择。

互联网：光明天使抑或黑暗陷阱？[①]

互联网的出现已经急剧地改变了人类生存和发展的环境。互联网提供了多样的选择性和可能性，但同时也带来那么多的不确定性，甚至恐惧感。互联网会引领人类走向光明，还是诱惑人类陷入黑暗？对很多人来说，这已是个非常现实的问题。

20 世纪 90 年代互联网出现之后的一段时间里，在西方，互联网几乎被视为新的全能者，赋予每个人充分的自由，解放仍然愚昧的人，驱逐专制而实现世界民主。当时人们觉得，人类一切美好的理想，似乎都可以通过互联网得以实现。的确，在互联网出现之后，世界发生了巨变。信息以极其廉价和前所未有的速度，到达了社会的每一个角落和每一个人。

尤其是社交媒体使得传统的信息控制成为不可能，一旦掌握了信息，信息便是权力和力量，人们要不用互联网脱离贫穷甚至发财致富，要不用互联网参与政治，甚至推翻他们所不喜欢和不能接受的统

① 本文写于 2017 年 4 月 25 日。

治者。进入 21 世纪以来，世界所发生的几乎所有重大政治事件，都是围绕着互联网展开的。无论是到处蔓延的包括颜色革命在内的政治突变（中亚、埃及、缅甸），还是英国的脱欧或者美国的选举，或者迅速崛起的世界民粹主义，离开了社交媒体就会很难想象。

在国与国关系方面，那些因为西方的干预而发生了颜色革命的社会，首先领教了社交媒体的威力。但不久西方本身也意识到，互联网不仅仅是西方影响其他国家的工具，也是其他国家影响西方的工具。这在 2016 年美国选举过程中表现得非常明显。俄罗斯被视为利用网络攻击，影响和操纵了美国的选举。网络也有可能促成非西方国家干预西方政治，在西方内部造成另类颜色革命。

更为严重的是，在西方内部，社交媒体也已俨然成为“体制外力量”推翻“体制内力量”的有效武器。这里所说的“体制内力量”就是传统西方民主的主体，既包括政治力量，也包括这些政治力量所占据的体制和组织。无论是英国的脱欧还是特朗普当选美国总统，都足以说明西方的这些“体制内力量”并非固若金汤，社交媒体赋予“体制外”的力量足以推翻它们。而这个现象就很快被视为对西方民主的最大威胁。

曾经相信西方民主是“历史的终结”的美籍日裔作家福山，近来著文谈论互联网政治。在福山看来，在 2016 年极度反常的政治环境中，最令人称奇的便是“后事实”世界的兴起，即几乎过去被视为权威的所有信息来源都遭到质疑，并受到可疑的、来路不明的事实的挑战。（西方）民主制度面临全面困境的直接产物是，无法就最基本的事实达成一致。

当一名读者所信任的信息并未在舆论场上占据上风，或者他所不相信的信息成为赢家的时候，人们便相信这一定是对手精心策划阴谋的结果。相信所有机构都是腐败的，导致人们走进普遍不信任的死胡同。福山认为，假如缺少对公正机构的信任，而代之以渗透到生活每个角落的党派政治斗争，那么，美国民主以及所有的民主都将无法存活。

特朗普把昔日的信息权威例如《纽约时报》、《华盛顿邮报》和美国有线电视新闻网（CNN）等都视为"假新闻"，社交媒体（更确切地说是"自媒体"）成为他的"另类媒体"。与"另类媒体"一同出现的便是"另类事实"。当然，这不仅仅是像特朗普那样少数政治人物所持有的观点，而是西方社会相当普遍的观点，至少流行于普通人群中。

福山说得对，如果互联网能够有助于人类进步，这是因为互联网应该赋权人们摆脱信息的控制者；再者，尽管人们所接受到的信息来自四面八方，但人们可以假定真实的信息一定会压倒虚假的信息，因为戳穿虚假信息的最有效的方式是公布真实信息。

不过，"另类媒体"和"另类事实"的出现，使得所有这些传统的智慧显得那么愚昧不堪，甚至毫不相关。今天包括传统媒体在内的"体制内力量"和新出现的"体制外力量"，处于对峙状态并不难理解。福山把"另类"事物的出现归于"专制势力"和"黑暗势力"操纵的结果。在很多人看来，世界已经分成了"光明"和"黑暗"两个领域，而它们之间的斗争甚至战争不可避免。

对互联网的理性思考

事情真是那么简单吗？这个现象仅仅是"专制势力"或者"黑暗势力"操纵的结果吗？以上所讨论的这些现象，尽管只是少许例子，但已经充分展示了互联网改变人类的无限可能性。迄今，研究互联网的文献已经是汗牛充栋，但人们对互联网的认识仍然极其肤浅，甚至不得要领。

歌颂互联网带来的“光明”或者诅咒互联网所造成的“邪恶”，都不能替代对互联网的理性思考。如果要理解互联网尤其是社交媒体对社会政治的影响，首先就要探究其对人的影响，因为对人的影响是最基本的，对其他方面的影响都是衍生的。

人们可以从各个方面来界定互联网的本质，但如果从互联网影响人类活动的过程来界定其本质，至少从社会科学的意义上，不失为一种有效的方式。正如法国哲人笛卡儿所言，“我思故我在”，人和动物的基本区别是：人是能够思考的动物。如果从这个角度来看，互联网给予我们人类什么呢？

作为一种沟通技术，互联网的主要特征表现为分散性、分权性、个体性、民主性、选择性等方面。在互联网世界，没有人可以像传统那样来垄断公共空间，每一个网民都可以创造属于自己的无限公共空间，提出问题并使得讨论具有公共性。不过，互联网也为人们提供了一个发泄情绪的有效管道，互联网可以随意放大人们的情绪，无论是爱还是恨。

在这个新的公共领域，很多人都是随大流者，只做选择，而少了自己的思考。更有甚者，互联网成为表现者展现隐私的有效工具，把所有隐私方面的东西展现在公共空间。个体的表现欲一旦和互联网的获利性质结合起来，互联网更能把事物推向极端。

在互联网空间，也没有绝对的道德，所展现的都是个性化了的道德。传统上，“公共”表明对“私”的遏制和扬弃，“公”不见得没有

“私”，但如果不能对“私”做一定程度的克制，就很难产生“公”。与此不同，在互联网空间，人们往往很难看到传统意义上的“公”，而所谓的“公”也仅仅只是众多的“私”的聚合。

这是因为在互联网空间，人们对信息往往只是做一种选择，没有综合能力，也无须综合，人们只是认同一种符合自己的一个符号，一个理念，一种思想，一个想象的社群、组织等等。经过符合自我的信息过滤，人们的视野越来越微观，越来越缺少大局观。这就是互联网空间思想自我激进化的逻辑。激进的思维导致激进的个体行为，不仅表现在互联网空间，更是发生在实际社会领域。在互联网时代，激进的个体行为已经成为社会新常态。

集体行为成本和聚集效应

互联网不仅影响个体的思想、思维和行为选择，也影响甚至主导人们的集体行为。传统上，集体行为包含各种“成本”，即学术界所说的“集体行为逻辑”。但互联网空间的集体行为逻辑，和传统集体行为逻辑相去甚远。因为高度的分散性和民主性，互联网空间的集体行为的成本极低，而聚集效应又极高。也就是说，互联网空间能够在很短的时间内，以最小的成本聚集众多的人群。无论就其组织功能还是传播功能来说，在政治上，互联网正在取代传统的政党角色。

传统政党也一直被视为平台，即聚集政治倾向性相近的人们去追求一个共同的政治目标。不过，互联网和传统的政治平台又有很大不同，通过互联网所做的政治动员，无一不具有强烈的民粹倾向性。因为是单个人的聚合，没有任何过滤机制，民粹就变得不可避免。在今天的世界，无论是英国的公投还是美国的总统选举，互联网和政党合二为一，但民粹倾向性也越来越强。

在国际层面，互联网很容易把民粹转型为民族主义。这里就出现了严重的网络安全问题。一个国家的网络遭到另外一个国家攻击，攻击者既可以是代表主权国家的政府，也可以是和政府毫不相关的个体。

近年来，人们提出了“网络主权”的概念，希望来保障网络时代的国家安全。但网络有没有主权？网络主权怎样体现？所谓的网络就是把世界各个国家连成一体，不再有边界，有了边界就很难叫网络。既没有边界，也要保障安全，这显然是一对矛盾，仍然需要人们寻找有效的方法。

不管从哪个角度来看，从来没有什么像今天的互联网这样提供了新的“人的条件”，但同时也从来没有什么像今天的互联网这样，给人类提出了无限的挑战。面对互联网，人们甚至需要重新定义“人”本身。如果人们像以往的数十年那样，被动地顺着互联网的发展而发展自己，人类可能会不知不觉转变成“非人”。人们在互联网空间所进行的可能只是一种“劳作”，而非“工作”，更非“行动”。

互联网为人们创造了无限的可能性，但人们是选择成为互联网空间的动物，还是经“工作”成为人，或者经“行动”来创造意义，这并不取决于互联网本身，而是取决于人的主观选择。不管人们喜欢与否，主导着人类未来的，不仅仅是传统的人与人、人与自然之间的关系，更是人与互联网之间的关系。

从更深层次来说，人总是游走于天使和魔鬼之间，既有“光明”面也有“黑暗”面。互联网仍然是工具。既然是工具，“光明”的力量或者“黑暗”的力量都可以使用。不过，是“光明”还是“黑暗”并不取决于互联网本身，而是取决于互联网生存的社会环境。

马克思说得很对，存在决定意识，物质利益决定了人们的意识和行动。无论西方还是非西方，今天的强势利益集团通过各种办法，毫无限度地攫取利益和保护自己的利益，并使得大多数普通人陷入困境。普通人有理由感到沮丧，感到愤怒。对于普通人，互联网就如他们的祖先或者前辈使用过的石头、棍棒或者枪支。

对既得利益集团来说，互联网或许使得他们陷入“黑暗”；而对普通人来说，互联网则有可能通向“光明”。由此看来，改善社会环境才是促成互联网扬善惩恶的唯一方法。

互联网时代的人类异化[①]

互联网产生以来，已经导致了那些深度卷入互联网的社会产生全方位变化。互联网所产生的影响不仅是对现存事物的冲击，而且很多事物需要被重新定义。“假新闻”就是一个明显的例子。

传统上，社会之所以成为社会，是因为人们对事物具有共识，即共同的认知，而共识则是建立在经验基础之上的。例如，只要人们对这个苹果具有“苹果”这个经验共识，他们就不会把苹果视为橘子。但“假新闻”则有效改变了这个事实，它提供了“另类事实”，即接受“假新闻”的人会把苹果理解成橘子。

也就是说，“假新闻”并不假，只要读者以为是真的，它就是真的。因此，“假新闻”也会发生实作用，从而改变现实。传统上说，思想就是力量。在互联网时代，“思想”可以是假的。

互联网可以使得任何事物和人发生异化，把原来的东西异化成另外一种东西。促成事物和人的异化的力量，历史上一直也是存在着

① 本文写于2018年2月13日。

的。例如，马克思就认为资本主义导致人的异化。此外，各种宗教和技术也经常导致人的异化。但从来没有一种东西，能够像今天的互联网这样促成事物和人的剧烈异化。道理很简单，因为互联网是最适合人的本性的一种技术。

这里可以借用社会心理学的一个概念，即 self-righteousness（中文大致可译为“自以为是”，“自以为正确”），来描述这种异化过程。这里，“自以为是”是一种自我道德优越感，相信自己的信念、行为和所属，优于社会上的大部分人。具有这种感觉的人往往不能容忍其他不同的观点和行为。宗教上的“异教徒”概念便是这样一个极端。社会心理学家认为，这个社会心理的存在表明人类的不完美性。

人类从来不存在不犯错误的时候，一旦获得展示机会，人类就会这么做，这类似精神心理学家弗洛伊德所说的人类的自我防卫机制心理。一些学者认为，这种社会心理可能起始于原始社会实践，因为生存的需要，各原始部落需要用这种心理强化内部的认同。之后发展起来的宗教也是如此。近代以来所产生的各种政治意识形态，也可被视为这种社会心理的产物。

互联网时代先满足“个人”需要

互联网所具有的特点则有效地满足了人类的这种心理需要。但有一点非常不同。无论是原始部落时代、宗教时代还是意识形态时代，这种社会心理发生在社会层面，即满足群体或者集体的需要。然而，在互联网时代，这种“社会”心理发生在人这个“个体”层面，首先满足“个人”的需要，满足群体的需要是次要的。这是因为互联网具有分散性、分权性、个体化、个性化、民主化等强化人的“个体性”的所有特点。

互联网对个体的影响至少可以从个体、群体和个体的环境几个方面来理解。在个体层面，每一个人都可以实现“自以为是”。在互联网上，每一个人都可以进行“自我选择”，找到虚拟的“另外一个我”或者“同伴”。互联网上的选择无须传统那样的强迫，而是自愿的。因为互联网上的选择实在太多，个体几乎可以选择任何他所需要的，总能找到“自我”。

也就是说，对个人来说，人的本质和表现形式似乎不再由任何外在的环境（其他人和事物）来界定和作为媒介，而是由人本身的选择来界定，由人本身来表现。例如，一个个体可以在任何时间改变自己的性别，在一个场合可以表现为男性，在另一个场合可以表现为女性，或者其他的性别。不管什么性别，其都能够找到“同伴”。

这种完全自由的选择结果，就是不同虚拟群体的形成。在互联网时代，人们已经形成一个个小圈子，或者朋友圈，“团团伙伙”。“人以群分”的理想在互联网时代充分实现了。这些群体都有很强烈的群体意识，并且因为同一意识里面的互相竞争，群体意识不断向极端方向发展和强化，最终导致群体意识的激进化。

最典型的就是类似“伊斯兰国”那样的组织，人们可以为了一个“意识”而牺牲自己的生命。“伊斯兰国”自然是一个反面的例子，但实际上，各种圈子例如“明星圈”（包括政治明星、娱乐明星、体育明星等）、“言论圈”（各种概念）、“学术圈”（各种“黑社会”性质的小圈子）都是如此，只是程度不同罢了。

每一个圈子都是一个“自我服务”的小团伙，似乎其生存和发展和其他的圈子毫无关联一样。每一个小圈子在巩固自己的时候，会把自己从整体社会分离出来，把自己孤立起来。尽管在真实的社会里面，也有“人以群分”的现象，但各个“群”之间是互相关联的和互动的。经济学里面的劳动分工理论很形象地说明了这种现象。不过，在互联网上的“群”犹如“单体‘无性’繁殖”现象一样，可以离开其他的“群”而暂时存在。

再进一步，无论是个体还是群体，他们所处的商业化环境更是强化着“反社会”性质。互联网具有强大的推送功能。一旦一个个体或者群体选择了某一种商品或者某一类人，互联网就会向他推送同样类型的或者类似的商品和人，并且永无止境地推送。这无疑强化着这个选择者对一个事物或者人的认同，结果，必然导致“只知道这个，不知道有其他”的局面。

在所有这些过程中，人类的异化是显然的。今天，现实世界越来越区域化和全球化，但互联网平台上的人则越来越变得自我禁锢起来，在“互联”表象的背后则是“互不相连”；现实世界的社会越来越多元化，但互联网上的人则变得越来越具有单向性。个人的单向选择，群体和环境的强化，使得人越来越远离其本源。

今天，一个类似“井田”那样的网格化社会已经形成，实现了“物以类聚，人以群分”的理想状态。互联网足够强大，每一个人几乎都可以营造自己的“城堡”，或者寻找到自己希望进入的“城堡”。当每一个人都有了一个自我营造的“城堡”，并且和其他“城堡”老死不相往来的时候，人的社会性就消失了；并且因为人人都可以这样，社会也随之消失。

不仅如此，在这个过程中，人的自我规定最终走向了反面，即人完全被其他人或者事物规定，并且这个规定并无自己的参与，因此被完全异化。这里可以举人的消费为例。在传统社会，消费就是根据自己的需要消费，需要什么就消费什么。

但今天阿里巴巴时代的消费是真的自己所需要的消费吗？对现在的消费者来说，答案并不明确。在很大程度上，实际上消费者是被消费的，他们所消费的东西并不是他们自己真实需要的。这是典型的“供给侧”所刺激的消费，即提供消费品的人所设定的消费。在互联网和大数据时代，一个人可能还不知道自己需要什么，推送者早就知道了他需要什么，并且已经把这份需要送到了眼前。

互联网上的“群”

很显然，这种情况不仅发生在消费领域，互联网时代的其他领域例如政治领域也是如此。人们选择加入或者被邀请加入某一个政党例如共和党或民主党，他们这样做只是因为他们认同的一种“理念”。在政治领域，如果人们不去关注社会的实际情况，不去关注其他人的言语，必然造成自说自话的局面。如果留意西方互联网政治，人们不仅不难看到这种现象，更不难理解这种现象。政治人物是这样，公共知识分子是这样，普通人物也是这样。

因为“群”之间老死不相往来，随着“群”的实现和强化，“群”之间的冲突不可避免。互联网上的“群”要么互不接触，一旦接触，必然发生冲突。今天的互联网上的语言（包括图像）暴力就是这种情形。有时候，互联网上的暴力还可以直接转化为实体社会的暴力。

这种现象可以被改变吗？马克思所提出的资本时代的人的异化命

题，尽管仍然存在，但通过政治民主化和资本本身的转型（即从原始资本主义到福利资本主义的转型）得到了缓解和控制。这个转型过程和人类的知识转型是相关的。人类有理想和价值，这些理想和价值通过人类的行为（无论是政府政策还是其他组织行为）得以实现。

不难发现，每一次技术转型所带来的是人类思想体系的转型。一方面，新的思想体系必须反映技术的变化，另一方面，新的思想体系的出现，表明人类对新技术的消化和控制。

但互联网时代则不一样了。互联网促成的人的自我异化是没有任何其他因素可以相比的。至少到现在为止，还没有任何迹象表明人类可以消化和控制互联网。没有人可以改变互联网现状，所看到的都是人被互联网改变。这非常明显地表现在思想精英或者哲学精英角色的变化上。近代以来，思想或者哲学都是领先于时代的变化的。但在互联网时代，思想和哲学不仅不能领先变化，而且远远跟不上变化。

迄今为止，没有思想家或者哲学家理解互联网这个时代的人的存在意义。道理也很简单，思想和哲学的本质是系统性，而互联网的本质则是碎片性、分散性和分离性。如果要领先变化，思想家和哲学家就必须“凌驾于”这个时代之上，给普罗大众施加一种世界观或者价值观。

但这样的情况在互联网已经不可能了。为了产生影响，思想家和哲学家首先也必须把自己碎片化，转化为“流量”。在这个过程中，并不是思想家和哲学家改变了现实，而是互联网改变了思想家和哲学家。

在很大程度上，互联网世界犹如赌场：赌场理性有效地吸走了赌徒的钱财，使得赌徒在赌博过程中快乐地死亡；而互联网也理性有效地吸走了互联网沉迷者的智力，使得沉迷者在沉迷过程中愚昧地“死亡”。

如果没有奇迹，互联网所主导的人类发展方向很难逆转。但这是一个异化的过程。除非重新定义“人”，这个过程的结果必然是“非人”。当技术主宰人类的时候，或者人类成为技术的附庸的时候，人类会是怎样的呢?